Saggio sui costumi dei Turchi

Bartholomeo Georgievitz

Traduzione dal latino a cura di Sabrina Lei

Tawasul International
Centre for Publishing, Research and Dialogue

ISBN: 9791281473164

Autore: Bartholomeo Georgievitz

Titolo latino: De Turcorum moribus epitome

Titolo in italiano: Saggio sui costumi dei Turchi

Traduttore: Sabrina Lei

Data e luogo di stampa: Roma, 2024

INDICE

Introduzione

La letteratura relativa alle relazioni tra Occidente cristiano e mondo islamico nel corso dei secoli ha esercitato un interesse notevole tra gli studiosi di diverse discipline non solo storiche ma anche sociologiche e antropologiche. Molto spesso è stata messa in luce la presenza nelle diverse narrazioni di paradigmi e stili narrativi che virtualmente si ripetono nei documenti pervenuteci. Il paradigma principale che è possibile rinvenire in diversi scritti, compresi quelli riconducibili ad epoche molto distanti tra loro, fa riferimento al mondo islamico come a qualcosa di totalmente estraneo ed alieno, con cui è possibile unicamente intrattenere un rapporto conflittuale.

Fin dall'epoca medievale, le narrazioni relative alla religione islamica ed ai musulmani sono state caratterizzate dal tentativo di presentare i contenuti della fede islamica come del tutto antitetici a quelli cristiani, non solo nell'ambito teologico ma anche in quello strettamente morale. La diffusione di aneddoti inverosimili ed infondati sulla persona del profeta Muhammad e sul contenuto della rivelazione coranica era finalizzata alla creazione di una cornice narrativa in cui situare l'Islam inteso come il "nemico" per antonomasia, in cui era possibile individuare la negazione stessa dei valori cristiani ed occidentali.

In questo volume viene presentata la prima traduzione in lingua italiana dello scritto latino di Bartholomeo Georgievitz intitolato *De Turcorum moribus epitome*, reso in lingua italiana con "Saggio sui costumi dei Turchi". Questo scritto, la cui redazione risale alla prima metà del XVI secolo, rappresenta un documento storico importante sotto diversi punti di vista. Il suo autore in gioventù era stato al servizio del principe ungherese Ladislao Szalkai come attendente e, in occasione della battaglia di Mohács (1526), era stato fatto prigioniero dagli ottomani. Venduto come schiavo, venne condotto in Asia Minore dove trascorse dieci anni, cambiando diversi padroni e tentando per ben sette volte la fuga. Nel 1536 riuscì nel suo intento e, dopo aver attraversato il deserto siriano, giunse nel 1537 a Gerusalemme, dove trascorse un periodo ospite dei padri francescani. Dopo essere tornato in Europa, si trasferì nella città di Antwerp in Belgio, dove iniziò a scrivere le sue memorie che vennero pubblicate in diverse versioni ed edizioni nel 1544. Trasferitosi a Roma nel 1551, morì nove anni dopo, nel 1560.

Le memorie di Georgievitz si collocano all'interno di un genere letterario definibile come "racconti di prigionia", che non è stato comunque ancora studiato in modo approfondito nel suo entroterra sociale, religioso e politico di riferimento[1]. Ci sono pervenuti diversi documenti[2] ed opere che appartengono a questo genere e sono riconducibili a scrittori che hanno trascorso un periodo più o meno lungo in terra ottomana.

Tra la fine del XV e la seconda metà del XVII secolo sono state redatte delle opere che fanno riferimento all'esperienza di prigionia presso i Turchi ottomani di autori originari in modo particolare delle nazioni dell'Europa centrale, che facevano parte dell'impero asburgico o si trovavano nelle sue zone d'influenza. Le opere cui facciamo riferimento sono quattro e sono state scritte rispettivamente in latino e cecoslovacco da Georgius di Ungheria nel 1481, da Bartholomeo Georgievitz nel 1553 e da Vaclav Vratislav Mitrovic[3] e Stefan Pilarik[4] nel 1599 e nel 1666.

Georgius e Bartholomeo, anche se scrissero in due diversi periodi storici, tuttavia condividono sia la provenienza geografica che il destino di prigionia. Georgius era originario della Transilvania e venne fatto prigioniero nel 1438. Condotto ad Edirne, venne venduto come schiavo e trascorse vent'anni in schiavitù. Dopo essere riuscito a fuggire, si trasferì a Roma, dove divenne monaco e trascorse i suoi ultimi giorni.

Le opere di Georgius di Ungheria e di Bartholomeo Georgievitz sono state reputate appartenenti non solo al genere dei racconti di prigionia, ma

---

[1] Cfr. Sabatos C., "The Ottoman Captivity narrative as a Transnational Genre in Central European Literature", *Archiv Orientální* 83, 2015, 233-254. Cfr. Faroqhi, S., *The Ottoman Empire and the World Around It*. London, 2004, 119: <<The study of war captives...is a much neglected field, not only in the ottoman context, but also where the early modern history of Europe is concerned>>. Fodor P., Geza D., eds, *Ransom Slavery along the Ottoman Borders*. Leiden, 2007, xviii: <<While slave-trading along the coasts of the Black sea and the mediterranean....is relatively well-known, the hunt for the trade in and the treatment of captives in the Balkans and Central Europe are still to be researched and presented in some details>>.

[2] Nel 1460, quasi un secolo prima della morte di Georgievitz, venne pubblicata postuma l'opera intitolata *Reisenbuch of Ottoman Travels* scritta da Johann Schiltberger, catturato da Turchi nel 1396 a Nicopolis in Bulgaria, dove tornò solo nel 1440. Lo stesso Nestor Iskander che scrisse nel 1453 una cronaca della conquista di Costantinopoli, era di origine russa e venne fatto prigioniero dai Turchi quando era ancora un ragazzo. Cfr. Schiltberger, J. *The Bondage and Travels of Johann Schiltberger, A Native of Bavaria, in Europe, Asia and Africa, 1396-1427*. Translated by J. Buchan Telfer. London, 1879. Nestor-Iskander, *The Tale of Constantinople (Of its origin and capture by the Turks in the year 1453)*. Translated by Walter Hanak W., Philippides M. New Rochelle, 1998.

[3] Wratislaw, Wenceslas [=Vratislav z Mitrovic, Václav], *Adventures of Baron Wenceslas Wratislaw of Mitrowitz: what he saw in the Turkish metropolis, Constantinopole, committed to writing in the year of our Lord 1599*. Translated by A. H. Wratislaw, London, 1862.

[4] Pilárik, S., *Sors Pilarikiana. Los Pilárika Štěpána*. Bratislava, 1989.

possono essere considerate anche una sorta di "letteratura educativa", dal momento che riportano molteplici descrizioni relative ai Turchi, alla loro lingua ed al modo di vivere.

Questi scritti, come testimonia l'opera di Georgievitz, avevano comunque anche una finalità di natura politica, dal momento che partecipavano al movimento religioso, intellettuale e politico che promuoveva l'unificazione del mondo cristiano attraverso l'individuazione di un nemico comune da combattere, ossia l'impero ottomano.

Il saggio di Georgievitz si compone infatti di due parti: la prima dedicata alla descrizione degli usi e dei costumi dei Turchi ottomani[5] e la seconda ad un'esplicita richiesta rivolta ai principi cristiani affinché uniscano le loro forze per fermare l'avanzata degli eserciti ottomani in territorio europeo. In quest'introduzione concentreremo l'attenzione esclusivamente su quest'ultimo aspetto che ci aiuta a collocare l'opera dal punto di vista cronologico comprendendone il valore soprattutto politico.

L'autore del presente scritto è vissuto in un'epoca in cui l'impero ottomano aveva raggiunto il suo apogeo in ambito sia politico che culturale, mentre l'Europa era divisa tra l'ideale di una monarchia universale cristiana promosso da Carlo V e la lotta per l'affermazione del luteranesimo e dell'indipendenza dal papato da parte delle nazioni nordeuropee. All'interno di quest'entroterra politico, l'impero ottomano si poneva come il nemico per eccellenza non solo dell'impero asburgico ma anche di tutta la cristianità[6].

---

[5] La prima parte concerne una descrizione di diversi aspetti della vita della popolazione ottomana, relativamente al cibo, al vestiario, alle abitazioni ed ai riti religiosi. A questo proposito è interessante notare che, benché l'autore dia informazioni abbastanza precise anche se non approfondite sulla vita quotidiana della popolazione turca, quando affronta il tema relativo alla fede, al culto religioso ed alle festività, propone nozioni molto spesso inesatte e concezioni del tutto prive di fondamento. In modo particolare possiamo fare riferimento alla descrizione del pellegrinaggio alla Mecca, al contenuto di alcune tradizioni del profeta Muhammad ed al presunto dialogo tra l'autore e un esponente religioso ottomano. La descrizione del pellegrinaggio è piuttosto confusa e presenta degli elementi alquanto fantasiosi e forse deliberatamente insensati. Nelle note alla traduzione sarà esaminata la veridicità delle informazioni contenute nel testo relativamente alla cultura turca ed alla religione musulmana.

[6] Ad esempio, l'opera di Georgius di Ungheria, intitolata *Tractatus de moribus, condicionibus et nequitia Turcorum*, venne scritta nel 1481, nel periodo in cui i turchi ottomani invasero Otranto e l'Europa intera -non solo l'Italia- nutriva un intenso timore verso un nemico che sembrava impossibile sconfiggere. Cfr. **Georgius de Hungaria**, *Les Turcs*. Translated by Schnapp J. Toulouse, 2003.

Nell'epoca in cui l'autore venne fatto prigioniero e quando poi redasse le sue memorie, il pericolo dell'invasione ottomana dell'Occidente era avvertito in tutta l'Europa, anche se le divisioni ed i contrasti tra le diverse potenze europee non resero possibile una politica unitaria.

Nel XVI secolo i Turchi ottomani costituivano l'antagonista per eccellenza dell'Europa cristiana, l'alterità minacciosa ed aggressiva che metteva in pericolo l'integrità sociale, politica e religiosa degli stati europei[7]. La presenza costante del pericolo ottomano è stata considerata infatti uno dei fattori che hanno promosso l'emergere del concetto dell'Europa in senso strettamente politico. Lo stesso Enea Silvio Piccolomini utilizzò per la prima volta l'aggettivo "europeo" nel periodo immediatamente successivo alla caduta di Costantinopoli.

Il complesso scenario europeo e la dimensione d'indipendenza politica mostrata dalle diverse nazioni nelle relazioni intavolate con l'impero turco comunque segnarono di fatto la fine del concetto univoco di "cristianità" inteso come fattore unificante dei popoli europei che era stato alla base della politica identitaria del medioevo.

Allo stesso modo, nel periodo precedente alla conquista ottomana di Bisanzio nel XV secolo, i diversi tentativi di mettere in atto una politica unitaria e ben coordinata per fermare l'avanzata turca erano naufragati a causa degli interessi dei singoli principi e delle politiche miopi sia occidentali che bizantine. I reiterati appelli dei Bizantini vennero infatti accolti con scarso entusiasmo ed interesse. Lo stesso impegno mostrato da Papa Gregorio X (1271-1276) prima e ripreso poi da Eugenio IV (1431-1447) e da Niccolò V (1447-1455) per l'unificazione delle due chiese ed il superamento dei contrasti teologici e dottrinali, intesi come condizione per una politica unitaria di contrasto all'avanzata degli ottomani, si mantennero fondamentalmente sul piano teorico, ma ebbero scarsa se non nulla rilevanza su quello pratico.

Nel 1439, nel corso del concilio di Firenze, il pontefice Eugenio IV si era fatto promotore dell'unione tra la chiesa latina e quella greca, raggiungendo con il sovrano Giovanni VIII Paleologo ed il patriarca Giuseppe di Costantinopoli un accordo noto come l'"atto di unione". Questo documento, il cui contenuto non era condiviso dalla maggior parte del clero e dei nobili ortodossi, rimase lettera morta dal punto di vista dell'unificazione delle due chiese e per breve tempo mantenne un valore

---

[7] Cfr. G. Ricci, *Ossessione turca in una retrovia cristiana dell'Europa moderna*, Bologna, 2002. La descrizione e la rappresentazione negativa dei Turchi definiti "paura del mondo", secondo l'autore è riconducibile al timore che la minaccia ottomana potesse introdurre dei pericolosi disequilibri negli antichi centri di potere europei.

esclusivamente politico in vista di una possibile azione militare congiunta contro i Turchi. Il pontefice nell'ottobre del 1451 scrisse poi al nuovo sovrano Costantino IX promuovendo una visione della cristianità in cui il primato era assegnato secondo le scritture alla chiesa di Roma:

<<La Provvidenza divina ha voluto eleggerti come successore di Giovanni Paleologo nell'impero: ora è compito della Serenità tua di organizzare il governo subito senza alcun indugio.....Non sappiamo se considerando seriamente con zelo la religione cristiana, possa esserci posto per quelli che rifiutano l'unità dei cristiani ....la Chiesa è unica, santa e apostolica, la quale non può essere una se tutti i membri non sottostanno all'unico capo, quale sovrano e vicario di Cristo, Pontefice eterno nel cielo.....Chi intende credere nel simbolo e nella Chiesa una, santa e cattolica, deve anche credere che uno solo né è il capo, cui bisogna obbedire. Fuori dell'unità della Chiesa non c'è salvezza. Gli scismi sono sempre stati puniti più severamente di tutti gli altri delitti...>>[8].

L'accordo venne siglato infine nel maggio del 1452 nella chiesa di Santa Sofia ma, benché fosse stato accompagnato da festeggiamenti e celebrazioni, non venne mai applicato e non riuscì ad appianare le differenze profonde tra la cristianità latina e quella greca.

Un anno dopo, nel 1453, Costantinopoli cadde nelle mani dei Turchi ottomani. La richiesta di aiuto rivolta al pontefice non apportò i benefici sperati. Infatti, Niccolò V riuscì ad organizzare solo 10 galee da guerra con l'aiuto di Genova e Venezia, le quali però non arrivarono in tempo per salvare la flotta bizantina dalla completa disfatta. Il resto dei principi cristiani si mostrò infatti poco interessato ad impiegare uomini e mezzi per accorrere in soccorso della capitale del moribondo impero bizantino. Ciononostante, pochi mesi più tardi, nel settembre del 1453, Niccolò V fece emanare una bolla papale che invitava i potenti principi e sovrani cristiani ad intraprendere una crociata contro i Turchi, esortandoli:

<<...perché intervengano potentemente e costantemente nel difendere la religione e la fede con tutte le forze e con tutti i mezzi>>[9].

---

[8] Raynaldo O. (a cura di), *Annales Ecclesiastici: Ab Anno quo desinit Card. Caes. Baronius MCXCVIII. usque ad Annum MDXXXIV. Continuati ...*, IX, 564 apud Ioannem Wilhelmum Friessem juniorem, Coloniae Agrippinae, 1694.

[9] Raynaldo, *Annales Ecclesiastici*, IX, 616.

Nel documento si concedeva l'indulgenza plenaria a quanti avessero partecipato alla crociata[10] bandita dalla Santa Sede che, dal canto suo, s'impegnava con le proprie risorse economiche e con parte di quelle dei cardinali a partecipare attivamente al finanziamento di quanto necessario per la sua organizzazione. La bolla provvedeva anche il divieto di commercio con i Turchi e stabiliva delle pene severe per chi avesse deciso di prestare aiuto agli ottomani.

La crociata anti-ottomana era accompagnata, come era avvenuto anche in passato, dall'invito rivolto ai sovrani europei a deporre le armi, ed a mettere fine alla continua situazione di belligeranza e conflitto che affliggeva il suolo cristiano. Nella medesima bolla si affermava:

<<...stabiliamo e decidiamo che in tutto il mondo cristiano sia mantenuta la pace...ovvero, se la pace non può assolutamente seguire, almeno restino fedeli alla tregua, e nella eventualità che alcuni rifiutino di aderirvi, i singoli siano obbligati a osservarla sotto pena di scomunica...>>[11].

La debolezza politica ed i conflitti europei resero vani gli sforzi della Santa Sede che, come era avvenuto nel periodo medievale, cercò di promuovere la pace nei diversi territori europei al fine di convogliare lo sforzo militare contro i Turchi. Gli interessi delle singole nazioni ebbero però un peso maggiore nelle decisioni politiche dei rispettivi regnanti. Venezia, ad esempio, nonostante venne penalizzata nelle sue attività commerciali dirette verso Oriente dall'avanzata turca, decise di astenersi da un conflitto aperto con il Sultano ottomano e preferì, all'indomani della conquista di Costantinopoli, cercare un compromesso con il potente impero siglando nel 1455 un trattato di pace. Il medesimo atteggiamento venne manifestato dagli altri principi e potenti cristiani che rimasero del tutto indifferenti ai tentativi reiterati di proclamare una nuova "crociata" contro l'impero turco.

---

[10] Gli storici contemporanei, in modo particolare Norman Housley, hanno dedicato un rinnovato interesse al tema delle crociate concentrandosi in modo particolare sul XV secolo e sul conflitto con le forze ottomane nell'Europa orientale. Bisogna inoltre sottolineare la correlazione individuata da Housley tra la ripresa dell'ideale crociato e la centralità dell'autorità del pontefice. Cfr. Housley N., *The Crusade in the Fifteenth Century: Converging and competing cultures*, London 2016.
[11] Raynaldo, *Annales Ecclesiastici*, IX, 617-618.

In seguito alla conquista di Costantinopoli, Mehmet II decise di spingere i suoi eserciti all'attacco del Regno d'Ungheria[12]. L'Ungheria nel corso del XIV e del XV secolo dovette fronteggiare in molte occasioni la minaccia ottomana. Al tempo in cui il pontefice Urbano V (1362-1370) aveva promosso la crociata contro gli ottomani, l'allora sovrano ungherese, Luigi il Grande (1342-1382) accolse la proposta del papa con grande entusiasmo. In questo caso però l'esercito ungherese non si scontrò militarmente con gli ottomani. Una spedizione militare via terra era infatti resa difficile dalla necessità di attraversare con l'esercito i territori sia della Serbia che della Bulgaria, con cui il governo ungherese non intratteneva rapporti amichevoli, in modo particolare in seguito ai reiterati tentativi di conquista ed attacchi finalizzati alla lotta all'eresia. Allo stesso modo, il tentativo di attaccare gli ottomani via mare non poté realizzarsi perché la Repubblica di Venezia, a cui Luigi I aveva domandato delle navi da combattimento, non le concesse in ragione della perdita di Damietta avvenuta nel 1358 a vantaggio degli ungheresi.

Il primo scontro è invece storicamente collocabile alla fine del XIV secolo, all'epoca del re Sigismondo di Lussemburgo (1368-1437)[13], quando gli eserciti ungheresi si contrapposero a quelli ottomani a Nicopoli nel settembre del 1396. Facevano parte della spedizione non solo le forze ungheresi ma anche quelle di Boemia, Polonia e parte della Germania[14], oltre ad alcune truppe di Ospitalieri sotto il diretto comando del sovrano. L'impresa ebbe comunque degli esiti negativi e le forze imperiali vennero sconfitte dagli ottomani guidati dal Sultano Bayezid I.

In seguito alla disfatta, Sigismondo di Lussemburgo dovette affrontare una serie di disordini interni al paese. Dal 1405 in poi però si dedicò alla ripresa delle opere di difesa dei confini verso il pericolo ottomano: potenziò la flotta ed iniziò un'opera di ammodernamento dell'esercito attraverso l'arruolamento di truppe di mercenari ben addestrati nelle tecniche belliche dell'epoca. Il potenziamento della flotta era invece finalizzato a proteggere il Danubio ed affermare la propria presenza nel Mar Nero.

---

[12] Il Regno d'Ungheria nel XIV secolo era composto dai territori appartenenti all'odierna Slovacchia, della Romania e della Croazia, ed anche da alcune regioni che in epoca contemporanea sono parte della Serbia e della Bosnia. Il Regno di Ungheria controllava anche degli stati satelliti vicini ai suoi confini.

[13] Sigismondo di Lussemburgo dovette affrontare nel corso del suo regno non solo nemici interni ma anche esterni, tra i quali i più pericolosi erano sicuramente gli ottomani guidati dal sultano Bayazid I.

[14] Ossia i reparti militari provenienti dalle zone sotto il potere di Sigismondo. Nel 1411 Sigismondo divenne infatti sovrano di Germania.

Nella lotta contro gli ottomani, il sovrano impiegò dei reparti di cavalieri teutonici posti alla sorveglianza delle fortezze collocate ai confini ungheresi[15]. Anche se la loro opera di difesa non fu sempre efficiente, il loro apporto nell'ambito della tecnica della costruzione delle fortificazioni e delle infrastrutture militari e civili fu di grande rilevanza. A questo periodo infatti risale l'edificazione di un sistema di due linee di fortezze collocate rispettivamente nella zona di frontiera ed al di là dei confini meridionali, in cui vennero poste circa 50 opere di fortificazione[16]. Gli storici hanno infatti reputato che nella prima metà del XV secolo l'Ungheria possedesse una difesa delle frontiere tra le più efficienti e ben strutturate dell'intera Europa.

In funzione anti-ottomana, Sigismondo decise anche di creare un ordine militare apposito denominato "Ordine del Drago", in cui entrarono a far parte i più valenti tra i nobili ungheresi. Per quanti entravano a far parte di questo ordine, il sovrano aveva domandato l'indulgenza plenaria al papa Eugenio IV, richiesta giustificata proprio dal loro impegno verso la lotta agli eretici, agli scismatici ed agli infedeli turchi. In seguito, a dimostrazione della volontà di creare un fronte unito della cristianità contro il pericolo ottomano, Sigismondo inviterà ad unirsi all'ordine anche esponenti della cavalleria di altri paesi europei come, ad esempio, la Spagna.

Nel corso di una dieta tenutasi a Norimberga nel 1431, il sovrano ribadì inoltre la necessità di riunire le forze cristiane dell'Europa contro gli ottomani. Però, nonostante l'ordine del drago avesse avuto successo ed alla dieta avessero partecipato tutti i principi europei, non si materializzò nessuna nuova crociata contro i Turchi, al contrario di quanto era stato invece fortemente auspicato sia dal sovrano che dal pontefice.

Gli storici hanno sottolineato che il motivo del disinteresse dei sovrani europei verso un'impresa militare congiunta contro gli ottomani tra il 1386 ed il 1444 sia dovuta principalmente non solo alla situazione di scontro e belligeranza diffuso nel continente ma anche alla condizione dello stesso impero ottomano all'indomani della sconfitta di Ankara (1402) ad opera degli eserciti di Tamerlano, che arrestarono temporaneamente l'avanzata turca verso l'Europa.

Alla morte di Sigismondo, gli successe Vadislav II, re di Polonia. Costui era supportato attivamente da Giovanni Hunyadi, abile condottiero originario

---

[15] L'impiego dell'ordine dei cavalieri teutonici non si rivelò una scelta oculata. Il sovrano infatti, in seguito ad una sconfitta presso Szörény, nel 1432 li rimosse dall'incarico loro assegnato.

[16] Le fortezze più grandi ed importanti ammontavano al numero di 10, a cui poi si aggiunsero 40 fortificazioni minori.

della Transilvania che, dopo la morte del sovrano, dedicò le proprie risorse militari per proteggere i confini ungheresi. Riteneva infatti che una situazione di continua belligeranza con gli ottomani avrebbe esercitato nel tempo un impatto estremamente negativo sullo sviluppo futuro della nazione.

Nel 1443 emerse di nuovo la necessità di organizzare un'impresa militare contro i Turchi. Tra i maggiori fautori vi erano il pontefice Eugenio IV e Đurađ Branković, despota serbo, che ormai controllava un territorio limitato dal Danubio e dai confini dell'impero ottomano. Il giovane sovrano, pur riconoscendo il pericolo turco, tuttavia mostrò una certa titubanza ad intraprendere un'impresa tanto impegnativa e rischiosa, e decise di consigliarsi con i nobili ungheresi. In seguito al supporto degli esponenti della nobiltà, la campagna militare si svolse tra il 1443 ed il 1444 e fu un successo per l'esercito ungherese che riportò la vittoria presso le città di Alexinac, Nis, e Sofia.

Benché le forze ungheresi non riuscirono a valicare i Monti Balcanici, tuttavia raggiunsero Belgrado e poi Buda, dove festeggiarono la vittoria contro gli ottomani. Il Sultano Murad II propose un accordo in cui si diceva disposto a riconsegnare a Branković i territori serbi e a pagare un'indennità. Branković domandò allora a Hunyadi di mediare la pace presso il re Vadislav II[17]. La trattativa non si concluse a causa dell'interferenza del legato pontificio di Eugenio IV[18], il cardinale Giuliano Cesarini, che indusse il sovrano di Ungheria a rifiutare le proposte ottomane[19]. La mancata rettifica dell'accordo condusse allo scontro tra gli ungheresi e gli ottomani nella battaglia della Varna combattuta nel 1444. Le forze in campo schierate dagli ungheresi non furono però nella condizione di sconfiggere gli ottomani: lo stesso Cesarini ed il re Vadislav II perirono in battaglia. Tra le cause che portarono alla disfatta vi fu una mancanza di comunicazione efficiente tra le forze ungheresi e l'ammiraglio della flotta veneziana, Alvisio Loredano, cui era stato ordinato di non intraprendere alcuna operazione militare contro i Turchi prima di essere venuto a conoscenza che l'esercito ungherese avesse passato il Danubio. In realtà, l'esercito ungherese aveva attraversato il Danubio il 20 settembre,

---

[17] Branković promise ad Hunyadi di concedergli i propri possedimenti collocati nei territori ungheresi.

[18] Il pontefice Eugenio IV era interessato ad un proseguimento del conflitto perché si auspicava che una vittoria ulteriore degli eserciti crociati avrebbe avuto come conseguenza principale l'allontanamento definitivo degli ottomani dal territorio europeo.

[19] Pare che il cardinale promise ad Hunyadi che sarebbe divenuto sovrano d'Ungheria.

ma i veneziani ne vennero a conoscenza solo a dicembre e di conseguenza non furono nella condizione d'impedire agli ottomani di passare lo stretto dei Dardanelli.

Il ruolo dell'Ungheria intesa da molti come avamposto fondamentale per arrestare l'avanzata turca venne riconosciuto e valorizzato dalla Santa Sede nella persona di Papa Niccolò V che, circa settant'anni prima della disfatta di Mohács e sette anni prima della presa di Costantinopoli, aveva deciso d'inviare nel 1446 il cardinale Carvajal per mediare la risoluzione dei conflitti tra Germania ed Ungheria. **L'imperatore Federico III era stato infatti accusato proprio da Hunyadi di tenere prigioniero il giovane sovrano ungherese, Ladislao V, di cui era reggente.**

In seguito alla morte di Vadislav II, aveva infatti assunto il trono ungherese il giovane Ladislao, e tra i suoi reggenti vi era anche Hunyadi che, nonostante avesse perduto il potere di cui aveva goduto in passato, si dispose ad organizzare nel 1447 una nuova spedizione militare contro i Turchi. All'impresa presero parte non solo militari ungheresi ma anche contingenti militari provenienti dalla Moldavia e dalla Valacchia. Anche Alfonso V re di Napoli ed Aragona decise di partecipare indirettamente finanziando la campagna militare.

Hunyadi, dopo essersi alleato infatti con Giorgio Skanderbeg, venne però sconfitto dagli eserciti ottomani sotto la guida di Murad II nel 1448 nella battaglia del Kosovo[20] e, solo nel 1449 riuscì a conseguire qualche vittoria di minore importanza.

Un anno dopo, nel 1450, Niccolò V, per indicare il ruolo di campioni della fede cattolica assunto proprio dagli ungheresi, in occasione del Giubileo emise una bolla in cui concesse ai nobili, ai membri del clero e a tutti i cittadini ungheresi che si mostravano disposti a combattere contro i Turchi, i benefici spirituali di quanti si recavano in pellegrinaggio a Roma. L'impegno assunto dal pontefice venne descritto dal cardinal Carvajal in una lettera inviata al futuro Pio II -Enea Silvio Piccolomini- con le seguenti parole:

<<La sua sollecitudine è senza soste: ha donato 5000 ducati allo Scanderbeg e promesso ulteriore aiuto perché egli possa difendersi contro i Turchi: mandò 60,000 ducati all'isola di Rodi: ha speso 40,000 ducati per allestire la flotta da guerra da mandare contro i Turchi...cercò con grande spirito di sacrificio di armare a difesa della

---

[20] L'esercito ottomano attaccò su due distinti fronti le forze albanesi e quelle ungheresi che vennero sorprese e costrette a combattere mentre marciavano verso il territorio albanese.

cristianità la popolazione di Trebisonda, Albania, Dalmazia e degli altri paesi vicini ai Turchi>>[21].

La Santa Sede, oltre a promettere l'indulgenza plenaria per coloro che si dicevano disposti a combattere i Turchi, prestò un ingente aiuto finanziario per organizzare la difesa dei Balcani. L'assalto degli Ottomani sembrava però inarrestabile e, dopo l'ascesa di Mehmet II, ogni tentativo di bloccare la loro avanzata pareva destinato al fallimento. Nel 1455 infatti l'esercito turco attaccò Belgrado, ma venne respinto dalle truppe guidate da Hunyadi, che morirà poco dopo in seguito alle ferite riportate in battaglia[22].

Tre anni dopo, in seguito alla morte del pontefice ed al breve pontificato di papa Callisto (1455-1458), salì al soglio di Pietro Enea Silvio Piccolomini con il nome di Pio II (1458-1464).

Pio II, così come avevano fatto i suoi predecessori, si lamentò della mancanza di unità dell'Europa cristiana e della debolezza politica conseguente alla condizione di belligeranza continua:

> <<La cristianità è un corpo privo di testa, una repubblica priva di leggi e magistrati...Ogni stato ha un principe separato ed ogni principe ha un interesse proprio. Chi promuoverà l'amore tra l'inglese ed il francese? Chi causerà l'unità tra i genovesi e gli aragonesi? Chi porterà la riconciliazione tra i tedeschi, gli ungheresi ed i boemi? Se un piccolo esercito viene condotto contro i Turchi, saranno subito sconfitti. Se viene invece condotta un'armata potente, diventerà immediatamente preda della confusione>>[23].

Il nuovo pontefice convocò nel 1459 il congresso di Mantova per rilanciare l'impresa crociata contro gli ottomani. La situazione politica in Italia ed in Europa sembrava infatti propizia a riunire le forze cristiane: la pace di Lodi del 1454 aveva riportato la concordia nell'Italia settentrionale ed un anno prima, nel 1453, si era conclusa la guerra dei cent'anni tra Francia ed Inghilterra.

Intanto era salito al trono ungherese Mattia Corvino (1457/58-1490), figlio di Janos Hunyadi che aveva preservato l'eredità politica del re Sigismondo (1386-1431) dopo la sua morte.

---

[21] Bonfigli C., *Niccoló V, papa della rinascenza*, Roma 1983, 1.

[22] Secondo altre fonti, Hunyadi morì a causa di un'epidemia.

[23] Cfr. Anievas A., Nişancioğlu K., "The Ottoman–Habsburg Rivalry over the Long Sixteenth Century." *How the West Came to Rule: The Geopolitical Origins of Capitalism*, London 2015, 96.

Mattia Corvino raccolse l'invito del pontefice[24] e si scontrò con l'esercito turco guidato da Mehmet II sul suolo bosniaco, riuscendo a conquistare la capitale Jajce, che entrerà successivamente a far parte del sistema di difesa ungherese. Nonostante l'impegno di Corvino e del pontefice che organizzò nel 1460 un concilio in Vaticano, l'impresa però non si materializzò mai e Pio II si spense tre anni dopo ad Ancona.

Il sovrano ungherese, fallito il progetto della crociata, comprese che la protezione dei confini sia ungheresi che europei dalla minaccia ottomana era ormai una responsabilità che gravava solo sul regno d'Ungheria. Corvino decise allora d'impiegare notevoli risorse per la difesa delle frontiere migliorando il sistema strutturato da Sigismondo. Infatti, in seguito alla conquista ottomana della Serbia e della Bosnia rispettivamente nel 1459 e nel 1463, l'Ungheria condivise di fatto una vasta zona di confine con gli ottomani[25]. Questo nuovo sviluppo indusse Mattia a dividere le linee di difesa in tre sezioni poste rispettivamente a Bihacs (nella parte croata), a Temestar (nella zona centrale) ed a Kronstadt (nella Transilvania), il cui ruolo era quello di mobilitare forze militari in modo efficiente e rapido in caso di attacco ottomano. Oltre alle modifiche apportate alle linee di difesa, Corvino procedette alla riforma dell'esercito attraverso la creazione di una fanteria[26] e cavalleria[27] efficienti e ben addestrate.

Tra il 1474 ed il 1481 si verificarono una serie di scontri minori tra i due eserciti finalizzati più alla razzia che alla conquista di nuovi territori. In questo stesso periodo inoltre Corvino dovette impegnare l'esercito per combattere contro Austria[28], Boemia[29] e Polonia[30], i cui sovrani reclamavano il trono d'Ungheria.

---

[24] Mattia Corvino sostenne sempre il progetto di crociata contro i Turchi promosso dai pontefici. Ci sono infatti pervenute delle missive scambiate con il papa Sisto IV, in cui il monarca faceva riferimento all'idea di crociata. Cfr. P. Tafilowski, "Anti-Turkish Correspondence between Matthias Corvinus and Pope Sixtus IV: a contribution to the history of propaganda in the international relations in the late Middle-Ages", *Rocznik Orientalistyczny* 2 (2013) 14-31.

[25] La Wallachia venne annessa nel 1421, mentre la Moldavia divenne uno stato vassallo nel 1538.

[26] La prima linea di fanteria era costituita da fanti armati in modo pesante e la seconda invece da soldati equipaggiati di ampi scudi noti con il nome di "pavesi".

[27] Facevano parte della cavalleria leggera gli Ussari ossia un corpo di soldati reclutato tra i rifugiati serbi.

[28] Nella persona dell' imperatore Federico III d'Asburgo (1440-1493).

[29] L'ex suocero di Matthias, Jiry Podiebrand, dopo la morte della figlia, entrò in una relazione conflittuale con l'ex genero, quando quest'ultimo intraprese una campagna di persecuzione contro l'eresia ussita.

[30] Nella persona del sovrano Casimiro IV (1447-1492).

Il Regno d'Ungheria cessò però di esistere meno di un secolo dopo, al tempo del sultano Solimano il Magnifico. Tra la fine del XV ed il primo ventennio del XVI secolo, l'Ungheria dovette affrontare una crisi economica che ebbe un impatto notevole sulle risorse impiegate per la difesa del territorio. I contingenti militari posti di guardia nelle fortezze collocate sulla frontiera meridionale, benché possedessero uomini e mezzi adeguati a fronteggiare le periodiche incursioni ottomane, tuttavia non sarebbero stati in grado di resistere ad un attacco più strutturato. Per questa ragione, venne domandato soccorso agli Asburgo che erano però occupati nel conflitto con la Francia e si limitarono a prestare aiuto nell'opera di difesa ed organizzazione delle fortificazioni.

L'invasione dell'Ungheria da parte degli ottomani in questo periodo venne comunque scongiurata dall'interesse mostrato dal sultano Selim I verso il conflitto con i Safavidi nei territori orientali dell'impero. Alla morte di Selim però, cui succedette suo figlio Solimano I, lo scenario politico militare mutò considerevolmente. Il fallimento delle campagne militari contro i Safavidi, cui si unì la crescente insoddisfazione dell'élite sia militare che politica ottomana[31], possono essere considerate le ragioni immediate della ripresa delle mire espansionistiche verso l'Europa.

Nel 1520 Solimano inviò alla corte ottomana uno dei suoi ambasciatori per richiedere un lasciapassare per le truppe ottomane in territorio ungherese. L'ambasciatore venne però incarcerato e quest'affronto viene considerato la causa prossima dell'intervento militare ottomano avvenuto nel 1521, quando l'esercito turco guidato dallo stesso sultano invase il territorio ungherese e conquistò Belgrado. In seguito alla conquista di Belgrado, Solimano procedette all'annessione tra il 1521 ed il 1524 delle fortezze meridionali di Zimony[32], Orsova[33] e Tumu Severin[34], assumendo di fatto il controllo della regione danubiana.

La ripresa del conflitto avvenne nel 1526, in seguito ad una crisi interna al governo ottomano causata dai giannizzeri, che il sultano decise di risolvere in parte organizzando una nuova spedizione militare contro l'Ungheria considerata un nemico facile da sconfiggere. Il governo ungherese venne a conoscenza dell'avvicinarsi delle truppe ottomane, ma non sapeva quale territorio avrebbero invaso per primo. Per questa ragione, le truppe ausiliarie sia della Croazia che della Transilvania non si mossero

---

[31] Allo stesso modo la campagna militare contro i mamelucchi in Egitto non era ben vista dal ceto dirigente ottomano che considerava contrario agli insegnamenti islamici combattere contro dei confratelli sunniti.

[32] Venne conquistata nel 1521.

[33] Venne conquistata nel 1522.

[34] Venne conquistata nel 1524.

in tempo per prestare aiuto ai militari ungheresi, temendo che gli ottomani avrebbero invaso le loro provincie. Le forze ottomane raggiunsero il fiume Drava e lo attraversarono, dopo aver conquistato la fortezza di Peterwardein, ed attesero l'arrivo dell'esercito ungherese. La battaglia si svolse sulla piana di Mohacs e si risolse in una totale disfatta per gli ungheresi. Circa 15,000 soldati persero la vita sul campo di battaglia, tra le vittime vi furono anche molti rappresentanti sia della nobiltà che del clero. Lo stesso re Luigi II Jagellone (1516-1526) morì, ed il regno di Ungheria cessò di esistere come entità politica unitaria ed il ruolo di bastione protettivo della cristianità dall'avanzata turca venne da quel momento in poi assunto dagli Asburgo.

In seguito alla disfatta di Mohacs nel settembre del 1526 infatti, in cui lo stesso Georgievitz venne fatto prigioniero, gli ottomani s'impossessarono del territorio che si estende da Buda a Belgrado, dividendolo in sei unità amministrative (*nahiye*): Baja, Szeged, Subonica, Sombor, Bačka e Titel. Anche se il sud del paese non venne conquistato, i suoi territori continuarono ad essere martoriati dai continui conflitti tra gli ottomani, gli ungheresi e gli Asburgo. Gli storici turchi hanno messo in evidenza che, in seguito alla sconfitta degli eserciti ungheresi a Mohacs, le armate ottomane guidate dallo stesso Sultano Solimano e da Ibrahim, il suo Gran Visir, non incontrarono alcuna resistenza, con l'eccezione del territorio che si stendeva tra Bač e Futog. L'assenza di una linea difensiva lungo tutto il territorio fece sì che le armate di Solimano, dopo essersi ricongiunte con le truppe di Ibrahim stanziate a Patrovaradin, nell'ottobre del 1526 fossero nella condizione di attraversare il Danubio per dirigersi verso Belgrado. Qui i prigionieri di guerra, tra cui molto probabilmente si trovava lo stesso Georgievitz, vennero venduti e Solimano ripartì per Istanbul[35].

Un esame della storiografia ungherese relativo alla valutazione dell'impatto della dominazione ottomana sull'assetto socio-politico dell'Ungheria medievale ha mostrato dei connotati a volte antitetici e delle considerazioni discordanti che, probabilmente, hanno risentito dell'entroterra politico degli storici che hanno condotto i diversi studi. Ad esempio, Szekfu ha ritenuto che l'invasione e la dominazione ottomana abbiano esercitato un impatto del tutto negativo sull'evoluzione storica del paese in modo particolare per quel che concerne la sua progressiva decadenza sia economica che sociale, compresa la decrescita della popolazione e la stagnazione economica. Jolan Majlath invece ha ritenuto che la dominazione ottomana abbia arginato l'influenza nefasta del sistema feudale, riducendo l'impatto esercitato dalla nobiltà e promuovendo la nascita di un commercio dinamico e liberando gran parte della popolazione residente in territorio ungherese dalla servitù. Gli studi condotti da Geza Daud sui documenti catastali hanno infatti dimostrato che nel periodo ottomano la popolazione non ha

Nell'opera dello Georgievitz vi sono dei chiari riferimenti alla necessità della cessazione dei conflitti interni tra i monarchi europei e del riconoscimento dell'autorità spirituale del pontefice della chiesa di Roma, inteso come capo della cristianità:

<<Chi dubiterà che in un futuro prossimo l'Imperatore cristiano sarà insigne non meno per l'impero di Costantinopoli che per quello di Roma? [....] E che il Sommo pontefice della Santa Romana Chiesa non sarà nominato capo di tutte le genti?>>[36].

<<Costoro [ossia quanti erano stati fatti prigionieri dei Turchi e vivevano sul suolo ottomano] desiderano che il santissimo e l'eccellentissimo Papa, padre della patria, pastore della chiesa ortodossa, ed i cardinali reverendissimi, i patriarchi, gli arcivescovi, i vescovi, gli abati ed i sacerdoti rimanenti, i suoi aiutanti e sottoposti, che rivolgano le forze della loro santità alla loro liberazione, e dopo aver radunato tutti i suoi figli, ricondotti all'unità ed alla concordia, li esorti contro un nemico comune da sconfiggere. Costoro desiderano che il sommamente augusto ed il sommamente invincibile cesare del Sacro Romano Impero, e tutti i suoi principi, duchi ed eroi, dopo aver abbandonato i conflitti interni e dopo aver convocato i propri comandanti, gli elettori ed i nobili del suo Impero,

---

subito una diminuzione considerevole ed il fenomeno migratorio fu di molto minore rispetto a quanto si era pensato originariamente. Al contrario di quanto la storiografia precedente aveva evidenziato, il decennio che va dal 1570 al 1580 viene considerato da alcuni storici un periodo di consolidamento finanziario delle provincie ungheresi grazie al raggiungimento progressivo dell'indipendenza economica. Le caratteristiche del sistema di tassazione ottomano rispetto a quello feudale favorivano la classe contadina impedendone sia lo sfruttamento sia l'appropriazione indebita dei terreni da parte della nobiltà feudale[35]. I diritti della classe contadina erano salvaguardati ed i suoi membri erano considerati uomini liberi. La centralizzazione del potere e le limitazioni imposte sulla tassazione sia a livello locale che regionale faceva sì che, a differenza di quanto accadeva in Europa, la classe contadina avesse un maggiore accesso e controllo del surplus della produzione. Cfr. Agoston, G. "The Image of the Ottomans in Hungarian Historiography." *Acta Orientalia Academiae Scientiarum Hungaricae*, vol. 61, no. 1/2, 2008, 15–26.

[36] Testo latino: <<[...] quis dubitaret, quin brevi fit futurum, ut Christianus Imperator, non minus Constantinopolitano quam Romano Imperio insignis fit futurus? [...] Praeterea Romanae Sacrosactae Eccelsiae summus Pontifex totius orbis gentium pastor maximus sit nominaturus?>>.

muovano le armi per difendere e per migliorare la loro posizione contro un nemico vicino e già minaccioso>>[37].

Anche se appartengono ad un'epoca successiva, le parole dell'autore sono sostanzialmente in linea con quelle contenute nei diversi appelli rivolti, all'indomani della conquista di Costantinopoli, da numerosi umanisti italiani -Jacopo Bracelli, Poggio Bracciolini, Antonio Ivani, Bartolomeo Facio- i quali in diversi scritti sottolinearono il pericolo incombente sul suolo italiano ed auspicarono una cessazione dei conflitti e delle rivalità al fine di unire le forze per preservare la libertà dei popoli cristiani[38].

Molte opere poetiche composte in Italia nel XVI secolo hanno come tema principale il rapporto conflittuale tra mondo occidentale ed impero ottomano da una parte e dall'altra la necessita' di unione e concordia del mondo cristiano[39].

Molti libelli e pamphlet che circolavano nel periodo dell'invasione dei territori ungheresi citavano inoltre i "valori europei" per promuovere la

---

[37] Testo latino: <<Optant Sanctissimum, ac elementissimum Papam, pater patriae, Pastorem orthodoxae Ecclesiae, item Reverendissimos Cardinales, Patriarchas, Archiepiscopos, Episcopos, Abbates ac reliquos praelatos, eius coadiutores ac subditos: vires suae Sanctitatis ad liberationem eorum convertere: ac filiis suis coadunatis, in unitatem ac concordiam redactis, contra commune hostem opprimendum eos adhortari. Optant Augustissimum ac invictissimum sacri Imperii Roamni Caesarem, ac universos eius Principes, Duces ac Heroas, posthabito domestico bello, convocatis suois proceribus, electoribus ac primatibus sui Imperii, ad defendendum, ac ad augendoum statum suum, cotra vicinum ac iam imminentem sibi hostem vitricia arma movere>>.

[38] I medesimi concetti vennero poi ripetuti dal cardinale Antonio Capranica inviato dal pontefice Eugenio IV (1431-1447) presso il re Alfonso d'Aragona: <<..... a noi è per venir sopra e si avicina una gravissima e pericolosissima guerra... trattandosi della salute sua propria di tutta la Repubblica Christiana e della Religion nostra ...Mahumetto atrocissimo nimico del nome Cristiano, non contento di haver preso Costantinopoli..., non di havere oppressa la Grecia..., minaccia di venire per la Grecia in Italia e scorrere infino a Roma, capo e sedia della nostra Religione...Questo nostro astutissimo nimico si è dato a creder che ritrovando l'Italia in discordia e disordine, ei se ne possa impadronir facilmente: e soggiogata lei, non dubita punto di non soggiogar et haver a sua obbedienza parimente tutti gli altri popoli e Principi Cristiani...Né egli s'ingannerà punto se noi tuttavia otiosi staremo a contemplare più tosto con le mani a' fianchi i suoi apparecchi che procurare di opporci al suo furore...>>. Cfr. Biagioni M., "L'Europa cristiana nell'angoscia: la caduta di Costantinopoli e l'avanzata degli Ottomani verso occidente", Società Storica Spezzina, www.unipi.it.

[39] Cfr. C. Natoli, "La guerra d'Oriente e la minaccia turca nella lirica di metà cinquecento", *Italiane-Poésie italienne de la reinassance*, XXII, 2019, 213-233.

difesa dell'Ungheria dagli eserciti ottomani. In realtà, sia il richiamo ai valori secolari europei sia a quelli religiosi relativi alla difesa della cristianità non ebbero l'impatto sperato sui potenti europei, i cui interessi dinastici e nazionali molto spesso rendevano difficile una politica difensiva comune capace di superare i particolarismi.

Gli storici hanno messo in evidenza che la stessa elezione di Carlo V come imperatore del Sacro Romano Impero fosse riconducibile alla speranza che si mostrasse capace di unire le forze del mondo cristiano contro la minaccia turca.

Carlo d'Asburgo, quando venne eletto nel 1519 imperatore con il nome di Carlo V, ereditò una situazione politica complicata e caratterizzata dal conflitto tra Francia e Spagna per l'egemonia in Europa, che si estese dal 1494 al 1559[40]. Carlo d'Asburgo, tra il 1519 ed il 1556, comandava su di un impero che si stendeva tra l'Europa e le Americhe. Ciononostante, il controllo del Mediterraneo era problematico in conseguenza dell'estensione della flotta ottomana e della sua influenza su tutto il bacino. Nell'epoca di Solimano, infatti, l'impero ottomano ampliò il suo controllo sui mari attraverso l'organizzazione di una potente flotta ed il finanziamento elargito ai corsari di Algeri che si videro più volte protagonisti di una politica aggressiva verso l'Italia, la Grecia e la Spagna[41].

---

[40] Prima della sua elezione, vennero siglati la Tregua di Blois ed il Trattato di Noyon rispettivamente nel 1504 e nel 1516. La Tregua stabiliva l'assegnazione del ducato di Milano ai francesi e del regno di Napoli agli spagnoli.

[41] Nel 1532 Solimano il Magnifico acquistò dagli orefici veneziani un elmetto estremamente prezioso, che faceva parte di una serie di oggetti cerimoniali ordinati a diversi consorzi di artigiani, ossia le bardature del cavallo, uno scettro ed un trono. Questi oggetti vennero mostrati nel corso dell'avanzata del Sultano verso Vienna. Gli storici sottolineano come la scelta di decorare la città di Belgrado con archi di trionfo simili a quelli costruiti dagli imperatori romani, debba essere interpretato come una risposta alla cerimonia d'incoronazione di Carlo V come imperatore del Sacro Romano Impero tenutasi a Bologna nel 1529. Nel corso della processione di trionfo, il valletto dell'imperatore aveva portato i "quattro elmetti di Cesare", due dei quali erano decorati alla sommità rispettivamente con un'aquila simbolo degli Asburgo e con una corona. La medesima processione venne ripetuta nel 1530 in compagnia del pontefice Clemente VII. L'elmetto di Solimano, che venne commissionato dl Ibrahim il suo Gran Vizir, assomigliava nella forma da una tiara papale composta da quattro corone sovrapposte. La forma dell'elmetto è stata interpretata in chiave simbolica come attestante una sorta di affermazione di superiorità degli Ottomani sia sulla monarchia asburgica che sul papato. Nel XVI secolo infatti gli Ottomani e gli Asburgo si contendevano il dominio imperiale sul suolo europeo e sul Mar mediterraneo. Quest'interpretazione è supportata dal fatto che tra il 1530 ed il 1531 circolavano delle voci relative ad un possibile attacco

Carlo V non fu mai però, nonostante l'estensione dei suoi domini ed il potere politico detenuto, nella condizione di emergere come campione della cristianità nella lotta contro gli ottomani[42]. La mancata investitura ideologica è da ricondursi, secondo gli storici, ai suoi travagliati rapporti con il papato.

Nel corso del suo governo imperiale[43], si susseguirono sul soglio pontificio ben quattro pontefici, oltre a Giulio III (1550-1555): Clemente VII (1423-1534), Paolo III (1534-1549)[44], e Paolo IV (1555-1559). Tranne Giulio III, che mostrò delle propensioni filo-spagnole, gli altri pontefici si scontrarono apertamente con Carlo V. Al 1527 risale infatti il sacco di Roma, nel corso del conflitto contro Clemente VII alleato dei francesi nella Lega di Cognac. Nell'intervallo tra il 1556 ed il 1557 si colloca invece il conflitto con Paolo IV, che fu costretto alla resa quando le truppe imperiali si trovavano ormai alle porte di Roma.

Carlo V si faceva infatti portatore di un'ideologia che promuoveva la preminenza del potere imperiale non solo nell'ambito politico ma anche religioso. Mercurino Gattinara, cancelliere imperiale, il giorno dell'incoronazione di Carlo V pronunciò un discorso in cui affermò:

<<Sire, perché Dio vi ha concesso la prodigiosa grazia di elevarvi sopra tutti i re e principi della cristianità, ad una potenza che fino ad

---

ottomano per terra e per mare contro l'Italia e l'Austria. Cfr. Necipoğlu G., "Süleyman the Magnificent and the Representation of Power in the Context of Ottoman-Hapsburg-Papal Rivalry." *The Art Bulletin*, Vol. 71, No. 3 (Sep., 1989), 401-427.

[42] Cfr. Santarelli D., "Dal conflitto all'«alleanza di ferro». A proposito delle relazioni tra il Papato e la Spagna nella crisi religiosa del Cinquecento", *Studi Storici Luigi Simeoni*, 2012, LXII, pp.59-68, halshs-00649381v3, 61: <<La costruzione politica di Carlo V era costituita da un insieme eterogeneo di elementi sovrastatali e sovranazionali, indissolubilmente legata all'idea dell'unità del cristianesimo occidentale, al cui vertice era posto un monarca universale capace di svolgere la missione provvidenziale di restaurare un ordine politico ideale salvando la cristianità dal pericolo turco>>.

[43] Al tempo dell'elezione di Carlo V la chiesa era governata da Leone X (1475-1521).

[44] Anche se Paolo IV mise in atto una politica più equilibrata, tuttavia non riuscì ad instaurare dei buoni rapporti con l'imperatore.

oggi ebbe solo Carlo Magno, voi siete sul cammino della monarchia universale[45], della riunione della cristianità sotto un solo pastore>>[46].

La figura di Carlo V dai panegiristi veniva paragonata sia agli imperatori romani[47] che a Carlo Magno[48]. Il legame con quest'ultimo viene testimoniato dal fatto che nel 1520 Carlo V venne insignito del titolo di "Re dei Romani" proprio ad Aquisgrana, che era stata la sede dell'impero di Carlo Magno. Carlo V intendeva di fatto promuovere un'ideale d'impero sovrannazionale capace di ricondurre all'armonia e quindi alla pace l'intero mondo cristiano. L'unione del mondo cristiano sotto l'egida di una monarchia universale era poi funzionale alla lotta contro il nemico della cristianità per eccellenza, ossia l'impero ottomano.

Janos Lascaris, ambasciatore di Clemente VII, nel 1525[49] dedicò a Carlo V un panegirico in cui esprimeva la speranza ed auspicava che il sovrano si facesse promotore di una crociata contro gli Ottomani per restituire i territori strappati alla cristianità[50]. Giovanni Acciaiuoli scrisse invece tra il

---

[45] Cfr. Merluzzi M., "Modello imperiale romano e Monarchia Universale: legittimazione e rappresentazione del potere nel discorso politico della Monarchia Spagnola", in Sabatini G., Pittia S., Dubouloz (ed.) *L'imperium Romanum en perspective. Les savoirs d'empire dans la République romaine et leur héritage dans l'Europe médiévale et modern*, Besançon, 2014, 411-432, 416-417: <<Il monarca si poneva su di un livello superiore rispetto al re, poiché aspirava a governare su di una pluralità di regni non accontentandosi di regnare in modo diverso su ciascuno di essi, ma pretendendo di vincolarli a sé personalmente, dirigendoli e coordinandoli con obiettivi comuni>>.

[46] Cfr. Merluzzi M., "Modello imperiale romano e Monarchia Universale: legittimazione e rappresentazione del potere nel discorso politico della Monarchia Spagnola", 412. Lo stesso Erasmo da Rotterdam considerava Carlo V il sovrano capace di promuovere una *pax christiana* attraverso il suo ruolo di punto di riferimento dei diversi principi cristiani. Cfr. Brandi K., *Carlo v*, Torino, 1961.

[47] Bisogna inoltre ricordare che Andrea Paleologo (1453-1502), ultimo imperatore di Costantinopoli, aveva redatto un testamento in cui lasciava il proprio titolo imperiale in eredità a Ferdinando di Aragona e ad Isabella di Castiglia. Cfr. Vespignani G., "L'Europa dalla caduta di Costantinopoli (1453) alla battaglia di Lepanto (1571) – Note storiografiche recenti", *Erytheia* 33 (2012) 105-115, 107.

[48] Pedro de Mexia, storico imperiale, ricondusse gli antenati di Carlo V agli stessi imperatori di Roma. Cfr. De Mexía P., *Historia imperial y caesarea, en la qual en summa se contiene las vidas y hechos de todos los caesares imperadores de Roma desde Julio Caesar hasta el emperador Carlos Quinto*, Anversa, 1561.

[49] Ossia dopo la battaglia di Pavia.

[50] Cfr. Vespignani G., "L'Europa dalla caduta di Costantinopoli (1453) alla battaglia di Lepanto (1571) – Note storiografiche recenti", *Erytheia* 33 (2012) 105-115, 105-106. Altri dotti greci scrissero all'imperatore delle missive dal contenuto simile. Ricordiamo Demetrio Blogas e Macario de Heraclea-Petagonia.

1550 ed il 1551 un componimento poetico dedicato a Carlo V in cui profetizzava la fine del dominio ottomano sui territori conquistati.

Secondo questa prospettiva, l'imperatore era chiamato ad assumere rispetto al papato un ruolo di tutela, che la Santa Sede era piuttosto restia ad accettare, come si evince dagli attriti manifestatesi nell'apertura del Concilio di Trento nel 1545. Nel corso del Concilio, che si svolse in tre momenti tra il 1545 ed il 1563, la lotta ideologica al luteranesimo venne condotta dalla chiesa parallelamente al conflitto politico con l'imperatore. Tra il 1551 ed il 1559 infatti Carlo V si scontrò con la Francia che fece leva sull'ostilità dei principi tedeschi e sugli attacchi ottomani nel mediterraneo per minarne l'autorità politica e la potenza militare.

Nel medesimo periodo, Paolo IV Carafa indisse una lega anti-imperiale per rivendicare il primato sia spirituale che politico della chiesa cattolica. Paolo IV era particolarmente avverso a Carlo V[51] che considerava un grave pericolo per il ruolo egemone del cattolicesimo in Europa in ragione della relazione tra l'imperatore e due rappresentanti del movimento spirituale, i cardinali Pole e Morone. I piani di Paolo IV non condussero però agli esiti sperati, e nel 1559 venne siglata la pace di Cateau-Cambrésis che mise fine al lungo conflitto tra Spagna e Francia. Carlo V morì nel settembre del 1558 e prima di morire aveva abdicato nel 1556 a favore di Filippo II consegnandogli i possedimenti in Spagna, Italia e nelle Americhe. Un anno dopo, nel 1557, aveva lasciato il titolo imperiale a Ferdinando, che ricevette nel 1558 l'approvazione ed il riconoscimento dei principi tedeschi.

Al contrario di quanto era avvenuto in precedenza, al tempo di Filippo II si consolidò una forte alleanza tra il potere del papato e quello politico del sovrano attraverso lo strumento dell'Inquisizione[52] e la controriforma che ebbero come diretta conseguenza anche la sconfitta definitiva nel corso del pontificato di Pio V[53] (1566-1572) della fazione ecclesiastica degli spirituali[54].

---

[51] Carlo V si era mostrato contrario all'elezione di Paolo IV ed inoltre gli aveva negato il possesso dell'arcivescovado di Napoli. Il pontefice intendeva inoltre estendere il potere politico dello stato pontificio anche sul regno di Napoli.

[52] Cfr. Santarelli D., "Dal conflitto all'«alleanza di ferro». A proposito delle relazioni tra il Papato e la Spagna nella crisi religiosa del Cinquecento", *Studi Storici Luigi Simeoni*, 2012, LXII, pp.59-68, halshs-00649381v3, 67: <<Il risultato dell'alleanza tra il papato ed il potere politico fu sul piano religioso la "confessionalizzazione", su quello politico l'affermazione della monarchia assoluta e di diritto divino>>.

[53] Il suo predecessore Pio IV (1559-1565) cercò di contenere il potere dell'Inquisizione e si mostrò più tollerante verso gli spirituali.

[54] Costoro proponevano una politica religiosa mirante alla riconciliazione tra cattolici e protestanti.

Nel 1571 venne fondata su iniziativa di Pio V la Lega Santa[55] formata dai territori dello Stato pontificio, dalla Spagna, da Venezia, da Genova, dalla Toscana, da Savoia, Parma, Urbino e Malta. La forza militare della Lega era costituita da una flotta di 290 navi, su cui operavano 44,000 marinai e 28,000 soldati.

Due anni dopo la vittoria conseguita a Lepanto[56], nel 1573 la Lega venne comunque sciolta su decisione di Venezia che, al fine di difendere i propri interessi commerciali nel mar mediterraneo, decise di intavolare una trattativa separata con l'impero ottomano. Pio V era morto nel 1572, ed in quello stesso anno Marcantonio Barbaro, ambasciatore della Serenissima presso gli ottomani, attraverso la mediazione francese e l'impegno di Salomon Askenasi -medico presso la corte del Sultano- intavolò una trattativa segreta che si concluse nel 1573 con l'abbandono della Lega da parte di Venezia e la stipula di un trattato di pace attraverso il quale la repubblica otteneva la restituzione delle navi mercantili confiscate.

Il comportamento di Venezia venne considerato un vero e proprio atto di tradimento, in ragione della segretezza con cui erano state condotte le trattative. Dal canto suo la repubblica accusò Filippo II di non aver prestato alcun aiuto alla Serenissima nel conflitto per la difesa di Candia, Zante, Cefalonia, Dolcigno e Antivari. Per questa ragione, la repubblica di Venezia si era vista costretta ad agire per preservare la sua sicurezza territoriale ed i suoi interessi economici.

Allo stesso modo la Francia, circa mezzo secolo prima, aveva deciso d'intavolare una discussione con gli ottomani stringendo anche una forma di collaborazione in funzione anti-asburgica e anti-papale. La necessità politica di limitare il potere asburgico in Europa è infatti testimoniata dalle seguenti parole di Francesco I:

<<Desidero avidamente che il turco sia forte e pronto alla guerra, ma non per me stesso, perché lui è un infedele e noi invece siamo cristiani, ma per indebolire il potere dell'imperatore d'imporre

---

[55] La Lega santa venne fondata nel maggio del 1571 da Pio V. A luglio, una solenne messa nella cattedrale di Venezia celebrava l'inizio della nuova crociata. Alla fine della celebrazione eucaristica si tenne una processione in cui il "Gran Turco", ossia l'imperatore ottomano, veniva raffigurato come un drago.

[56] Tra il 1571 ed il 1573 vennero pubblicate molteplici opere -lettere, biografie, resoconti storici- relative alla vittoria di Lepanto. È stato sottolineato che attraverso la celebrazione di questa vittoria il mondo cristiano cercava di esorcizzare il timore dell'invincibilità dei Turchi.

pesanti spese e per rassicurare gli altri governi contro un nemico così potente>>[57].

Tra il 1537 ed il 1553 le forze ottomane e quelle francesi strinsero una sorta di alleanza militare che condusse all'attacco di Corfù da parte dell'esercito turco con l'aiuto di 13 navi da guerra francesi, all'invasione francese di Nizza coadiuvata dalle forze del Barbarossa, alla conquista di Reggio ed all'invasione della Corsica, entrambe imprese militari franco-ottomane.

Gli stati europei e le diverse confessioni cristiane dal XVI secolo in poi mostrarono quindi la propensione ad utilizzare l'alleanza con il potere imperiale ottomano per riequilibrare le forze politiche all'interno della compagine europea in funzione prevalentemente anti-asburgica ed anti-papale[58].

L'espansionismo ottomano sembra avere avuto un ruolo anche nella diffusione della riforma luterana in Germania, in ragione della necessità vitale per gli Asburgo sia della forza militare che del contributo economico tedesco nella guerra contro gli ottomani. Quest'ultimi, al tempo di Solimano il Magnifico, cercarono di stringere dei rapporti con la lega dei principi protestanti per favorire la loro cooperazione con la Francia in funzione antiasburgica. Gli stessi luterani, per proteggere i propri interessi e per promuovere la libertà religiosa, fecero leva contro Carlo V sul conflitto tra Asburgo e Turchi.

Al fine di indebolire l'influenza politica del cattolicesimo in Ungheria, gli Ottomani invece incoraggiarono e promossero la libertà religiosa, accogliendo, in modo particolare durante i periodi del regno di Sigismondo Zapolya (1540-41 e 1556-71), gli esuli luterani. Nel 1604, le forze ottomane sostenettero e supportarono in terra ungherese la rivolta protestante contro il governo asburgico che professava invece la fede cattolica. Stephen Bockay, che aveva guidato la rivolta, venne insignito della carica di principe di Transilvania e re di Ungheria.

---

[57] Cfr. Anievas A., Nişancioğlu K., "The Ottoman–Habsburg Rivalry over the Long Sixteenth Century." *How the West Came to Rule: The Geopolitical Origins of Capitalism*, London 2015, 112.

[58] Cfr. Anievas A., Nişancioğlu K., "The Ottoman–Habsburg Rivalry over the Long Sixteenth Century." *How the West Came to Rule: The Geopolitical Origins of Capitalism*, London 2015, 114: <<Ottoman Threat redirect both Habsburg and Papal resources away from the internal divisions that were stretching the empire in the northwest contributing in turn to the perpetuation of multiple polities within the cultural unity of Christian Europe that again frustrated universal imperial ambitions>>.

A sostegno di questa considerazione è possibile ricordare che anche il partito calvinista francese nella seconda metà del XVI secolo promosse l'alleanza con i Turchi in funzione anti-spagnola. Nel 1566, Guglielmo di Orange inviò i suoi ambasciatori alla Sublime porta per domandare agli Ottomani assistenza militare nella rivolta protestante olandese contro il potere cattolico. Uno degli slogan della rivolta era infatti: "Liever Turks dan Paaps", traducibile come "meglio turchi che papisti".

Allo stesso modo, la corona inglese strinse delle relazioni con gli Ottomani nel 1590 al fine di contrastare gli Asburgo di Spagna, considerati il nemico comune ad entrambi. Nel 1580-83 l'Inghilterra aveva siglato un trattato commerciale ed una capitolazione con il sultano Murad III, così come aveva fatto la Francia nel 1536 e come fece anche l'Olanda nel 1612.

Gli accordi siglati da Francia, Inghilterra ed Olanda per fini prettamente commerciali[59] promossero le associazioni e le imprese mercantili di questi paesi che precedentemente avevano dovuto operare all'interno di condizioni meno vantaggiose sul piano economico in ragione della loro distanza dal mediterraneo. Inoltre, la costante situazione di tensione e conflitto sia latente che aperta tra l'impero ottomano e quello asburgico aveva spostato l'asse della geopolitica europea lontano dai paesi del nord Europa che furono nella condizione di creare progressivamente le condizioni per uno sviluppo economico che culminò nella rivoluzione industriale[60].

Gli storici hanno sottolineato come la "pax ottomana" avesse reso possibile l'apertura di nuove rotte commerciali per l'Europa, in modo particolare con i territori russi e quelli dell'Asia centrale attraverso il Mar Nero, e con il Levante ed il Nord Africa. Lo sviluppo del commercio si accompagnò poi a quello manufatturiero[61], creando in Europa le condizioni

---

[59] L'Inghilterra importava lana e seta ed esportava abiti confezionati. L'Olanda importava dall'impero ottomano seta, cotone, lana e mohair, ed esportava tessuti e metalli preziosi.

[60] Cfr. Anievas A., Nişancioğlu K., "The Ottoman–Habsburg Rivalry over the Long Sixteenth Century." *How the West Came to Rule: The Geopolitical Origins of Capitalism*, London 2015, 91–120. È stato comunque messo in luce come questo pericolo incombente e la condizione di equilibrio precario tra le forze dell'impero ottomano e di quello asburgico sia stato un fattore determinante che ha permesso agli stati del nord Europa di creare le condizioni per dar vita allo stato moderno che sta alla base della rivoluzione industriale e del capitalismo.

[61] A questo proposito possiamo ricordare che nel XVI secolo, Francia, Paesi Bassi ed Inghilterra acquistavano grandi quantitativi di materie prime necessarie per lo sviluppo del settore manufatturiero proprio dagli Ottomani.

per l'emergere di una nuova economia e di nuovi equilibri sociali e politici che avranno un ruolo fondamentale nella formazione dell'Europa moderna.

Sui costumi dei Turchi[1]

La violenta discordia e le lotte intestine dei nostri principi, o Innocenzo, hanno fatto di me un pellegrino che, spogliato di ogni bene e ridotto in catene, è stato condotto attraverso i luoghi aspri ed impervi della Tracia, che si trova collocata in Asia Minore, come un capo di bestiame, di città in città, di villaggio in villaggio, e di strada in strada. Per sette volte venduto, mi sono stati assegnati i compiti più disparati nell'ambito dell'agricoltura. Sono stato quindi costretto sotto la verga turca e la dura ed aspra disciplina, patendo la fame e la sete, giacendo nel freddo e senza vestimenti adeguati sotto il sole, a condurre al pascolo le greggi di pecore e gli armenti, a fare dei lavori agricoli, a prendermi cura dei cavalli, e ad imparare l'arte militare. Dopo essere riuscito a fuggire, nutrendomi di ghiande e di amare erbe agresti condite con un poco di sale, camminando da solo seguendo la stella polare, mi sono imbattuto in bestie feroci. Sono stato costretto a provare ad attraversare l'Ellesponto con una zattera fatta di travi legate con una fune. Però, dopo essere stato di nuovo catturato, sono stato ricondotto da costoro, con le mani ed i piedi legati, sdraiato a terra, percosso duramente con dei bastoni per poi essere riconsegnato ai trafficanti. In questo modo ho trascorso tredici anni e, subendo i colpi della fortuna avversa, sono stato costretto a patire e a fare esperienza di molte miserie, calamità, persecuzioni e afflizioni per la santa fede cattolica[2].

---

[1] Titolo latino: De Turcarum Moribus Epitome.

[2] Testo latino: <<Saeva discordia principum nostrorum intestima bella hoc mihi Peregrino peperunt, Innocenti praest. Ut omnibus bonis spoliatus, catenis vinctus, per aspera atque lubrica Traciae, Asiaque minoris loca, ut iumentum aliquod, oppidatim, vicatim, ac plateatim venum ductus: ad gravissima, variaque rustica negotia septies venundatus: ibique sub Turcica ac rustica ferula ac aspera disciplina, in fame et siti, in frigore ac nuditate subdio cubans, gregem ovium armentaque pascere, agriculturam exercere, equos curare, militiaeque artem discere compulsus sim. Unde capta fuga, glandibus, herbis agrestibus, earumque, radicibus amaris, modico sale conditis victitans, in solitudine arctico polo duce errans, inter voracissimas feras versatus sum. Hellesponticum mare, trabibus fune colligatis, traicere conatus sum, tandem captus, ad heorum reductus, minibus ac pedibus ligatus, in terram prostratum, fustibus durier caesus, postea ad mangones atque lanistas venum reiectus: ita ut tredecum annorum spatio, adversa fortuna fluctibus agitatus, sub imperio Turcarum multas miserias, calamitates, afflictions ac persecutions pro fide Sancta Catholica experiri, patique, coactus sum>>.

Dal momento che non ero riuscito a scampare per la vita più tortuosa - ossia attraverso la Tracia, a tanta tirannide, alla schiavitù ed alla crudelissima oppressione degli infedeli, fuggendo per un'altra via e seguendo il polo antartico, attraverso la Caramaica e l'assai pericoloso deserto siriano, sono giunto dopo varie peregrinazioni ed esperienze diverse in Terra Santa presso i padri francescani che abitano sul monte Sion. Poi, passato un anno, come se fossi resuscitato dai morti (per divina volontà) e salvato dalle fauci di quel drago vorace ed insaziabile, e liberato dai suoi tormenti e castighi dai miei fratelli cristiani, sono giunto come messaggero assai veritiero di quei tormenti, affinché facciano una degna penitenza dei loro crimini ed errori al fine di non cadere loro stessi in quel luogo di tormenti e di torture; affinché comprendano in quale odio debbano essere tenuti quanti ritardano la spada cristiana dal giorno della spedizione santa e a lungo desiderata, che vendicherà le nostre miserie, come è stato predetto secoli fa dal vaticinio[3] sia dei credenti che degli infedeli, e che è predestinata a distruggere ed annientare quel regno di Satana[4].

---

[3] Nel XVI secolo vi fu infatti una ripresa del genere della letteratura profetica, in cui si vaticinava la fine del dominio turco. A questo periodo risale anche l'*Oracula Leonis*, testo pseudo-profetico contenuto nel codice *Marcianus greco* VII, 22 ed attribuito all'imperatore Leone VI (886-912), in cui si profetizzava la fine del dominio ottomano. Cfr. Carile A., "Une prophétie inédite en néogrel et en vénitien sur la chute de l'empire ottoman", Byzantinische Forschungen 17 (1881), 31-45; Ricci G., *Ossessione turca in una retrovia cristiana dell'Europa moderna*, Bologna 2002; Rigo A., *Oracula Leonis. Tre manoscritti greco-veneziani degli oracoli attribuiti a Leone il Saggio* (Baroc. 170, Marc. Gr. VII.22, Marc. Gr. VII.3), Padova 1988, rispettivamente alle pp. 57, tav. n. 32, e 58, tav. n. 34.

[4] Testo latino: <<Qui quum illa magis compendiosa via, hoc est per Thraciam, tantam tyrannidem, gravissimam servitutem, ac crudelissimam infidelium afflictionem effugere nequiuissem, alia via, videlicet antarctictum polum versus, per Caramaice, ac Siriae deserta periculosissima loca fugiens, per varios casus, per tot diferimina rerum, in terram sanctam, ad frates Divi Francisci Hierosolimae in monte Sion habitantes, perveni. Inde post cursum unius anni , quasi a mortuus (Divina voluntate) suscitatus, illiusque, voracissimi ac insatiabilis draconis orco, faucibus ereptus, eiusque tormentis, ac suppliciis liberatus, fratribus meis Christianis, illarum poenarum certissimus nuntius veni: ut dignam suorum scelerum, atque errorum poenitentiam fecerent, ne ac ipsi in eum tormentorum, ac cruciatuum locum veniant: ut etiam intelligunt, quo in odio esse debeant hi, qui Christianum gladium, nostrarum miseriarum futurum vindicem, iam ante tot secula, tam fidelium, qua etiam infidelium, prophetico ore praedictum, ac ad illud sathanae regnum destruendum ac demoliendum praedestinatum, ali hac sanctissima ac die desiderata expeditione, remorantur>>.

Quindi, dopo essermi recato in Terra Santa, dopo aver visitato altri luoghi posti ad occidente, avevo abbozzato una narrazione delle loro crudeltà. Ho deciso di divulgare qualche altra cosa che avevo imparato nella conversazione quotidiana e nella frequentazione assidua, quando mi trovavo nella milizia dell'imperatore dei Turchi, e che avevo udito sia leggere che recitare dai suoi dottori e sapienti, o avevo compreso dalle riflessioni degli anziani (solo affermate o lette). Le ho imparate a memoria e le ho scritte in diversi luoghi e tempi con brevità e fedeltà. Dopo che le avevo rese note ed erano state tradotte in diverse lingue da uomini dotti ed onesti, avendo scoperto che quanto era stato pubblicato era in qualche modo necessario ed utile e gradito dai lettori, lo ho raccolto in un unico fascicolo. Ora, dopo aver riscritto tutto in una forma migliore ed averlo dedicato a te eccellente mecenate degli studiosi, ho deciso di condividerlo con i pellegrini e gli stranieri in questa città, la più famosa delle nazioni e di questo stato, e la più fiorente per gli uomini di diverse condizioni. Che tu dunque, seguendo l'esempio di Cristo Salvatore (che ha reputato più importante il poco che era stato offerto da una povera vedova, rispeto alle offerte preziose dei principi), voglia consultare questo piccolo regalo di un pellegrino afflitto, giusto e buono, e raccomandarlo al nostro carissimo padre, il Pontefice Giulio III. Saluti. Roma, idi di Settembre 1552.   [5].

---

[5] Testo latino: <<Quum igitur post terrae sanctae peregrinationem, occidentalium quoque partium loca visitando, illarum crudelitatum tragoedias, leviter delineassem, necno alia quaedam, quae aut quotidiana conversatione, experientia longoque, usu, in aula militia Turcarum Imperatorus existens didiceram, vel qua doctiores ac sapientiores eiusdem, legere, seu recitare audiveram, vel a senioribus (olim dicta aut lecta) rationcinari intellexeram, memoriaeque commendaveram: singula breviter, ac fideliter in diversis locis, ac diversis temporibus conscripta, particulatim divulgassem, ac postea a me divulgata, per doctos probosque, viros in varia idomata traducta, ac publicata comperissem, eaque necessaria ac quodammodo utilia, ac grata lectoribus perspexissem, omnia in unum fasciculum collegi: nunc vero in meliorem formam redacta, tibique, optimo ac singulari studiosorum patrono dedicata, in hac celeberrima, omniumque, nationum utriusque status, ac conditionis hominibus florentissima urbe, tipis elaborata, advenis, ac peregrinis statui legenda communicare. Tu igitur exemplo Christi Salvatoris (qui illius paupercula viduae munusculum offerentis, tot principum preciosis muneribus praetulit, quae tibi unito quadrante immortalem haereditatem comparavit) hoc exiguum munusculum afflictis peregrini, aequi bonique consulere velis. Eumque beatissimo Patri Iulio, Pont. Opt. Max. D. nostro gratiosissimo commendare digneris. Vale. Romae idibus semptembris, M. D. LII>>.

Capitolo I

Sui riti e le cerimonie dei Turchi

Relativamente ai loro luoghi di culto, ossia le moschee[1]

I loro luoghi di culto, che nella loro lingua vengono chiamati moschee[2], sono piuttosto ampi e sontuosi. Al loro interno non ho visto alcuna immagine tranne le seguenti parole scritte in lingua araba: *La illah ilellah, Mehemmet, iresul Allah*[3], *Tanre Bir Pegamber Hach*, traducibile come: "Non vi è Dio che Dio e Machomet è il suo Profeta. Il Creatore è uno solo ed i profeti sono tutti uguali"[4], oppure: "*Fila Galib Ilellah*"[5], ossia non vi è forza se non in Dio solo. Si possono scorgere poi moltissime lampade ad olio accese, (la cui luce) illumina l'intero edificio. Il pavimento è coperto di stuoie sulle quali sono poi sistemati dei tappeti. Intorno al luogo di culto vi sono delle torri di immane altezza, dalle quali i loro sacerdoti[6], dopo essere saliti al tempo della preghiera ed essersi coperti gli orecchi con le dita, ripetono ad alta

---

[1] Le moschee più imponenti ed importanti dal punto di vista architettonico sono state edificate nel corso del XVI secolo dai seguenti sultani: Bayezid II (1505), Selim I (1552), Solimano il Magnifico (1550-1557).

[2] Nel testo originale latino viene utilizzato il vocabolo "*meschit*".

[3] Ossia <<*Lā Ilāha Illallāh*>>, traducibile come: <<Non vi è altro dio che Dio>>.

[4] Cfr. Il Sacro Corano 2:136: <<Di': "Crediamo in Dio e nella rivelazione che è stata data a noi, ad Abramo, Ismaele, Isacco, Giacobbe e alle tribù. La rivelazione data a Mosè, a Gesù ed ai profeti dal Nostro Signore. Non facciamo differenza tra di loro e ci sottomettiamo a Dio nell'Islam">>.

[5] La formula araba corretta è: <<*Lā hawla wa lā quwwata ilā bi-Llah*>>. Cfr. Il Sacro Corano 18:39: <<Perché, quando entri nel Giardino, non dici: "Sia fatta la volontà di Dio! Non c'è nessun potere se non in Dio!">>.

[6] Nell'Islam sunnita praticato dai turchi non vi sono sacerdoti ma solo *Imām*, il cui compito è quello di guidare i fedeli alla preghiera e di insegnare la recitazione del Corano. Molti *Imām* sono esperti nella giurisprudenza islamica. La carica di Imam non implica alcun tipo di consacrazione, ma principalmente la conoscenza a memoria del testo coranico e la capacità di recitarlo in lingua araba nel corso della preghiera. L'utilizzo del termine latino "*sacerdos*" nel presente testo sembra essere improprio. Oltre all'*Imām*, sono particolarmente rilevanti le seguenti figure: 1-L'*Hafiz*, ossia colui che ha memorizzato il Corano e lo recita nei diversi stili di recitazione, 2-L'*Hatib*, ossia il predicatore, 3-Il *Muezzin* ossia colui che cinque volte al giorno proclama l'*Ādhān* dai minareti per invitare i musulmani alla preghiera.

voce per tre volte le seguenti parole: Allah Akbar[7], ossia l'Unico vero Dio[8]. Dopo aver udito quel suono, sia i nobili che gli sfaccendati si recano nella moschea[9], tanto sono legati alla devozione. I sacerdoti, dopo essere discesi dai sopraddetti, pregano con loro; l'ufficio della preghiera viene condotto cinque volte[10], di giorno e di notte[11]. Tutti coloro che si recano all'orazione debbono lavarsi le mani, i piedi e le parti intime. Infine, versano per tre volte l'acqua sul capo, recitando le seguenti parole: "Elhemdi Lillahi"[12], ossia sia gloria a Dio. Quindi, tolti i calzari noti come *Patsmagh*[13], che vengono lasciati alla porta del luogo di culto, alcuni entrano a piedi nudi ed altri, invece, indossando una sorta di calzari puliti noti come il nome di *Mesth*[14], con i quali non toccano la terra.

Le donne non si riuniscono mai insieme agli uomini, ma da sole in un determinato luogo piuttosto appartato[15], lontano dalla vista e dall'udito degli uomini. Costoro comunque frequentano il luogo di culto più

---

[7] Ossia il *Takbīr*, ripetuto dai musulmani sia nel corso della preghiera, in occasione delle festività dell' *'Eid* ed in diversi momenti della vita del credente. Nel testo originale latino troviamo l'espressione "*Allach Hechber*".

[8] Il *Takbīr* può essere tradotto come: <<Dio è Grande>>, indicando la Sua potenza ed eccellenza somme.

[9] In turco "*cami*". Nei pressi delle moschee si trovavano i *Vakf*, fondazioni religiose per opere pie di rilevanza sociale.

[10] Le cinque preghiere canoniche ossia il *Fajr* (la preghiera del mattino), il *Dhor* (la preghiera del mezzogiorno), l'*Asr* (la preghiera del primo pomeriggio), il *Maghrīb* (la preghiera del tramonto) e l'*Ishā'* (la preghiera notturna).

[11] Originale latino: <<Habent Templa satis ampla and sumptuosa, ipsorum lingua meschit appellata, in quibus nullas prorsus imagines vidi, praeter haec verba inserita, Arabica lingua videlicet, *La Illah Ilellah, Mehemmet, Iresul, Allah, Tanre Bir Pagamber, Hach*, id est, nonest Deus nisi unus, Mehemmet autem propheta eius: Creator unus, ac prophetae aequales. Vel haec, *Fila Galib Ilellah*, id est, non est fortis sicut Deus. Deinde conspicitur magna abundantia lampadum ardentium oleo, totum Templum dealbatum, pavimentum storeis stratum, ac desuper tapetis ornatu. Circa Templum turris mirae altitudinis, quam eorum sacerdos tempore orationis ascendes, voce alta, digitis in aures infertis, haec verba ter repetit *Allah Hechber*, id est, Deus verus unus. Audito clamore coveniunt in Templu nobiles et otiosi, tantum devotioni astricti. Deinde praedictus Sacerdos descendens orat cum illis, idq; ex officio face re debet quinquies inter diem ac noctem>>.

[12] Ossia *Alhamdulillāh*.

[13] Ossia *paşmak*, stivaletti generalmente di cuoio.

[14] Ossia *mest*, pedule in cuoio.

[15] Le zone riservate alle donne nelle moschee turche si trovano solitamente ai lati dell'edificio e sono delimitate da transenne (*maksure*).

raramente, come al tempo del *Bairam*[16], e mai nei giorni di venerdì che nella loro lingua chiamano *Gsumaagun*[17]. Pregano[18] dall'ora nona della notte fino alla dodicesima, ossia fino a metà della notte. Durante l'orazione il corpo viene mosso continuamente e si prosternano con mirabili esclamazioni, dal momento che spesso concentrandosi con tutte le forze e con l'animo, si prosternano a terra. Se una di loro da quel momento avverte di essere incinta, afferma di essere rimasta incinta per la grazia dello spirito santo. Per questa ragione, i nati vengono chiamati *Nefes Oglu*[19], ossia anime o figli dello spirito santo. Questo mi è stato raccontato dalle loro schiave[20]; non le ho mai viste e nemmeno qualsiasi altro uomo può assistere ad un tale spettacolo[21].

Spesso con il padrone di casa ho assistito alle preghiere degli uomini, il cui costume è il seguente. Durante la preghiera, non rimuovono mai il loro

---

[16] Le festività dell'*Eīd ul-Fitr* e dell'*Eīd ul-Adhā* che segnano rispettivamente la fine del mese del Ramadān che il giorno in cui si ricorda, nel corso del mese del Pellegrinaggio, il sacrificio richiesto da Dio ad Abramo che venne poi sostituito da un montone. In turco vengono indicate con il nome di *Bairam*.

[17] Ossia lo *Yawm ul-Jumah* in arabo.

[18] Le preghiere canoniche sono cinque e nella lingua turca1 vengono indicate con i seguenti nomi: 1-*Sabah* (in arabo *Fajr*), ossia la preghiera del mattino, 2-*Öğle* (in arabo *Dohr*), ossia la preghiera del mezzogiorno, 3-*Ikindi* (in arabo *Asr*), ossi la preghiera del pomeriggio, 4-*Akşam* (in arabo *Maghrīb*), ossia la preghiera che precede il tramonto, 5-*Yatsi* (in arabo *'Ishā*), ossia la preghiera notturna.

[19] In questo caso l'autore del testo deve aver travisato o interpretato in modo scorretto le informazioni raggiunte.

[20] Letteralmente: <<Anima del figlio>> o semplicemente <<figlio>>.

[21] Originale latino: <<Quicumque vero veniunt ad oratione, debent abluere manus, pedes ac pudenda: postremo ter spargunt aquam super capita, recitando haec verba, *Elhemdu Lillahi*, id est, gloria Deo meo. Deinde, exutis calciametis *Patsmagh* dictis, eisque ante ianuam Templi relictis introeunt, alii nudis pedibus, alii habentes munda calciamenta *Mesth* vocata, quibus non palpant terram. Foemina nunquam congrediuntur cum viris, sed seorsum certo in loco, prorsus abstruso, a virorum conspectu et auditu ipsaeque, rarius Templum frequentant, ut tempore Bairam paschatis, nonnunquam diebus Veneris, quae *Gsumaagun* eorum lingua vocatur, orantq ab hora nona noctis usque duodecimam, urputa media noctem: atque, inter orandum corpus continuo agitatu et vociferationibus mire affligunt, ut saepius viribus et animo defecrae, in terram pronae concidant, et si aliqua ab eo tempore se gravidam senserit, spiritus sancti gratia impraegratam esse affirmat. Cumque, parnit, ab ipsis nati *Nefes Oglu*, id est, Animae, vel Spiritus sancti filii appellantur. Ita mihi narratum est a pedissequis earum: nam nec ipse vidi, nec aliquis virorum huic spectaculo intereffe potest>>.

cappello di forma conica (che nella loro lingua chiamano *Tsalma*[22]), ma lo toccano con la punta delle dita, quando si rialzano, e poi si piegano sulle ginocchia e spesso baciano la terra[23]. Reputano che l'interesse dei cristiani verso i loro riti sia empio: ritengono infatti che a causa di costoro (che loro stessi definiscono) impuri i loro luoghi di culto vengano contaminati, dal momento che i cristiani non ricorrono ai lavacri con una frequenza pari alla loro. Quando i loro sacerdoti salgono sul *minbar*[24] , predicano per circa due ore. Dopo che il sermone è stato completato, salgono due fanciulli, che cantando offrono le loro preghiere. Terminato anche questo canto, gli stessi sacerdoti cominciano a cantare insieme con una voce sommessa, agitando il corpo ampiamente, niente altro che le seguenti parole: *La illah ilellah*, ossia non c'è altro dio che Dio, che risuona in questo modo nell'ora media della sera. Preghiere di questo tipo, e le cerimonie quali il canto e la predica non

---

[22] Il turbante nella lingua turca è noto come *sarik*. In riferimento ai diversi copricapi utilizzati nell'impero ottomano, bisogna sottolineare che costituivano un elemento fondamentale per la distinzione sia sociale che religiosa. Degni di speciale menzione sono: 1) Il turbante reale, un copricapo imponente di forma ovale e di colore bianco indossato dal Sultano nelle occasioni ufficiali, 2) Il turbante arricchito, un copricapo di forma quadrata ed a cupola impreziosito ai bordi da lino o pelliccia. Questo turbante veniva indossato prevalentemente dalla nobiltà ottomana. La versione con la pelliccia era rara, 3) l'*Urf*, ossia un copricapo a forma di fungo che veniva indossato dai rappresentanti del clero. I discendenti del Profeta Machomet (pbsl) indossavano invece un turbante di colore verde, 4) *Keche*, ossia un copricapo di forma conica terminante con una sorta di sciarpa a protezione del collo e della nuca. Questo tipo di copricapo veniva utilizzato prevalentemente dai giannizzeri, 5) *Tarbouz*, una sorta di zucchetto indossato dai soldati quando non erano impegnati nelle operazioni militari, 6) Un lungo copricapo di colore rosso indossato dai *bostanci*, ossia dalle guardie personali sia del Sultano che dei notabili, 7) Un semplice zucchetto indossato dagli strati più umili della società ottomana. Cfr. M. Elliot, "Dress Codes in the Ottoman Empire: The Case of the Franks", *Ottoman Costumes: From Textile to Identity*, (2004), 103-123; C. H. Richardson, "The Coverings of an Empire: An Examination of Ottoman Headgear from 1500 to 1829", *Student Publications*, (2012), 104. Cfr. J. De Thevenot, *Voyage de M. Thevenot au Levant et en Asie*, Parigi 1664, 56: <<La loro testa è ricoperta di una berretta di velluto cremisi, che ha forma di un tocco senza tese, cotonato all'interno, intorno al quale attorcigliano un *tulban* bianco o rosso. Questo *tulban* è una sciarpa di tela o di stoffa di seta lunga diverse braccia e larga come la stoffa; se la rigirano più volte intorno alla testa e l'attorcigliano in diversi modi, e si riconosce la condizione e la qualità di un uomo dal modo in cui porta il *tulban*...>>.

[23] Il fedele solitamente prega su un tappeto apposito che nella lingua turca è noto come *seccade*.

[24] Nel testo originale latino troviamo il termine "*suggestum*".

avvengono ogni giorno, se non nel periodo della quaresima e del giorno festivo come dalla mezzanotte del giovedì. Lo stesso avviene nel giorno di venerdì che viene da loro rispettato religiosamente[25].

La loro quaresima[26]

Costoro hanno anche una quaresima che nella loro lingua chiamato *Orut*[27], durante la quale digiunano un mese ed una settimana ogni anno, e non sempre nel medesimo periodo. Se (nel corso di un anno) digiunano in Gennaio, in quello seguente digiuneranno a Febbraio, in modo tale che continuando la serie [dei mesi], completano il corso dell'anno in dodici anni, e offrono a Dio dodici settimana invece di dieci[28].

---

[25] Originale latino: <<Virorum aute orationibus cum hero meo saepe interfui, quibus mos hic est. Inter orandum pileos fuos (qui Tfalma illorum lingua vocantus) non deponut, sed summis digitis attingunt, quasi elevaturi, genibus incumbunt, & terram saepe deosculantur, Christianu eorum facris interesse nepharius putant: credunt enim ab hominibus (ut ipsi aiunt) illotis, sua templa contaminrari, quippe Christiani non usurpant illorum more frequentia lavacra. Ibi Saracenos illorum fuggestum ascendit, ac ad duas circiter horas concionatur: peracto sermone ascedunt due pueri, qui cantando suas preces pronuntiant. Peracto eorum cantu, incipit Sacerdos cum totu populo submissa voce cantare, quassando corpus in latus, nihil aliud praeter haec verba, La illah ilellah, id est, non est nisi unus Deus, sic media sere hora personat, ac movetur Huiusmodi autem orationes, & caeremoniae ut catus, praedicatio, non fiunt singulis diebus, nisi tepore Quadragesimali & die festivo, utputa die Iovis, ab hora non noctis, usq, duodecimam. Et ipsa dies Veneris, a quibusdam religiosissime colitur>>. Cfr. G. Postel, *La Republique des Turcs*, Patiers 1560, 54: <<E chi vedesse la modestia, il silenzio, la riverenza che tengono nelle loro *mescit* o luoghi di adorazione, dovrebbe provare gran vergogna nel vedere che le nostre chiese non servono che a chiacchierare, parlamentare e mercanteggiare, che son ridotte a spelonche di ladri>>.
[26] Con il termine "quaresima" s'intende il mese sacro del Ramadān.
[27] Il riferimento è diretto al mese sacro del *Ramadān*. Cfr. Du Loir, *Voyages du sieur Du Loir...*, Parigi 1735, 109: <<Né la condizione delle persone, né la lunghezza o la calura delle giornate, né la fatica del loro lavoro li dispensa da quest'astinenza, e si faranno scrupolo di esentarsene per una leggera indisposizione: infine, il rigore della loro osservanza dovrebbe far arrossire la maggior parte dei cristiani, i quali, per dispensarsi dalla Quaresima, invocano sovente una malattia che non hanno, mascherando la loro poca devozione sotto il pretesto di un'infermità>>.
[28] Il calendario musulmano è lunare e non solare. Per questa ragione le festività e le ricorrenze non cadono sempre nel medesimo periodo o nella medesima data.

Quando digiunano, non toccano nulla per tutto il giorno, né pane e nemmeno acqua. Quando spunta la stella [al tramonto][29], possono mangiare qualsiasi cibo, tranne quello che è stato soffocato e la carne di suino[30]; l'animale soffocato viene chiamato da loro *Murdar*, ossia cadavere o immondo, mentre il suino viene chiamato *Domuz*[31]. Quando è finita la quaresima[32], celebrano la pasqua[33], che nella loro lingua chiamano Bairam, con grande solennità per tre giorni, dipingendosi le unghie delle mani e dei piedi con un tipo di unguento che chiamano *Chba*[34], che tinge di rosso le unghie e con la medesima tintura colorano le code e le zampe dei cavalli. Quel colore ha una forte tenuta e non può essere né lavato via né rimosso. Per questa ragione se dalle radici non crescono delle nuove unghie, continuano ad apparire rosse, ma con un lavaggio frequente può essere comunque rimosso dalle mani. Le donne tingono con quell'unguento non solo le unghie ma anche le mani ed i piedi[35].

---

[29] Il digiuno, secondo la tradizione sunnita, viene interrotto al tramonto del sole, quando i credenti sono chiamati ad assolvere alla preghiera del *Maghrīb*.

[30] Cfr. Il Sacro Corano 2:172: <<O credenti! Mangiate delle cose buone che vi abbiamo concesso e siate grati a Dio, se Lo adorate>>; 2:173: <<Vi ha proibito solo la carne delle carcasse, il sangue e la carne di suino e quella su cui è stato invocato un nome diverso da quello di Dio. Se però qualcuno vi dovesse essere costretto dalla necessità, senza volontà di disubbidire e senza infrangere i limiti, non avrà colpa alcuna. Dio è Perdonatore, Misericordioso>>; 5:3: <<Vi sono proibiti come cibo: la carne dell'animale morto, il sangue, la carne suina, e ciò su cui è stato invocato un altro nome rispetto a quello di Dio, l'animale ucciso per strangolamento, o con un colpo violento, quello morto per una caduta, quello incornato o quello che è stato parzialmente mangiato da una belva feroce, a meno che prima della morte non l'abbiate macellato [con il rito apposito], e l'animale sacrificato sull'altare degli idoli. È vietato anche dividere la carne con il tiro alle freccette. Questa è empietà. Questo giorno coloro che rinnegano la fede hanno perduto ogni speranza che abbandoniate il vostro credo. Non temete loro, ma temete Me. Oggi ho reso perfetta la vostra religione, ho completato su di voi la Mia grazia e ho scelto l'Islam come religione. Però, se qualcuno è spinto dalla fame, senza alcuna volontà di trasgredire, [sappia che] Dio è Perdonatore, Misericordioso>>.

[31] Questo termine viene utilizzato anche nel turco moderno per indicare sia il suino che la sua carne.

[32] In questo contesto, l'autore si riferisce al digiuno nel mese del *Ramadān*.

[33] Con questo termine ci si riferisce all' *'Eīd ul-Fitr*.

[34] Riferimento all'Henné o ad un'erba similare.

[35] Testo latino: <<Habent etiam Quadragesimam sua lingua *Orut* appellatam, ieiunantes unum mensem, ac unam hebdomadam singulis annis, at non semper eundem, sed si (videlicer hoc anno) ieiunaverint Ianuarium, sequeti Februaerium, pergentes ferie, ita ut duodecim annorum decursu annum, et duodecim

La circoncisione

[I Turchi] praticano la circoncisione, che nella loro lingua viene chiamata *Suneth*, non all'ottavo giorno (dalla nascita) come fanno gli ebrei, ma quanto prima al settimo o all'ottavo anno di età, quando il bambino possiede già la capacità di proferire parola. Costoro praticano infatti un rito, durante il quale, prima della circoncisione, richiedono una confessione verbale. Con il pollice alzato della mano -chiamato *Parmach*[36]- pronunciano le medesime parole che precedentemente abbiamo detto sono ascritte nei luoghi di culto. Il bambino però per compiere questo rito non viene lasciato nella moschea, ma viene circonciso nella casa dei genitori. Ho partecipato spesso a questa solennità che viene condotta come segue. Per prima cosa vengono invitati gli amici e secondo la loro legge preparano delicati manicaretti, con ogni genere di carne che per loro è lecita. (Presso le persone più abbienti) viene macellato un bovino, e dopo averlo scuoiato ed eviscerato vi racchiudono una pecora, nella quale pongono una gallina ed un uovo, (e poi tutto) viene arrostito per la solennità di quel giorno[37].

Poi nel mezzo del banchetto, viene fatto entrare il bambino che deve essere circonciso, a cui il medico prende il glande e con le pinze ne solleva la pelle. Poi, dal momento che il bambino viene preso dall'ansia, [il medico]

---

hebdomadas loco decinae offerant Deo. Cum ieiunant, toto die nihil gustant, nepane quide, aut aquam. Deindevisa stella, licet illis omnia manducare, praeter suffocatum, et porcinas carnes, Suffucarum ab eis, *Murdar*, id est, cadaver sive immundum ac porcus *Domur* vocatur. Quadragesima peracta, Pascha celebrant, eorum lingua *Bairam* vocatum, magna cum solennitate per triduum, oblinientes ungues manuum atque pedum certo ceromate ab eus *Chna* appellato, quod ungues rutilos efficit eadem quoque tinctura caudas equorum ac pedes imbuunt, hic color tenacissima haeret, nec ablui, aut extergi potest: quamobrem nisi novi a radicibus ungues exierint, semper rutilantes apparent, sed de manibus frequenti lotione potest deleri. Mulieres non solum ungues, sed et manues, atque pedes illo ceromate imbuunt>>.

[36] Il medesimo termine nella forma *Parmak* indica il dito della mano.

[37] Testo latino: <<Ut untur circuncisione eoru lingua *Suneth* dicta, non octava die, more Iudaeorum, sed quamprimum natus septimu aut octavum annu exegerit, sermonis iam peritus: idq, ipsis mysterium est, propter verba cofessionis, quae ante circuncisionem reliquiruntur, erecto police manus Parmach dicto, haec videlicet, quae supra ostendimus in templis descripta. Puer ob id non desertur in templum, sed in domibus parentum circunciditur. Huic solennitati saepe interfui, quae ita se habet. Primo convocatis amicis ad convivium, quibus fatis delicata paratur sercula, ex omni genere carnium, quo ipsis veserlicet ac passim (ut apud ditiores) bos caeditur, in hunc excoriatum & exenteratum includunt ovem, in qua gallinam, et in illa ovuum, quae integre affantur ad spendorem illius diei>>.

afferma che il giorno successivo praticherà la circoncisione. Poi finge di allontanarsi e, come se avesse dimenticato qualcosa di attinente alla preparazione, improvvisamente rimuove il prepuzio; poi pone un poco di sale e di unguento sulla ferita. In questo modo [il bambino] può essere chiamato musulmano, ossia circonciso.

Il nome non viene dato al bambino nel giorno della circoncisione ma in quello della nascita, ossia in quello in cui viene partorito. I nomi nel caso dei sovrani sono: Suleiman, ossia Salomone, Sultan Selim, ossia il principe della pace, Murath Begh, ossia il dominatore auspicato. Oppure Mustafa o nomi simili. Gli altri vengono chiamati invece Mutsa, Ionus, Schender, Perhat et Ferro. Ai condottieri vengono dati i nomi di Firin, Hairadon, Hader ed Ebrahim. Mentre i signori di condizione più umile si chiamato Spahalar, Sauflar, Eminler, Behram, Memmi, Mehemet, Ali, Ahmat, Teielebi, Paiazith, Chatsun ed Hutscres. Ai prigionieri ed ai servi attribuiscono per la maggior parte delle volte il nome Seremeth, che significa sia audace che veloce[38].

Successivamente, quando ormai il banchetto è durato da tre giorni, il bambino circonciso viene condotto alle terme con grande sfarzo. Quando torna a casa, viene condotto tra gli invitati che gli fanno dei regali: alcuni delle vesti di seta, altri delle coppe di argento, altri ancora del denaro o persino dei cavalli. Anche le donne [fanno dei regali quali] delle tuniche, dei fazzoletti ed altre cose del genere. Ogni invitato dona secondo la propria volontà e possibilità. Le femmine non vengono sottoposte alla circoncisione, ma pronunciando le medesime parole già dette, vengono fatte musulmane. Se comunque qualcuno dei cristiani, entrato di sua spontanea volontà nella comunità musulmana, si sottopone alla circoncisione -come spesso succede, in ragione di una gravissima schiavitù

---

[38] Testo latino: <<Deinde inter epulas tepusq, coenae adducitur puer circuncidendus, cuis medicus illius artis glandem reregit, & replicatam pellem forpiculis apprehendit: deinde quo metum adimat puero, ait se in proximum diem circumcisione peracturum, atque ita discedit: mox simulans, quasi omissu aliquid esset, quod ad praeparationem attinet, ex improviso praepuciu abscindit, vulneri parum falis, atque bombasini appones: iam vocabitur Musulman, id est, circumcisus. Et die circuncisionis no induntur illis nomina, sed ipso die natali, quo in hicem eduntur, quae talia sunt: et primo Regu, ut Suleiman, Solomon interpretatus. Sultan Selim, id est, princeps pacis, Murath begh, id est, desideratus dominator. Mutstafa ac similia. Ducum, Firin, Hairadon, Hader, Ebrahim, Dominorum humilioris coditionis, quemadmodum sunt spahalar, sauflar, Eminler, behram, Memmi, Mehemet, Alli, Ahmat, Teielebi, Paiazith, Chatsun, Hutscres. Caeteris omnibus, Mutfa, Ionuz, Schender, Perhat, Ferro. Captivorum ac fervorum maiori ex parte seremeth, quod nomen significat audacem, atq; velocem>>.

o per la gravità del tributo[39]- viene condotto per tutte le strade e le piazze della città, con grandissimo onore, gaudio del popolo ed al suono dei cembali. A costui vengono fatti dei piccoli doni e successivamente viene esentato dal pagamento del tributo che nella loro lingua viene chiamato *Harac*[40]. Per l'avarizia di quel guadagno, molti greci, che chiamano *Vrumlar*, ed Albanesi, che invece chiamano *Arnautlar*, si fanno circoncidere. Se qualcuno viene costretto con la forza a circoncidersi perché ha ucciso un musulmano, o perché si è macchiato di un'offesa, o perché ha pronunciato delle parole blasfeme verso Machomet, (il che è avvenuto ad un vescovo della chiesa greca), non gli viene fatto alcune regalo, ma viene unicamente esentato dal pagamento della tassa così come gli altri musulmani, ossia gli altri circoncisi[41].

------

[39] *Jizya*: Capitazione, tassa sulla persona applicata agli appartenenti alla gente del Libro (cristiani ed ebrei) per ottenere protezione sotto un governo musulmano: ne erano esenti i poveri, gli schiavi, le donne, i vecchi e i bambini. Cfr. il Sacro Corano 9:29: <<Combattete coloro che, tra i popoli della Scrittura, non credono in Dio e nell'Ultimo Giorno, che non considerano proibito ciò che Dio e il Messaggero hanno proibito e non riconoscono la religione della verità fino a quando non pagheranno l'*jizyah* con sottomissione volontaria e si sentiranno sconfitti>>. La radice di questo termine significa letteralmente "compensazione". Il termine venne utilizzato per indicare la tassa pagata dai non-musulmani che vivevano sotto il governo islamico come "comunità protette". L'ammontare della tassa variava nelle diverse zone e ne erano esentati gli anziani, i bambini, le donne, i portatori di handicap, i monaci e gli eremiti. Erano invece soggetti al pagamento gli uomini adulti, che avrebbero potuto prestare servizio militare. Per questa ragione, molti considerano la Jizya una tassa pagata per l'esenzione dal prestare il servizio militare.
[40] Il termine in turco è traducibile come tributo. In questo contesto l'autore fa riferimento alla *Jizya*.
[41] Testo latino: <<Postea continuato trium dierum convivio, circuncisus ducitur in balneum cum maxima pompa. Cum redit domum, duciatur per convivas, qui parata illi munera offerunt: alii vestes sericeas, alii scyphos argeteos, alii pecunias, vel etiam equos. Mulieres quoque, indusia, sudariola et alia huiuscemodi. Iuxta voluntatem ac opes unisquisq; convivarum donat. Foeminae non patiuntur circuncisionem, sed tantunmmodo iam dicta verba confitentes, Musulman efficiuntur. Si autem ex Christianis quisquiam sua sponte consesso Mehemmeto circuncidi se patiatur, quod saepe contingit, propter gravissimum iugum, atque onus tributi, talis ducitur per omnes vicos atque plateas civitatis, summo cum honore, et gaudio populi sonantium tympana: ipsi quoq; dantur munuscula, postea immunis efficitur a solutione tributi, Haracs eorum lingua appellati: et cupiditate huius lucri, multi Graeci, quos Vrumlar, et Albani quos Arnautlar vocant, circuncidantur. Si quis vi compulsus, ut pura qui Musulmanum ferirer, vel vituperio afficeret, aut Mehemmetum blasphemaret (quod vidi Episcopo cuidam Graecorum

I loro sacerdoti

I sacerdoti, che nella loro lingua vengono chiamati *Talismanlar*, differiscono di poco o per nulla dai laici. Non sono necessari nemmeno i maestri delle cerimonie (che presso di noi sono i vescovi) e nemmeno [la conoscenza di] una dottrina complicata: è abbastanza infatti saper leggere il Corano e il *Mussaphum*[42]. Tra di loro però ci sono anche delle persone molto esperte nell'interpretazione del testo, dal momento che (le loro scritture) sono state tramandate da Machomet non nella comune lingua turca ma in quella araba. [I Turchi] reputano infatti che sia inadeguato interpretarli nella lingua comune[43]. I rappresentanti del clero vengono scelti dal popolo, ma ricevono lo stipendio per il loro operato dal sovrano. Hanno delle spose e vestono come i laici. Se lo stipendio non è sufficiente in ragione della moltitudine dei figli, si dedicano anche ad altre occupazioni da cui traggono (guadagni) degni di un uomo libero: vengono posti a capo delle scuole o riproducono copie dei libri. Tra costoro non ho visto quasi nessun tipografo, ma preparano dell'ottima carta. Alcuni si dedicano ad altri mestieri quali sarti, calzolai e simili[44].

---

sectae, contigisse) circunciditur, illi nihil datur: a tributi tamen solutione liber erit, sicut et caeteri Musulmanlar, id est, Circuncisi>>.

[42] Probabilmente con questo termine s'intende una raccolta dei detti del Profeta Muhammad (pbsl), anche se difficilmente dal termine è possibile stabilire di quale si tratti.

[43] I musulmani sono chiamati a recitare il Corano in lingua araba nel corso delle preghiere sia obbligatorie che volontarie. Inoltre, anche se è possibile leggere il Corano nella traduzione dei suoi significati nelle diverse lingue, il credente è chiamato a recitarlo nell'originale arabo per quanto gli sia possibile e per quanto ne sia capace.

[44] Testo latino: <<Sacerdotes vero, illorum lingua Talismanlar vocati, parum vel nihil differunt a laicis, nec etiam a proceribus caeremoniarum, (quales apud nos sunt Episcopi) nec magna in ipsis doctrina requiritur: satis erit si Alcoranum, ac Mussaphum noverint legere. Illi autem qui etiam interpretari secundum textum noverint, peritissimi habentur: quoniam non vulgari lingua Turcica, sed Arabica a Mehemeto sunt tradita, quod nephas esse puntant, si vulgari lingua interpretata describerentur. Eliguntur isti Pontifices a populo, stipendium autem a Rege pro labore accipiunt. Uxores habent, et habitum ut seculars. Si stipendium no sufficit propter multitudine liberorum, mechanica tractant, ac libero etiam homine digna attingunt: praeficiuntur scholis, aut libros deferibunt. Apud illos fane nullos vidi

I loro monaci[45]

Tra costoro non mancano i monaci, che sono chiamati *Deruislar*[46]. [Ne esistono] diverse tipologie, ma sono divisi principalmente in tre ordini. Il primo ordine è tale che i suoi membri, che non posseggono nulla di proprio, camminano quasi senza nulla indosso: solo i genitali sono coperti da pelli di pecora. Quando fa abbastanza freddo si servono della pelle per riparare le spalle ed il petto, mentre i fianchi, le mani, i piedi ed il capo rimangono privi di qualsiasi copertura. Costoro chiedono le elemosine sia ai cristiani che ai turchi dicendo *Alahici*[47], che significa, per grazia di Dio. Inoltre, dopo aver

---

typographos, sed chartam optime parant. Alii alium quaestum faciunt, ut sartoris, sutoris, et similia>>.

[45] Il riferimento è diretto ai membri delle diverse scuole di sufismo sviluppatesi in Turchia. Alcune di questi movimenti spirituali professavano teorie eterodosse rispetto alla fede sunnita. Cfr. S. Lei, *Le comunità religiose non-musulmane nel mondo islamico*, Roma 2019, 236-237:<<Gli storici però non sembrano propensi ad attribuire agli ulema un ruolo cardine nell'ambito del processo d'islamizzazione dell'Anatolia, che invece sarebbe stato attivamente promosso dallo zelo missionario di alcuni ordini sufi che predicavano in alcuni casi una sorta di sincretismo religioso adatto in modo particolare a destare l'interesse delle masse rurali. Gli ordini sufi, che nel periodo successivo alla conquista dell'Anatolia furono molto attivi nella predicazione dell'Islam tra le popolazioni autoctone, erano originari prevalentemente del Khurasan, regione in cui iniziò il processo d'islamizzazione delle stesse tribù turche. Le confraternite sufi erano organizzate in diversi gruppi, ognuno dei quali era guidato da un proprio leader responsabile della cura spirituale dei discepoli e dei nuovi adepti fino quando non fossero stati pronti per intraprendere in maniera indipendente un'opera di proselitismo religioso per conto dell'ordine stesso. In Anatolia erano molto attive nell'ambito del proselitismo religioso sia le confraternite di origine autoctona, quali la Mawlawiyya e la Nektashiyya, sia quelle originarie del Khurasan -la Kazamuniyya, la Kalandariayya e la Rifa'iyya- i cui rappresentanti abbandonarono la regione in seguito all'invasione mongola. I più importanti ordini sufi si costituirono però tra il XII ed il XIII secolo, un periodo di grave crisi politica, in Iraq (Qadiriyya), Egitto (Suhrawardiyya, Badawiyya e Shadhiliyya), ed in Anatolia (Yasawiyia). [.....] L'ordine sufi maggiormente presente in Anatolia sia al tempo della dominazione selgiuchide che di quella ottomana è il Mawlawi, cui apparteneva anche il famoso Djalal al-Din Rumi>>.

[46] Derviscio, dal persiano *dar-wīsh*, letteralmente "povero, indigente, mendicante"; termine usato per indicare gli affiliati alle confraternite religiose.

[47] In arabo: <<*Bifadl min Allah*>>.

consumato una sorta di erba chiamata *Maslach*[48], cadono in uno stato di trance, per cui si fanno dei tagli su tutto il petto; allo stesso modo si feriscono le braccia e, non mostrando di provare alcun dolore, non rimuovono dal petto, dalla testa e dalla mano la moccolaia dei legni accesi fino a quando non si è trasformata in cenere. Ne vidi anche di altro tipo, (i cui membri) incedono con il membro virile perforato e con un anello di bronzo introdotto del peso di tre libbre, che impedisce loro il coito in ragione della conservazione della castità. Il terzo tipo raramente esce, ma rimane sia di giorno che di notte nei luoghi di culto; [i suoi membri hanno] negli angoli delle moschee dei piccoli spazi, stanno con il capo scoperto, non indossando nulla se non una camicia. Trascorrono molti giorni e notti in preghiera[49], e (sembra) che Dio riveli a costoro gli eventi futuri, ed il re dei Turchi, prima di intraprendere una spedizione militare, è solito consultarli[50].

---

[48] Con questo termine ci si riferisce molto probabilmente all'*Hashish*. Quest'erba era consumata prevalentemente dalla setta sufi eterodossa dei *Torlachi*. In alcuni casi le confraternite sufi facevano anche uso di bevande alcoliche per il medesimo scopo.

[49] I dervisci vivevano in conventi detti *Tekke* e *Zaviye*. Con il primo termine s'intendono delle strutture piuttosto grandi e con il secondo invece delle strutture minori. I dervisci all'inizio della loro comparsa vivevano generalmente in solitudine dedicandosi alla preghiera ed all'ascesi. A partire dal XIII secolo cominciarono invece a riunirsi in confraternite (in turco *Tarika*). I membri delle confraternite si dividono in due gruppi. Del primo fanno parte gli adepti che, dopo aver pronunciato dei voti, vivono nelle *Tekke* o nelle *Zaviye*. Al secondo gruppo appartengono invece degli adepti che, pur non avendo pronunciato alcun voto e vivendo nelle proprie abitazioni, si dichiarano affiliati della *Tarika* stessa.

[50] Testo latino: <<Non desunt illis Monachi *Deruislar* vocati, varii quidem, ac imprimis triplicis ordinationis. Primus ordo talis est, qui nihil proprii habentes, quasi nudi incedunt, praeter pudenda pellibus ovinis tecta: ac tempore frigoris ad cooperiendum dorsum similiter pelle utuntur: latus, manus, pedes et caput nullo prorsus tegunt vestimento. Exigentes elemosynam tam a Christianis, quam a Turcis *Alahici* petentes, quod significat, propter Deum. Hi devorata herba *Maslach* vocata, in rabime aguntur, adeo ut per pectus totum in transuersum vulnus ducant, itidem per brachium vel nullo dolore dissimulato, et fungum arborum incensum capiti, pectori, manui superpositum non removent, donec in cineres resolvatur. Aliud genus vidi, qui incedunt pertusa verpa, sive mentula, ac incluso anulo aereo ponderis trium librarum, a coitu disclusi, ob servandam castitatem. Tertium genus raro egreditur, sed manent die noctuq, in templis, habentes in angulis templorum tuguriola, fine calciamentis, vestimento, discoperto capite, nihil gestantes praeter unam camisiam, multis diebus ieuni, orantes, ut Deus ipsis futura revelet, quos rex Turcarum bellum moturus confulere solet>>.

Il rispetto che mostrano verso le tradizioni di Machomet[51]

Tale è il rispetto che i musulmani mostrarono verso le tradizioni e le leggi di Machomet, che non solo non pronunciano alcuna parola blasfema verso Dio (cosa che spesse volte accade presso di noi), ma qualora trovino qualche scritto a terra, dopo averlo raccolto ed esaminato, la ripongono in qualche fessura. Affermano infatti che sia peccato qualora vengano calpestate con i piedi le scritture, in cui viene fatto riferimento al nome di Dio o alla legge di Machomet. Nessuno permette che il Corano venga venduto ad un cristiano o ad una persona che professa un'altra religione, e lo stesso accade nel caso delle altre scritture che appartengono loro, affinché non vengano toccati da mani immonde o vengano calpestati come qualcosa di trascurato; in caso contrario viene inflitta la pena capitale. Per questa ragione in queste cose si può affermare che siano migliori di noi senza dubbio[52].

Le scuole[53]

Hanno dei luoghi dedicati all'istruzione, che nella loro lingua chiamano *Ochumachgirleri*[54], ed i loro dotti, che chiamano *Hagfialar*[55], insegnano

---

[51] Ossia Muhammad (pbsl).

[52] Testo latino: <<De Reverentia, quam exhibent Machometi traditionibus et statutis praestant, ut non solum Deum (quod nostris plerunque accidere solet) non blasphemant, imo schedam quomodo eunque scriptam in terra iacentem si repererint, erectam, et saepius deosculatam, in rimam aliquam parietis polita, obtruunt: dicunt peccatu esse, si litterae, quibus nomen Dei et lex Machometi describuntur, pedibus conculcentur. Et nemo audet Christiano, vel alterius fidei seu religionis homini vendere Alchoranum, aut alia eorum scripta, ne abiecta palpentur pedibus, vel immundis manibus contrectentur: alioquin capitis poena plecteretur. Quare in hac re nobis profecto meliores dici possunt>>.

[53] In ogni quartiere esistevano degli istituti equiparabili ad una sorta di scuola elementare, che i bambini cominciavano a frequentare dai 5 o 7 anni di età, e che erano chiamate *mekteb-i suhyan* (la scuola dei ragazzi) o *taş mektep* (scuola di pietra). Questi edifici in pietra costituiti da un'unica stanza erano adiacenti alle moschee. Il maestro -*muallim*- impartiva ai giovani scolari l'insegnamento della lettura del Corano, ed i rudimenti della grammatica e del calcolo. Oltre a queste scuole, sotto il patrocinio di donatori, vi sono istituti superiori noti come *madrese*, in cui insegnano dei professori qualificati (*müderris*). In questi istituti superiori vengono impartite le seguenti materie: lettura ed esegesi del testo coranico, la legge islamica (*Fikih*) secondo la scuola hanafita, teologia islamica, logica (mantik), matematica, geometria, astronomia, musica, scienze e medicina.

[54] Ossia "*okumak yerleri*", traducibile come "luoghi di lettura".

[55] Ossia "*hocalar*", traducibile come "insegnanti", "maestri".

separatamente sia ai maschi che alle femmine. I maschi insegnano ai maschi e le femmine insegnano alle femmine materie quali astronomia, filosofia ed arte poetica. Durante l'insegnamento, parlando ad alta voce muovono il corpo con vigore. Non approvano la musica composta, ma cantano delle canzoni secondo le seguenti regole. Ogni canto deve essere composto da undici sillabe. È conveniente che qui ne venga riportato un qualche esempio[56].

Birechen bes on eiledum derdumi

Iaradandan iftemifeem iardumi

Terch eiledum Zahmanumi gurdumi

Ne ileim ieniemezum glunglumi.

Queste sono delle canzoni d'amore che nella loro lingua sono chiamate Abich, il nome della dea dell'amore. Di seguito viene riportata l'interpretazione [di questo canto] parola per parola.

Birechen equivale a "da una"; *bes* a "cinque" ed "on" a dieci. *Eiledum* è traducibile come "ho fatto" e *derdumi* come "dalla mia tribolazione". *Iarandadan* può essere reso come "dal creatore"; *istemiscem* come "ho domandato" ed *iardumi* "aiuto". *Terch eiledum* è traducibile come "ho abbandonato", *Zahmanumi* come "della mia patria" e *gurdumi* come "visita". Ne può essere reso come "che cosa", *ileim* come "farò" e *ieniemezum* e *gunglumi* rispettivamente come "non posso vincere" e la "mia mente".

---

[56] Testo latino: <<Habent quoque loca ad instituedum Ochumachgirleri eorum lingua appellata, et suos Doctores quos Hogfialar vocant, tam masculos, quam foeminas, separatim tame instituunt, masculi masculos, atque foeminae foeminas, Astronomiam, Philosophia, Artem poeticam. Inter discendum clara voce clamates ad latus corpora movent. Musicam non norunt artificialem, sed singunt carmina ad praeferiptas regulas, quae ita se habent. Quodlibet carmen undecim debet complecti syllabas. Placuit itaq, exempli gratia haec pauca inferere>>.

Il matrimonio[57]

Presso costoro il matrimonio, che viene chiamato *Eulenmech*[58], si svolge nel modo seguente. Contraggono matrimonio attraverso un giuramento solenne, ed accettano donne senza dote, quasi fossero obbligati ad acquistarle[59], al contrario del costume (che una volta era praticato dai romani), dove il marito era solito essere venduto, non la giovane sposa. La promessa sposa non ha nulla di elegante o di ornato, che i suoceri non siano stati costretti a pagare[60]. Tra costoro il divorzio viene praticato in ragione di cattivi costumi o sterilità secondo le nozioni conosciute dai loro giudici. Consentono il matrimonio anche tra i servi che sono stati acquistati, ma i loro figli sono considerati degli schiavi nati in casa del padrone[61].

Il pellegrinaggio

I pellegrini, che nella loro lingua sono chiamati *Hafilar*[62], si recano in visita nei luoghi da loro reputati santi, ossia la Mecca e Medina, allo stesso modo in cui i nostri si recano a Gerusalemme. Costoro si recano dove Machomet è stato sepolto[63], ma non meno per guadagno quanto in ragione della religione e della devozione. Qui, dopo aver veduto un rivestimento

---

[57] I matrimoni sono solitamente combinati o dalle rispettive madri o dalle sensali - in turco *Kilavuz*. Gli sposi possono vedersi solo a nozze avvenute.

[58] Dal verbo *evlenmek*, che in turco moderno significa appunto contrarre matrimonio.

[59] L'autore si riferisce al *Mahr*, ossia la dote che lo sposo deve pagare alla sposa secondo la legge islamica. Il Sacro Corano, 4:4: <<Date alle donne al momento del matrimonio la dote come un dono, ma se costoro, secondo la loro stessa volontà, ve ne riconsegnano una parte, prendetela e godetela di buon animo>>.

[60] Il contributo finanziario per le spese di nozze viene consegnato dal fidanzato alla famiglia della sua futura sposa ed in turco è noto come *Ağirlik*. Alla sposa, nel giorno del *Nikah*, ossia del matrimonio viene consegnato per tramite del suo tutore il contributo finanziario -o dote- che rimarrà in suo possesso in caso di divorzio.

[61] Testo latino: <<Matrimonium eorum lingua Eulenmech vocatum, tale est. Coeunt nuptiae fine iuramento, accipiunt plane indotatas, propemodum emere coguntur, contrario (quam olim apud Romanos) more, ubi gener emi folebat, non nurus. Nil habet sponsa in corpore cultus vel ornamenti, quod non cogatur a soceris redimere. Divortium apud illos faciunt improbi mores, vel infoecunditas: cognoscit de ipsis rebus iudex ipsorum. Inter servos emptos etiam matrimonium permittunt, sed geniti ex illis vernae fiunt>>.

[62] *Hafilar Yolu*, ossia la via dei pellegrini. In turco il termine pellegrino è reso con la parola "*Haci*".

[63] Il Profeta Machomet (pbsl) non è stato sepolto alla Mecca bensì a Medina.

chiamato *Tfaroch*[64], che rivestita di oro pende semplicemente dal tempio[65], dopo aver comprato in grande quantità dei tessuti estremamente raffinati, noti come *Chumu*, ritornano in patria con grande guadagno. E quando ritornano, alcuni portano con sé per ragioni legate alla devozione dell'acqua in otri[66], che offrono come dono ai passanti assetati. Altri si occupano dei loro affari e, se qualcuno perisce durante il viaggio per qualche ragione, anche se non giunge alla Mecca, non di meno viene annoverato nel numero dei pellegrini[67].

I miracoli compiuti alla Mecca da Machomet, che anche nei tempi moderni affermano si ripetano

Non posso nominare dei miracoli più insensati di quelli che sono scritti nel loro libro che chiamano *Mehemmedine*[68]. Costoro infatti affermano che, quando venne fondata la Mecca, Dio comandò ai monti, per intercessione delle preghiere di Machomet, di condurre le pietre per costruire la città e, quando venne portata la decima pietra[69] e la Mecca venne costruita e

---

[64] Probabile riferimento alla *sitara*, in arabo "sitaraj", un tessuto che forma parte della *Kiswat*. Una *sitara* copre anche la tomba del Profeta (pbsl) a Medina. Su questi tessuti sono ricamati versetti del Corano.

[65] Il riferimento è diretto probabilmente al tessuto che ricopre la *Ka'bah* chiamato nella lingua araba *Kiswat al-Ka'bah*.

[66] Il riferimento è diretto alla fonte di *Zamzam*, ossia il pozzo nel recinto (*ḥarām*) della Mecca che sgorgò ai piedi di Agar, assetata, mentre implorava l'acqua per sé e per il figlio Ismaele. L'acqua, che ha un sapore amaro, è addolcita facendovi macerare fichi secchi, uva passita e miele.

[67] Testo latino: <<Peregrini, eorum lingua *Hagfilar* appellati, loca ab ipsis sancta habita inuisunt, videlicet Mecham, Medinam, ut nostri Hierofolymam: ibi aiut Mehemmetum obiisse: sed non minus quaestus gratia quam religionis et devotionis. Ibi viso calciamenio Tfaroch vocato, quod inauratum solummodo a testudine templi pendet, coemptis subtilissimis telis, Chumu dictis, in patriam regrediuntur magno cum lucro. Et cum redierint, alii vectant deuotionis gratia aquam in utribus plateatim, idq; obuiis sitientibus gratis offerunt: alii rem suam agunt, et si qui in itinere pereunt quocunque modo, etiam si non veniant Mecham, nihilominus in peregrinoru numero habentur>>.

[68] Con questo termine l'autore potrebbe riferirsi ad una biografia del Profeta (pbsl) o ad una raccolta di Tradizioni (*Hadīth*). Le notizie riportate di seguito costituiscono comunque un insieme di racconti fantasiosi. È probabile quindi che l'autore li abbia presi da una raccolta in lingua latina o che li abbia combinati in modo indipendente.

[69] L'autore del testo combina in modo fantasioso alcune tradizioni del Profeta (pbsl), collocandole del tutto fuori contesto. La pietra cui si fa riferimento è la pietra nera,

completata, il monte noto con il nome di *Araphat dagh*[70], che venendo da una zona più lontana era giunto in ritardo e, avendo visto che la Mecca era stata costruita, si rese conto che non era opera delle sue pietre, e così cominciò a piangere. Quando Machomet si accorse che piangeva[71] e comprese la ragione del suo dolore gli disse: "Stai di buon animo e non rattristarti, ma deponi in questo luogo che ti viene mostrato la decima pietra. Colui che non prega sopra quella pietra, può considerare nullo il proprio pellegrinaggio". Machomet percosse quella pietra con il piede e da essa sgorgò dell'acqua potabile, alla quale venne dato il nome di *Zemzem*[72], ossia acqua della purificazione, che tutti i pellegrini solitamente portano con sé in casa e, quando qualcuno di costoro muore, aspergono con quell'acqua gli abiti, con i quali il cadavere viene avvolto, in remissione di

---

ossia *al-ḥajar al-aswad*, incastonata nell'angolo sud-est della *Ka'bah*. Il Profeta (ﷺ) ebbe l'onore di reinserirla nel suo luogo originario dopo che i diversi membri della sua tribù, i Quraysh, avevano terminato di restaurare l'edificio.

[70] Ossia il monte di 'Arafāt. Località posta a sud-est della Mecca dove i pellegrini si riuniscono nel nono giorno del pellegrinaggio. Il nono giorno del *Dhūl Hajj* (*Yawmu 'Arafāt*), dopo aver pregato il *Fajr* a Minā, con calma bisogna procedere diretti verso 'Arafāt. Durane il tragitto è permesso continuare a recitare la *Talbīyah*: <<O Allah, sono qui in risposta alla Tua chiamata. Sono qui. Sono qui. Nessuno può esserTi paragonato. Sono qui. Tutta la Lode, la Grazia e il Potere Ti appartengono. Nessuno può esserTi paragonato. Sono qui>> (*Labbayk Allāhumma Labbayk, Labbayk lā sharīka laka labbayk, innal hamda wanni'mata laka wal mulk lā sharīka lak*). Bisogna poi proclamare la grandezza divina recitando il *Takbīr*. Dopo essersi fermati a Namirah, si rimane qui fino a dopo lo *Zawāl*, ascoltando la *Khutbah*. Quando giunge il tempo del *Salāt Zuhr*, bisogna pregare in forma abbreviata e combinata *Zuhr* e *Asr*, dopo un 'Adhān e due *Iqāma*. Dopo aver assolto a queste due *Salāt*, non vi è nessun'altra preghiera mentre ci si trova in Namirah. Successivamente si deve procedere con calma diretti verso 'Arafāt, fermandosi qui fino al tramonto. È meglio sostare in piedi alle pendici del Monte della Misericordia (*Jabal ur-Rahmān*). Se però non è possibile, si può restare in piedi in qualsiasi luogo in 'Arafāt. Rivolgendosi verso la *Qibla*, con le mani alzate bisogna recitare la *Talbīyah*. Dopo la *Talbīyah* è bene recitare più volte anche: <<Non c'è Dio che Allah. Nessuno è degno di essere adorato oltre Lui. Nulla e nessuno può esserGli paragonato. A Lui appartiene la sovranità e la gloria. Egli è l'Onnipotente>> (*Lā ilāha illallāhu wahdahu lā sharīka lahu lahul mulk wa lahul hamdu wa huwa 'alā kulli shay'in qadīr*). La leggenda riportata dall'autore in questo contesto è del tutto spuria.

[71] Probabilmente il riferimento è diretto ad un'altra tradizione in cui si afferma che, quando a Medina venne costruito un pulpito per il Profeta (ﷺ), il tronco d'albero presso cui era solito pronunciare la *Khutba* del venerdì pianse.

[72] In realtà, l'acqua di *Zamzam* sgorgò ai piedi di Hajra, la madre di Ismaele.

tutti i loro peccati[73]. Affermano anche che nessuno può recarsi alla Mecca, la cui venuta non sia conosciuta da Machomet, e sia rivelato ai custodi (che sono degli eunuchi) attraverso di lui. Se tale *haci*, ossia il pellegrino, è un predone, uno scellerato, un cristiano o un uomo che professa un'altra religione, i suddetti custodi gli proibiscono l'ingresso alla Mecca. Qui non si trovano le sue spoglie, come alcuni sostengono, ma l'effige di Machomet impressa nel muro del tempio, [che i pellegrini] baciano[74], prima di andare via. Quegli infedeli sono stati convinti da Machomet con tali menzogne al posto dei miracoli, e con altre cose molto più ridicole, che mi vergogno di riportare in questa sede. Preferisco tuttavia che il lettore magnanimo interroghi qualcuno dei turchi. Se [gli saranno raccontate] le medesime cose, allora affermerà che il pellegrino ha riportato la semplice verità[75].

---

[73] Testo latino: <<Nescio miraculane vel miraculosas nugas potius dicam, quae sunt scripta in eorum libro *Mehemmedine* dicto: aiunt enim, quod sibi etiam persuasum habet, quod cum Mecha extrueretur, Deum per Machometi preces montibus iussisse, ut lapides ad aedificandum Mecham quisd; adferret: cumq; quisq; montium decimam lapidum attulisset, atque ex his Mecha extructa, et complete fuisset: quidam mons *Araphat dagh* dictus, quum caeteris, ex longinquioribus partibus venies tardier esset, at Mecham extrutam vidisset, cognovissetq; eius ladipibus opus non esse, coepit coepit flere amare. Quem quum Machomet flente vidisset, causamq, eius doloris intellexisset, dixit: esto bono animo, inquit, et noli tristari, sed depone in eo loco illi de monstrato decima tuam: atque quisquis super eum lapidem non oraverit, illius peregrinatio inutilis, ingratq; fiet. Et percussit Machomet lapidem pede, ac eduxit ex illo aquam ad potandum inutilem, imposuitq; illi nomen Ab-Zemzem fui, id est, purificationis aqua, ex qua omnes eorum peregrini in vasculo secum domum deferre solent; et dum quispiam eorum moritur, vestimenta, quibus cadaver ab eis involve deber, ea aqua aspergutur in remissionem omnium scelerum eorum>>.

[74] Nella *Ka'bah* non vi è alcuna immagine del Profeta Machomet (pbsl). Nell'Islam è proibito forgiare le immagini dei profeti al fine di evitare il pericolo di cadere nell'idolatria.

[75] Testo latino: <<Dicunt etiam, quod nemo potest Mecham venire, quin adventus eius Machometo sit cognitus qui postea custodibus (qui oes sunt eunuchi) per eum revelatur: et si talis *Hagy*, id est, peregrinus raptor fuerit aut sceleratus, seu Christianus, vel alterius religionis homo, dicti custodes prohibent illi Mecham ingressum. Caeterum cadauer eius ibi non est, ut quidam aiunt, sed forma imaginis in muro templi, persona Machometi impressa: illam deosculantur, et ita domum redeunt. Talia enim sibi mendacia loco miracolorum illi infideles per Machometum habent persuasa: atque multo magis ridiculosa, quae profecto pudet me hic adferre. Velim tamen ut generosus lector interrogaret aliquem Turcarum, si ita sese res habeant: tune affirmabit Peregrinum meram veritatem narrare>>.

Le elemosine

Presso di loro si trovano degli alloggi chiamati *Imareth*[76], fondati secondo il testamento dei sovrani, dove viene dato il cibo ai poveri ed ai pellegrini, ma di diversa tipologia in ogni ricovero. Vi sono quelli che servono del riso chiamato *Pirincts Tforba*[77] con della carne; in altre parti [viene servito] il *Bogdai*[78] che viene preparato con il frumento. Aggiungono poi una grande quantità di pane e la bevanda che forniscono, ossia l'acqua. Comunque, in questi luoghi non è possibile né dormire né pernottare, ma ci sono altri posti dove è possibile farlo, chiamati *Charuatfanrie*[79], dove si riceve gratis l'ospitalità. Non hanno però dei letti, ma dei giacigli fatti di fieno e di paglia[80].

---

[76] Il termine turco *"imaret"* indica appunto una sorta di mensa gratuita per i poveri.

[77] *Chorba* in turco significa minestra e *Pirinç* invece riso.

[78] Ossia *Bogday*, che nella lingua turca significa "frumento", "grano".

[79] Ossia i caravanserragli, dal persiano *kārvān sarā'ī*, letteralmente "luoghi di sosta per carovane", costruiti lungo le grandi vie di comunicazione, l'equivalente delle stazioni di posta in Occidente. I caravanserragli erano noti anche con il nome di *Han*. Cfr. J. De Thevenoth, *Voyage de M. Thevenot au Levant et en Asie*, Parigi 1664, 48-49: <<Vi sono inoltre in città vari grandi edifici, costruiti come i chioschi dei monaci, denominati khan: sono composti generalmente da un gran cortile quadrato, in mezzo al quale vi è una fontana con un grande bacino, e tutto intorno al cortile vi sono arcate, sotto le quali lungo i muri si aprono le porte delle stanze, tutte uguali, e tutte dotate di camino; questi khan servono per alloggiare i mercanti. Per avere una stanza, bisogna rivolgersi al portiere del khan, che ha tutte le chiavi, e dargli un quarto di piastra o mezza piastra per aprirla, come essi dicono, e per ogni giorno di permanenza pagare un aspro o due o tre, secondo la somma stipulata. I magazzini che danno sui muri principali sono in pietra>>. Cfr. G. Fermanel, *Le voyage d'Italie et du Levant*, Rouen 1664, 44: <<Chi arriva a Costantinopoli è costretto a risiedere nei caravanserragli, non esistendo qui ombra di albergo. Sono edifici costruiti come grandi mercati coperti, dove non si trova altro che un tetto sulla testa, e tra l'altro piuttosto scomodi, visto che spesso e volentieri si è costretti a dormire in mezzo ai cavalli ed ai cammelli>>.

[80] Testo latino: <<Habet xenodochia *Imareth* appellate, ex testamento Regum condita, udi datur cibus pauperibus atque peregrinis, sed alibi alius. Sunt qui dant oryzam *Pirincts Tforba* dictum cum carnibus: alibi *Bogdai* as, qui fit ex tritico, pro obtonio: additur panis satis magnus: potus quem praebent, est aqua. Caeterum pernotandi ibi aut dormiendi locus nulli conceditur sed habet alium locum pernoctandi publicy *Charuatfanrie*, ubi gratis recipiuntur hospitio: non habent tamen lectos, sed in foeno vel stramine subtecto dormiunt>>.

I loro sacrifici

Immolano dei sacrifici votivi, che vengono chiamati *Chorban*[81] sia nella lingua turca che in quella araba. Nel caso di una malattia o di un pericolo, s'impegnano a sacrificare in determinati luoghi una pecora o un bovino, secondo le possibilità di ciascuno. Coloro che hanno fatto un voto non bruciano completamente la vittima sacrificale, come è costume degli ebrei, ma dopo aver ucciso l'animale, la pelle, il capo, le zampe e la quarta parte della carne viene donata al sacerdote, l'altra parte ai poveri e la terza ai vicini. Coloro che hanno compiuto il sacrificio preparano per sé e per i propri compagni le parti rimanenti. Qualora però non siano scampati alla malattia o al pericolo non mantengono il voto. Presso di loro tutte le cose sono soggette ad una condizione, ossia darò se darai. Un simile culto viene osservato presso i Greci, gli Armeni ed anche i popoli asiatici di religione cristiana[82].

I lasciti ed i testamenti

Se qualcuno dei musulmani, quando si trova in punto di morte, decide di stilare un testamento, dopo aver chiamato presso di sé sia parenti che amici, stabilisce che debba essere condotta dell'acqua da qualche zona remota davanti a qualche ospedale, ad un tempio o in un luogo arido, che viene frequentato dalle persone, *Haritsi*, ossia in ragione della pietà religiosa, e *Gfianitsi*[83], ossia per la sua anima. Altri invece stabiliscono come tastamento di donare la libertà agli schiavi che sono stati acquistati e quelli che sono stati conquistati. Le donne (infatti questo genere è il più superstizioso) lasciano per testamento del denaro ai soldati, senza dubbio per l'uccisione dei cristiani. Reputano che questo giovi molto alla salvezza delle anime. I re

---

[81] Ossia *Qurbān.*

[82] Testo latino: <<Immolant etiam victimas, sed plerunq; votivas, Chorban tam Turcica quam Arabica linguis vocat vocatas: in morbo enim aut periculo, ovem vel bovem, pro cuiusque opulentia in certis locis se sacrificaturos promittunt: voti deinde victima non comburitur in holocastum, ut, Iudeis mos est, sed mactato animali, cutis, caput, pedes, atque quarta pars carnis sacerdoti praebetur, altera deinde pars datur pauperibus, tertia vicinis. Caeteras reliquias ipsi victimatores sibi, et comitibus parant ad vescendum, neque tenentur voto, si e morbo vel periculo erepti non fuerunt. Omnia enim illorum conditionalia sunt. Dabo si dederis. Similis etiam apud Graecos et Armenios atque caeteras nationes Asiaticas Christianae religionis cultus observatur>>.

[83] In turco anima è resa con il termine "can".

stabiliscono che vengano costruiti degli ospedali e dei luoghi di culto e lo stesso fanno anche le persone che sono potenti[84].

La cerimonia funebre

Quando muore un maschio tra i musulmani, (la sua salma) viene preparata dagli uomini; invece, se muore una femmina, se ne occupano le donne. Lavano la salma e l'avvolgono in un tessuto di lino bianchissimo, poi la conducono in qualche luogo al di fuori della città. Ritengono infatti che seppellire (i morti) nei luoghi di culto sia qualcosa di altamente reprensibile. I loro monaci procedono portando delle candele, e li seguono i sacerdoti cantando delle litanie, fino a quando non giungono al luogo della sepoltura. Se il defunto era povero, sono soliti offrire per l'opera dei religiosi del denaro raccolto in comune[85].

Dell'edificio sepolcrale chiamato *Tulbe*[86]

Sopra la tomba del sovrano viene costruito un edificio di culto. I sovrani infatti vengono seppelliti in città; invece le tombe sia dei ricchi che dei poveri [vengono collocate] in una zona sopraelevata[87], in modo che gli

---

[84] Testo latino: <<Si quis ex Musulmanis moriens testamentum condere costituit, talia ferme legata fiunt, adhibitis amicis ac vicinis ut aut rivos deducere ex longinquis partibus ante aliquod hospitale, aut templum, sine in locum aridum, qui frequentatur ab hominibus *Hairitsi*, id est, pietatis gratia, atque *Gfianitsi*, id est, pro anima. Alii captivos, & emptitios servos legant liberos faciendos. Mulierculae enim (ut hoc genus prae caeteris superstitiosum est) legant pecuniam militibus, pro certa caede Christianorum. Id putant magno ad salutem suae ipsarum anime prodesse, Reges vero templa, hospitalia, extruenda constituunt, atque alii si qui sunt potentes>>.

[85] Testo latino: <<Ubi quis moritur ex Musulmanlaris masculus, tuc ma, masculisunus curant: si foemina, foeminae. Abluunt cadaver, ac nitidissimis lineus iunduunt, postea efferunt extra urbem in locum aliquem: nephas enim est in templis sepelire. Procedunt ceroserarii cum candelis. Monachi illorum, subsequuntur sacerdotes cantillantes interim, donec ad sepulturae locum perveniant. Quod si pauper ille desunctus, pro laboribus religisorum plateatim collectae pecuniae solent illis offerri>>.

[86] Questo termine nella lingua turca significa propriamente "tomba", "sepolcro". Nel caso dei sultani, indica un edificio a pianta esagonale o ottagonale decorato all'interno con piastrelle a motivi floreali e coperto da una cupola.

[87] Cfr. R. Mantran, *La vita quotidiana a Costantinopoli ai tempi di Solimano il Magnifico*, Milano 2018, 292-293: <<La consuetudine vuole che quando ci si rende conto che il malato si approssima alla morte gli venga volta la testa in direzione della Mecca e

animali selvatici non possono raggiungerle e nemmeno rovinarle. Spesse volte, dopo essere tornati dalla visita [alle tombe] ed avervi posto del cibo come offerta funebre -il pane, la carne, il formaggio, le uova, il latte e le pietanze novendiali, secondo il costume dei pagani- per l'anima dei defunti, il cibo viene divorato dai poveri, dagli uccelli del cielo e dalle formiche. Costoro affermano, infatti, che sia gradita a Dio l'offerta dell'elemosina[88] sia nel caso in cui venga consumata dagli animali o dalle persone, in quanto è stata offerta per amore di Dio. Ho visto che molti, dopo aver pagato il prezzo degli uccellini tenuti in gabbia, ordinavano che venissero liberati; altri invece gettavano dei pezzi di pane ai pesci nel fiume, per amore di Dio,

---

recitata per lui la *şahadet*, la professione di fede musulmana. Dopo la morte, il corpo del defunto viene lavato: gli vengono chiuse le orecchie, il naso e la bocca con tamponi d'ovatta, viene avvolto in un sudario fatto di un unico pezzo di stoffa privo di cuciture. I funerali propriamente detti avvengono al più tardi all'indomani del decesso: il cadavere è portato a braccia dagli uomini, adagiato su una specie di barella ricoperta da una stoffa sulla quale sono impresse iscrizioni coraniche, fino alla vicina moschea. Non viene introdotto nella moschea, ma invece deposto su una pietra speciale (*musalla taşi*) situata all'esterno o nel cortile della moschea, dove un imam o un parente stretto del defunto recita le preghiere dei morti, che consistono in particolari versetti del Corano; a volte viene pronunciato l'elogio dello scomparso. Quindi, sempre a braccia – e sono numerosi i portatori pronti a dare il cambio ai precedenti, perché questo atto è considerato un atto di devozione- il defunto è portato nel luogo di sepoltura, in uno dei grandi cimiteri di Istanbul, lungo le mura di terra [....]. La tomba è una fossa scavata nella terra: il morto viene adagiato sul lato destro, con la testa rivolta alla Mecca. La fossa è chiusa da una lastra portante alcune iscrizioni coraniche e il nome e i titoli del defunto. Se si tratta di un personaggio che ha esercitato una funzione importante, la pietra situata in corrispondenza della testa è sormontata da un turbante di pietra, che riproduce i contrassegni della sua funzione>>.

[88] Molti viaggiatori hanno sottolineato la natura caritatevole dei turchi. Cfr. L. Deshayes de Cormenin, *Voyage de Levant*, Parigi 1624, 110: <<Non credo che vi sia nazione al mondo più caritatevole di questa. Per cui non si vedono in Turchia i poveri che chiedono pubblicamente l'elemosina; perché, se qualcuno di loro ha qualche difficoltà, è immediatamente aiutato dai vicini>>. Du Loir, *Voyages du sieur Du Loir...*, Parigi 1735, 191: <<Si vedono pochi mendicanti, e ben lungi dall'essere importunati da questi pezzenti infingardi, di cui è tempestata la Francia, i poveri lavorano gratuitamente a far le strade, a colmarle, a dare una mano nella costruzione di edifici pubblici, così da poter partecipare alla carità che i ricchi esercitano>>.

affermando che in ragione di un tale gesto di misericordia avrebbero ottenuto una grande ricompensa da Dio[89].

L' esercito[90]

Tutti hanno un unico sovrano, che nella loro lingua (viene appellato) *Huncher Othmalardan Sahitsultan Suleiman*[91], ossia imperatore[92] degli Ottomani principe Solimano, che ora ha un figlio primogenito di 23 anni (o

---

[89] Testo latino: <<Conditorio superaedificatum (utputa Regio) templum ipsi enim Reges in urbe sepeliuntur: divitum ac pauperum instar altaris in eam altitudinem, ut bestiae insultare, aut locum conspurcare non queant. Saepius eo cum luctu redeunt, et inferias ciborum monumento superposito, panes, carnes, caseum, ova, lac, novendialis coena, more Ethniocorum, pro anima defuncti devoratur a pauperibus, aut avibus coeli, atque formicis. Dicunt enim aeque gratu esse Deo, offerri elemosynam tam brutis egentibus quam hominibus, cum ob amorem Dei offertur. Multos vidi, qui aviculas reclusas, data pecunia valoris aviculae, evolare iusserint: alios panem piscibus in flume proiicere amore Dei, dicentes se pro tali pietate erga egentes mercedem amplissimam a Deo consecuturos>>.

[90] Relativamente alla disposizione dell'esercito ottomano nel corso di una campagna militare vedi Guilmartin, J. F. "Ideology and Conflict: The Wars of the Ottoman Empire, 1453-1606." *The Journal of Interdisciplinary History*, vol. 18, no. 4, 1988, 721–47, 735: <<The Ottoman field array consisted of a barricaded center defended by the janissaries and the cart artillery, flanked by two wings of armored corps of arches that were formed from the *timar* holders of Europe and Anatolia respectively, and a reserve of *kapi kulusipahis* normally positioned near the imperial standard behind the center of the line. The front of the army was covered by a screen of irregular light calvary and infantry>>.

[91] Riferimento al sultano Solimano il Magnifico, il sultano ottomano che guidò l'impero ottomano dal settembre del 1520 al settembre del 1666.

[92] Il Sultano ottomano ha rivestito unicamente la funzione di capo politico fino alla conquista dell'Egitto, quando l'ultimo califfo abbaside, Mutawakkil, lo ebbe insignito del titolo. Cfr. T. W. Arnold, Il *Califfato, un'introduzione storica*, Trad. a cura di S. Lei, Roma 2018. S. Lei, *Le comunità religiose non-musulmane nel mondo islamico*, Roma 2018, 319: <<Nel periodo immediatamente successivo alla conquista dell'Egitto (1517), la carica di califfo continuò ad essere detenuta da al-Mutawakkil, che fu condotto insieme a tutta la sua famiglia ad Istanbul. Secondo alcuni resoconti storici, che però non sono accettati ad unanimità da tutti gli studiosi, al-Mutawakkil consegnò la carica di *Khalifah* al sultano Selim I (1512-1520), che fino a quel momento aveva detenuto quella di *Khadim al-Haramayn al-Sharifayn* (Servitore delle due moschee sante). A quanto detto bisogna poi aggiungere che sia in quel periodo che in epoca precedente il titolo di Khalifa era stato adottato da altri principi e regnanti musulmani, avendo ormai perduto il suo significato istituzionale originario>>.

su di lì) chiamato Mustafa[93], che supera i suoi predecessori per tirannide, crudeltà e spesso (si mostra) infedele verso il suo stesso padre, come se potesse in qualche modo assassinarlo per sete di potere. Il sovrano comanda su due comandanti chiamati *Satrapas Tfangiach Begler*[94], uno europeo e l'altro asiatico, i quali impartiscono gli ordini a dei comandanti minori chiamati *Timargilar*[95], a cui rispondono i semplici soldati che, se si attardano quando vengono chiamati ad una spedizione, ne pagano il fio con l'impiccagione. I *Bassalar*[96], termine che viene tradotto come "guide"[97], sono molti ed accompagnano sempre il re secondo le loro capacità. Anche i *Sulihtarlar*[98], che sono le sue guardie del corpo, sono soliti procedere dietro di lui. [Poi vi sono] i *Capugfibegler*, ossia i segretari, gli *Eminler*[99], ossia gli esattori delle tasse, dei giovinetti e del denaro. Gli *Spahalar*[100], ossia, i

---

[93] Riferimento a Şehzade Mustafa (1515-1553), primogenito di Solimano, non venne designato come erede al trono in favore di suo fratello Mehmet e poi, dopo che quest'ultimo morì di vaiolo, di Selim. Ricoprì la carica di governatore di Manisa, di Amasya e di Konya dall'1533 al 1542. Morì strangolato dopo essere stato accusato di sedizione. Mustafa era figlio di Gülbahar Sultan, per lunghi anni la favorita dell'Harem di Solimano il Magnifico. Secondo le fonti storiche, Mustafa pare fosse molto apprezzato dall'esercito, dalla popolazione, e da quella fazione dell'Harem ostile ad Hürrem che aveva sostituito Gülbahar nell'interesse del sultano. Mustafa sembra essere stato vittima di una congiura di palazzo orchestrata da Rüstem Pasha, il gran visir dell'impero al tempo di Solimano. Rüstem, dopo aver sottratto il sigillo di Mustafa, lo utilizzò per contraffare delle missive comprometenti, in cui il giovane principe si preparava ad organizzare un piano per sostituirsi al padre. Successivamente, Şemsi Ağa, suo futuro genero, ricevette l'incarico di recarsi ad Istanbul per comunicare a Solimano che i capi dell'esercito avevano espresso la volontà che il comando dell'impero venisse assegnato a Mustafa. Nell'ottobre del 1553, quando Mustafa venne a conoscenza delle false notizie che circolavano sulla sua persona, si recò personalmente dal padre per ribadire la sua fedeltà, ma venne assassinato nella stessa tenda dove si trovava il sultano. Successivamente venne assassinato anche Mehmet che i giannizzeri avevano indicato come erede del padre alla guida dell'impero.

[94] Ossia satrapi dei sangiaccati.

[95] Ossia i timarioti.

[96] Ossia i *Pashalar*.

[97] Il termine potrebbe essere tradotto anche come "comandanti".

[98] In turco ottomano *Silahtarlar*, termine traducibile come "guardie armate".

[99] Ossia *Emin*, funzionario ottomano che riceveva un salario per la gestione di un *eminet*, ossia un economato.

[100] Ossia cavalleggero.

militari a cavallo armati alla leggera e molti *Vlachlarie*[101], ossia messaggeri, ed altri che seguono in continuazione la corte[102].

La condizione dei nobili

Nessuno dei satrapi[103] possiede una provincia o una città per diritto ereditario, ossia dopo la loro morte, né i figli né i loro successori possono

---

[101] Riferimento ai *Vlachs*, ossia gruppi nomadi o semi-nomadi di religione prevalentemente cristiana che si spostavano prevalentemente tra la Serbia e la Macedonia. Dopo la conquista ottomana di questi territori, vennero impiegati come truppe ausiliarie con il compito di pattugliare il territorio, compiere operazioni d'intelligence e recare messaggi.

[102] Testo latino: <<Habentes omnes unum Rege, qui illorum vocabulo *Hancher Othmalardan Sahitsultan* Suleiman: Modernus ita appellatur ab eis, id est, imperator ex Othomanis Sahi princeps Solomon, qui nunc habet filium promogenitum viginti (vel circiter) trium annorum Mutstafa vocatum, excellentem suos antecessores tyrannide, atque crudelitate, saepe infidiatem patri, ut si quo modo posset illum occidere, ob libidinem dominii. Habet Rex sub se duos duces sive Satrapas *Tfangiach Belger* vocatos, Europaeum et Asiaticu, quibus subsunt praefides minores *Timargilar* dicti, quorum imperiis parent milites ordinarii, qui si cessant dum ad expeditionem evocantur, suspendio poenas luunt. *Bassalar*, qui interpretantur capita, plures sunt: ii propter confilium sempre Regem comitantur. *Sulihtarlar* quoque, qui sunt stipatores corporis illius, sempre post tergum eius succedere solent, una cum *Capugtfibegler*, id est, cancellariis, Eminler, id est, tributi exactoribus, videlicet puerorum, & pecuniarum. *Spahalar*, id est, levis armaturae militibus equestribus: multis *Vlachlarie*, id est, nuntiis: et aliis huiusmodi continue aulam sequentibus>>.

[103] Ossia i *Sipahi* detentori del *Timar*. Il *Timar* era costituito da una terra assegnata dal Sultano ottomano ai *Sipahi*, ossia ai cavalieri che avevano supportato militarmente l'espansione territoriale dell'impero. I *Sipahi* avevano il diritto di imporre sulla popolazione residente un regime fiscale, il cui ricavato era finalizzato a coprire le spese militari. All'inizio dell'espansione ottomana i *Sipahi* erano rappresentati dai membri delle tribù turkmene che risiedevano nei territori di confine. Cfr. G. Agoston, "Ottoman Warfare in Europe 1453-1826", in J. Black, *European Warfare 1453-1815*, London 1999, 118-263, 122-123. Successivamente, i *Timar* vennero concessi non solo ai musulmani, ma in alcuni casi anche ai nobili cristiani che avevano detenuto il potere nelle terre recentemente conquistare. Un registro delle tasse relativo ai territori greci e risalente al 1461 dimostra che, all'indomani della conquista, alcuni *Timar* vennero assegnati non solo ai nobili musulmani che avevano dato assistenza agli ottomani nel corso della conquista, ma anche ad alcuni nobili cristiani. Cfr. H. Lowry, *Studies in Defterology: Ottoman Society in the Fifteenth and Sixteenth Centuries*, Istanbul 1992; H. Inalcik, *The Ottoman Empire; the Classical Age, 1300-1600*, New York, 1973. L'espressione *Timar Sipahi* può essere tradotta come "cavalleria feudale". Oltre

ereditarli senza il consenso del sovrano. Invece, se qualche condottiero o principe desidera determinati possedimenti, gli vengono concessi ad una condizione, ossia in seguito al pagamento di denaro e del reddito derivante dal loro possesso. Il sultano conosce quanti soldati sono in possesso di ogni satrapo. Il satrapo quindi deve avere quei militari sempre pronti ad ogni ordine, altrimenti viene punito con la pena capitale. Niente lo può scusare dal prendere parte alla guerra, tranne le cattive condizioni di salute. Qualora il sovrano lo desideri, può privarlo di tale beneficio; se non viene deposto invece lo conserva fino alla morte. Dopo la sua morte, qualora i suoi successori vogliano osservare il patto del defunto, vengono ammessi; altrimenti viene predisposto per altri. Qualora uno di questi nobili si rechi a parlare con il sovrano, tiene gli occhi rivolti verso terra, non osando guardare il suo volto[104].

I *Bassalar*[105] che possiamo considerare come consiglieri, cancellieri o segretari

---

ai *Timar Sipahi* vi erano anche i *Kapikulu Sipahi*, ossia i membri della cavalleria che ricevevano degli ordini direttamente dal Sultano. I *Sipahi* erano poi distinti in due categorie: *Sipahi* delle province e *Sipahi* della Porta. I primi si riunivano all'esercito in caso di conflitto, mentre i secondi in qualità di guardia del corpo del Sultano risiedevano nel palazzo. Cfr. Gyula K. N., "The first centuries of the Ottoman military organization" in *Acta Orientalia Academiae Scientiarum Hungaricae* 31.2, (1977), 147-183.

[104] Testo latino: <<Nullus ex Satrapis possidet provinciam aut civitatem aliquam iure haereditario, quam post obitum liberis vel suis successoribus possit relinquere sice consensus sui regis. Sed si aliquis Ducu, vel Principum certas possessions cupit habere, id illi conceditur hac conditione: Initur ratio pretii, et redituum illarum possessionum. Cognoscit ac Turca, quot milites ali annuo illo cesu possint: tunc satrapa ille cogitur habere illum numerum militum sempre promptu ad omnia imperata, alioqui capite plectitur: Nihilq, eum a belli comitatu potest excusare, quam sola adver sa valetudo. Et si quando Turce placuerit, eum privare tali beneficio, eius est libertate: si autem non deponitur, suum est usq; ad mortem. Post obitum, su successores defuncti pactum observare voluerint, admittuntur: sin secus, aliis providetur. Si aliquando aliquis istorum procerum cum rege loquitur, oculos humi desigit, no audens illius vultum contueri>>.

[105] Ossia i *Pashalar*. Con questo termine s'intendono i diversi funzionari ed ufficiali al servizio del Sultano. Generalmente costoro erano noti anche con l'appellativo di *Kapikullari*, termine traducibile come "schiavi della Porta" che designava indistintamente tutti i funzionari civili e militari dell'impero ottomano. I più alti dignitari dello stato sono invece: 1-Il Gran Visir responsabile degli affari politici, amministrativi e militari, 2-Il *Nişhanci*, ossia il responsabile della cancelleria, 3-I

Tutti i *Bassalàr* sono eunuchi (secondo quanto mi è stato raccontato, quando sono stato servo di questa satrapa di Costantinopoli) e sono più potenti di altri dignitari, con l'eccezione dei Sangiacchi[106], coloro che sono superiori presso i Turchi sono quasi tutti promossi in quella carica dai figli rapiti dei cristiani. A nessuno di loro tuttavia, anche se prende in moglie una donna turca, come è accaduto a Crustan [un bassano], viene donato un castello, un villaggio o una villa che possieda per diritto ereditario, ma se viene innalzato a qualche carica, la mantiene o fino alla morte o fino a quando il sovrano lo consente[107].

L'obbedienza che deve essere prestata al sovrano

Nessuno né dei *Ienitferi*[108] o dei nobili può camminare per la città armato o cinto della spada, se non quando il sultano esce dal palazzo[109] per andare a

---

Kadiasker che giudicano relativamente alle questioni religiose e giuridiche, 4-Il *Defterdar* che può essere considerato come il responsabile delle finanze dell'impero, 5-Il *Kapudan Pasha*, ossia il grande ammiraglio. Tutti costoro facevano parte del *Divan* che si riuniva in un edificio chiamato *Kubbealti*, termine traducibile come "sotto la cupola".

[106] Ossia i governatori del Sangiaccato, termine indicante una delle provincie in cui era diviso l'impero ottomano.

[107] Testo latino: <<Omnes Bassae plerunq; fiunt eunichi (prout mihi narratium est, cum essem mancipium cuiusda Constantinopolitani satrapae) qui sunt caeteris eius proceribus, exceptis Sangiachis, potiores apud Turcam, et omnes fere ex raptis Christianorum filiis in eam dignitatem provehuntur. Nullus tamen eorum, etaim si habeat filiam Turcae in uxorem, ut *Hrustan* bassa habet, donator castello, pago, seu villa, quod haereditario iure possideat: sed si in aliqua dignitatem effertur, illam vel ad mortem, vel donec Turcae placet, habet>>

[108] Giannizzeri, dal turco yeni-cheri, "nuovi soldati", corpo militare, creato alla fine del XIV secolo da Murād I, composto in origine di prigionieri cristiani e poi di giovani reclutati tra le popolazioni non musulmane dell'impero ottomano: il corpo fu sciolto nel 1826, quando a seguito di una ribellione furono in parte massacrati per ordine del sultano Maḥmūd II (1808-1839). È importante sottolineare che la creazione di questo corpo speciale si colloca cronologicamente nell'ultimo trentennio del XIV secolo, all'indomani del superamento della crisi politica che aveva messo in pericolo l'unità stessa dell'impero. Per lungo periodo il corpo dei giannizzeri funzionò come la colonna portante della stabilità dello stato e della continuità del potere imperiale. Cfr. G. Agoston, "Ottoman Warfare in Europe 1453-1826", in J. Black, *European Warfare 1453-1815*, London 1999, 118-263, 121.

[109] Cfr. C. Le Bruyn, *A Voyage to the Levant: or Travels in the Principal Parts of Asia Minor*, Londra 1702, 135-136: <<Il palazzo del Gran Turco, che viene denominato il serraglio o la Porta, ha più o meno la forma di un triangolo; due lati del quale si affacciano

caccia o per pregare. Gli ufficiali ed i custodi della città portano dei bastoni. Quando s'imbattono nelle persone che litigano sia con le parole che con le mani, li puniscono con delle frustate. Nessuno quando rivolge loro la parola osa guardarli in volto, ma quando si getta ai suoi piedi dopo averli baciati appassionatamente, gli parla con gli occhi fissi a terra. E quando i corrieri di stato vengono inviati ai rettori delle Provincie con le loro missive, nel caso in cui i loro cavalli si siano affaticati durante il viaggio e siano estenuati dalla veloce corsa, possono lasciarli a chiunque incontrino lungo la via. Nel caso in cui non abbiano incontrato nessuno, si volgono verso le città o i villaggi. Si rivolgono poi al *Cadia*[110], ossia il giudice, che se non gli trova un cavallo viene sospeso [dal suo incarico] davanti all'uscio di casa sua. Anche per questa ragione si servono poco dei cavalli ma più degli asini.

Quando tale nunzio arriva presso coloro ai quali è stato inviato, dopo essere stato accolto con tutti gli onori, aver accettato le missive del re con grande umiltà, averle baciate, ed aver eseguito con straordinaria rapidità i suoi ordini, viene lasciato andare. Non vi è alcun principe che osi contraddirlo, nessuna provincia o città (come avviene presso di noi) che si ribelli, nessuno che non lo tema[111].

---

sulla riva del mare e il terzo sulla città. È circondato da un'ampia muraglia fiancheggiata da numerose torri e da bastioni dove fanno costantemente la guardia un buon numero di *Acemoğlan*...Da ricetto ad un sì gran numero di persone, che una città di consimile grandezza ne sarebbe a sufficienza popolata....>>. J. De Thevenot, *Voyage de M. Thevenot au Levant et en Asie*, Parigi 1664, 42: <<Il Serraglio del Gran Turco è la prima cosa che si vede giungendo a Costantinopoli per mare: questa costruzione è molto bella a vedersi, grazie ai giardini che giungono a toccare il bordo dell'acqua, mentre l'architettura dell'edificio non ha niente di magnifico, ed è assai semplice, considerato ciò che dovrebbe essere il palazzo di un sì potente principe>>. Du Loir, *Voyages du sieur Du Loir...*, Parigi 1735, 44-45: <<I valletti ed i cavalli di quanti hanno a che fare con il serraglio vi hanno libero accesso, ma è d'uopo che lo facciano con tanta certa circospezione e senza agitazione di modi...che se parlassero troppo forte, anche senza far discussione, o facessero galoppare un cavallo senza necessità, verrebbero bastonati dagli ufficiali che vegliano a far mantenere il silenzio e il rispetto dovuto alla casa di un principe>>.
[110] In arabo *Qadi*.
[111] Testo latino: <<Nemo neque ex Ienitferis vel Proceribus armatus vel gladio accincyus, habet licentiam per civitate incedere: nisi quum Turca venandi aut orandi gratia Palatium egreditur: et si qui sunt custodes civitatis aut officiales, baculos gestant: qui ubi litigantes vel alteri iniuria seu calumniam inferetes reperiunt, fustibus eos puniunt, Neque quispiam illi loquens, audet eius faciem intueri, sed in terram procidens deosculatis pedibus eius, fixis in terram oculis sibi loquitur. Et dum Veredarios cum literis suis, ad aliquos rectores Provinciarum mittit, quorum equi in itinere ubi defatigati, et veloci cursu lassi fuerint, facultatem

Sulla diminuzione della forza militare[112] dei Turchi

L'imperatore dei Turchi in modo equo distribuisce tutte le provincie tra i suoi nobili alla medesima condizione, ossia che, tanto in tempo di pace quanto in tempo di guerra, i militari vengano sostenuti con il reddito derivante da una determinata provincia. Le forze infatti non subiscono un danno quando muore un soldato, a meno che anche la provincia venga perduta. Per esempio, se l'imperatore dei Turchi possiede quattrocento soldati, dei quali cento vengono sostenuti con i proventi dell'Ungheria, se quest'ultima viene perduta, lo sono anche i cento soldati. Se in verità la provincia non subisce alcuna perdita ed il soldato subisce la perdita, nulla viene perduto perché nei loro possedimenti, anche se ne desidera di più, facilmente possono essere trovati [nuovi soldati], non diversamente da quanto accade presso di noi nel caso siano vacanti i possedimenti ecclesiastici, o altre cariche, che trovano facilmente [un nuovo] proprietario[113].

---

habet Veredarius quoscumq; in via repererit, equis deiicere: qui si in itinere neminem offendit, ad Civitates, vel pagos divertit, Cadia, id est, iudicem aggreditur, qui, si illi equum non invenerit, ante ostium domus suae suspenditur, atque hanc ob causam pauci equis, sed asinis utuntur. Et quum talis nuntius ad eos, ad quos missus est, pervenerit, a quibus honorifice exceptus, literis eorum Regis magna cum humilitate acceptis, & deosculari, mandatis eius mira celeritate exequutis, dimittitur. Nemo ibi princeps qui illi contradicat, nulla Provincia vel Civitas (ut sit apud nos) quae rebellet, nullus demum qui illum non timeat>>.

[112] I corpi della milizia turca possono essere divisi nel modo seguente: 1-I giannizzeri che compongono la fanteria, 2-I *Sipahi* che compongono la cavalleria, 3- I *Top arabaci* che costituiscono l'artiglieria pesante. La cavalleria a sua volta si distingue in: 1-*Silahdar* (che combattono con una spada), 2-Gli *Ulufeci* che ricevevano un salario ma non avevano diritto ad alcun feudo, 3-I *Garip* che erano equipaggiati in modo più leggero e ricevevano una paga per il loro servizio nell'esercito.

[113] Testo latino: <<Turcarorum Imperator ex aequo omnes Provincias suis Proceribus, ea tame coditione distribuit, ut eius Provinciae reditibus miles cotinue, tam tempore pacis quam belli alatur: nuquam vires occiso milite amittit, nisi amittat ac Provinciam. Exempli gratia, si Imperator Turcarum nunc habeat quadringentos milites, quorum centum Hungariae proventibus sustententur, ibi amissa Hungaria amittit centum milites: si vero nulla amittit Provinciam, & totum amiserit militem, nihil amisit: quia in eorum loca, etiam si plures cupit, inveniri facile possunt> no fecus quam apud nos benedicta Ecclesiastica, vel alia officia vacatia, facile possessorem inveniunt>>.

La condizione dei *Chazilari*

I soldati chiamati *Chazilari*[114] sono valorosi ed esperti in modo mirabile nell'arte militare. Nel corso del primo scontro combattono con le lance contro i loro avversari; sono del tutto privi di armatura tranne uno scudo ed un giavellotto; utilizzando la spada secondo il nostro costume, una corazza ben fatta ed un elmo. Però, quando i giavellotti si rompono, dopo aver sguainato la spada, difendendosi con lo scudo, combattono virilmente, sempre puntando al capo ed alle mani degli avversari, essendo famosi per annientare il nemico con tutte le forze possibili. Presso costoro conduce all'ignominia e non alla lode ferire il nemico o il cavallo con una puntura di spada. Costoro ripongono sia la vita che la salvezza sotto la protezione della dea fortuna, che nella loro lingua chiamano *Naffup*, altrimenti detta *Ctfutara*.

Presso costoro infatti è molto famoso il seguente proverbio: *Iazilan*[115] *Gelur Bassina*[116], che nella lingua latina può essere interpretato nel modo seguente: *lazilan*, traducibile come "scrittura", *gelur*[117] ossia "viene" e *bassina*, ossia il "capo". Per cui, quello che la dea fortuna nel giorno della nascita ha scritto sul capo, sarà impossibile da evitare, anche se ci si rifugia in una rocca inespugnabile. Le gesta di costoro descritte nelle opere poetiche, vengono recitate da tutti affinché, in modo strenuo ed intrepido, anche gli altri attacchino il nemico con la medesima audacia (spinti dal desiderio di onori e di lodi). Del resto, ogni loro vittoria conduce ad un raddoppiamento dello stipendio, in modo che tutti quelli che appartengono all'ordine dei cavalieri sono chiamati a seguire il re, equipaggiati con armi quali la lancia, la spada, le frecce ed una mazza di ferro. Alcuni hanno uno scudo, altri no e ricevono sempre un emolumento sia in tempo di pace che in tempo di guerra[118].

---

[114] Ossia "Ghazi", guerrieri musulmani.

[115] *Yazmak* in turco significa scrivere. *Yazi* invece può essere tradotto come scrittura.

[116] *Bas* in lingua turca può essere tradotto come "capo" e "testa". *Bassina* invece può essere tradotto con "sul capo".

[117] Dal verbo *gelmek* che significa "giungere", "venire".

[118] Testo latino: <<Milites Chazilar vocati, strenui, ac iure militari miro modo exercitati, qui in primo congressu lanceas frangunt cum adversariis suis, nulla prorsus armatura, praeterquam clypeo, hasta, framea utentes more nostratum, ut puta lorica, galea: sed fractis hastis, evaginate, framea, clypeo sese defendentes, viriliter pugnant, semper capiti, manui adversariorum infidiantes, adversarios totis viribus extinguere nitentes. Punctura autem gladii, hostem, vel equum ferire, no laudi, sed ignominiae ducitur apud eos. Hi omnem vita, et salute in protectione Fortunae Deae, ipsorum lingua *Naffup*, sinse *Ctfutara* dicta, habentes, cuis apud

L'ordine dei fanti[119]

Il primo ordine dei fanti è quello dei *Solachlarum*[120], ossia degli arcieri. Costoro adoperano l'arco, le frecce e la spada[121], ma differiscono dai *Ienitseri* per i pilei. Il secondo ordine è quello dei *Ienitseri*[122] che hanno delle armi simili ai *Solachlari*. Si servono infatti dell'arco e delle frecce e di un'accetta. Costoro sono reclutati tra le genti cristiane che debbono il pagamento di un tributo. Dopo essere stati condotti via con la forza[123], vengono circoncisi ed

---

omnes proverbiu istud celebratissimum est, *Tazilan Gelur Babsina*, quod ita postest interpretari lingua Latina: *tazilan*, id est, scriptura: *Gelur*, id est, veniet, *Babina*, id est, capiti: quasi dicerent, quicquic die nativitatis uniuscuiusuis Fortuna Dea capiti inscripsit, id evitare impossibile erit, etiam si latiraverit in arce inexpugnabili. Horum enum gesta carmine in historiis descripta, ab omnibus recitantur, ut ac caeteri eadem audacia (honoriset laudis studio excite) fortiter, atque intrepide hostem aggrediantur. Caeterum pro qualibect victoria talium, stipdendia duplicantur, ita quod omnes praediti equestres debent regem sequi, instructi his armis, lacea, framea, sagittis, clava ferrea: alii habent clypeus, alii non, et semper accipiunt stipendium, tam tempore pacis quam belli>>.

[119] In turco *"Yaya"*, vennero istituiti come reparto militare separato dal sultano Orhan nel 1325. Erano comandati da un *Yayabashi* e, nel corso delle campagne militari, ricevevano un salario, noto come *"Ulufe"*. Successivamente si unirono a questi reparti anche gli *Azab*, corpi di fanteria semipermanenti, di cui facevano parte in prevalenza i turcomanni dell'Anatolia.

[120] Ossia i *Solaklar*, parte dei giannizzeri che operavano come guardia del Sultano ponendosi alla sua sinistra. In turco il termine *"sola"* può essere tradotto con "sinistra".

[121] I *Solaklar* detenevano una spada ricurva, uno scudo tondo ed una lancia.

[122] Ossia i giannizzeri. Sembra che l'istituzione di un corpo scelto di soldati che giuravano fedeltà al Sultano fosse una pratica riconducibile a quella mongola del *Nöker* che presenta caratteristiche molto simili. Cfr. Uyar M., Erickson E.J., *A Military History of the Ottomans: From Osman to Atatürk*, Santa Barbara 2009.

[123] Cfr. S. Lei, *Le comunità religiose non-musulmane nel mondo islamico*, Roma 2018, 301: <<Il devscirme costituisce, secondo alcuni storici, uno dei principali fattori del processo d'islamizzazione nei territori dell'impero ottomano. Con questo termine s'intende l'arruolamento obbligatorio di adolescenti maschi di famiglie non-musulmane nel corpo dei Giannizzeri, fenomeno che si verificò dal XV secolo in poi. Il devscirme era una pratica regolata dalle leggi dello stato e non da quelle religiose islamiche, cui era del tutto estranea. Secondo le stime degli storici, tra il XV ed il XVII secolo furono arruolati tra i duecentomila ed in trecentomila ragazzi. La scelta cadeva di preferenza sui giovani originari di famiglie numerose che abitavano nelle zone rurali, mentre solitamente i figli unici non venivano presi in considerazione per l'arruolamento. I ragazzi scelti attraverso la leva, dopo essere stati condotti nella

educati in un luogo chiamato *Tfasari*. Costoro combattono valorosamente contro i cristiani ed hanno degli stipendi piuttosto esigui: ossia alcuni quattro, altri cinque o sei monete chiamate *ahtse*[124] che corrispondono al valore di sessanta corone. Costoro non possono andare a cavallo (pena la vita), se non nel caso in cui si siano ammalati. È successo anche che molti figli dei turchi sono stati fatti *Ieniferi*[125]. Il terzo ordine dei fanti è quello degli *Azaplarum*[126], la cui paga termina alla fine della guerra. Costoro, tutti figli dei Turchi, sono equipaggiati con un lungo giavellotto, una spada, e copricapi di colore rosso o un altro colore che hanno quattro spicchi e sono chiamati *Tachia*[127]. Il loro abito e la loro armatura sono diversi da quella dei *Ienitsei* e dei *Solachlari*. Costoro colpiscono nel corso della battaglia i cavalli

---

capitale, cambiavano nome, diventavano musulmani e venivano arruolati nelle scuole militari dell'impero. Dopo aver completato il corso di studi e l'addestramento militare, entravano a far parte di un corpo scelto dell'esercito e, in alcuni casi, venivano persino ammessi tra i membri dell'entourage personale del Sultano. Il potere e l'influenza dei giannizzeri con il tempo si accrebbe notevolmente e cominciarono ad esercitare una grande ascendenza in ambito politico fino a quando, al tempo del sultano Mehmet II, questo corpo militare scelto divenne l'élite governativa dello stato ottomano>>.

[124] Ossia *akşe*, moneta in argento utilizzata nell'impero ottomano.

[125] Cfr. A. Minkov, *Conversion to Islam in the Balkans*, Leiden, 2004, 76-77: "The fierce competition between Muslims, non-Muslims and the sons of Janissary for the admission to the corps clearly indicates that the institutions or any other method for enrolling in the palace school was no longer widely regarded as means of forcible removal or conversion of children". S. Lei, *Le comunità religiose non-musulmane nel mondo islamico*, Roma 2018, 303: <<Nel XVI secolo però la modalità di arruolamento delle nuove leve subì dei mutamenti considerevoli, in quanto cominciarono ad essere preferiti i figli dei giannizzeri. Nello stesso periodo, quest'istituzione cominciò ad assumere una minore rilevanza dal punto di vista militare, trasformandosi in un vero e proprio apparato governativo. Benché nella seconda metà del XVII secolo il reclutamento forzato non fosse più necessario e venne abrogato alla fine del medesimo secolo, continuò ad essere praticato in maniera sporadica fino al XVIII. In questo periodo alcune famiglie cristiane cercarono di favorire l'arruolamento dei propri figli e, secondo alcuni, a questo fine decisero di convertirsi all'Islam>>.

[126] Il termine *Azaplar* può essere tradotto con "arciere".

[127] Ossia "Taghia", dall'arabo *tāqiyyah*, termine con cui il caratteristico Fez era conosciuto in Siria e Tripolitania.

dei nemici. Vi è un altro genere di fanti chiamati *Voinichalri*[128], che derivano dalla setta greca dei *Vualahia*[129]. Costoro non ricevono alcun emolumento dal governo turco, ma vengono esentati dal pagamento della tassa della decima[130]. Costoso si occupano dei cavalli a riposo del sultano dei Turchi nutrendoli a proprie spese e allevandoli con cura, per condurli in tempo di guerra[131].

Le tende da campo del sultano dei Turchi

Quando il sultano dei Turchi lasciando Costantinopoli[132] si reca in guerra, designa due persone, delle quali uno si occupa di lui di giorno e l'altro lo precede alla prossima tappa (del viaggio), in modo da accoglierlo qui il giorno dopo. La grandezza della sua tenda è tale che, a quanti la osservano da lontano sembra una città. I principi si accampano nelle vicinanze e si sistemano intorno alla tenda del loro sultano. Seguono poi i cavalieri, che

---

[128] Qualora una comunità di non-musulmani si fosse detta disposta a fornire uomini e mezzi per servizi di difesa, veniva automaticamente esentata dal pagamento della *Jizya*.

[129] Riferimento al popolo nomade dei Vlach dediti prevalentemente alla pastorizia.

[130] Coloro che si dicevano disposti a partecipare alla difesa dello stato, anche se non erano musulmani, venivano esentati dal pagamento della *Jizya*.

[131] Testo latino: <<Primus ordo peditum est *solachlarum*, id est, sagittariorum. Tales utuntur arcu sagittis, frameis: differunt pileis a *Ienitseris*. Secundus ordo est Ienitserorum: illi etiam habent arma similia *Tsolachlarum*: pro arcu tame et fagittis harcabuso utuntur, ac una secuti. Tales omnes collecti a Christianis ibi de gentibus sub tribute, vi abrepti circumcise, in loco *Tfarai* dicto, educati, contra Christianos pugnant strenuissime ac habent satis exigua stipendia victui: videlicet alius quatuor, alius quinq; vel sex numos *Ahtse* vocatos, qui sexaginta Coronatum conficiunt: hi sub poena vitae non possunt equitare nisi aegrotent. Reperiutur etiam ex filiis Turcarum facti *Ienitferi* quamplurimi. Tertius ordo peditum *Azaplarum* est, quorum finito bello finitur ac stipendium: et sunt omnes filii Turcarum. Tales utuntur longiori hasta, framea, pileos habent rubros vel alterius coloris expano, cum quatuor angulis corniculatis, *Tachia* dictis, et different a *Ienitseris* et *Solachlaris* vestitu atq: armatura: tales persodiunt hostiu equos in bello. Deinde aliud genus peditum ex *Vualahia* sectae Graecorum, *Voinichlar* vocati: hi nihil aliud habent stipendii a Turca, quam quod immunes sunt a tributi solutione et decimis. Tales tenentur otiosos equos Regis Turcarum propriis sumptibus alendo, curamq; illorum gerendo, ducere tempore belli>>.

[132] Ossia Istanbul, nome turco dalla pronuncia medievale del greco *eis tèn pólin* ("verso la città") dell'antica Bisanzio, poi Costantinopoli (*Quṣṭanṭiniyyah*) dal 1453 sino al 1923.

occupano delle tende o da soli o a gruppi di tre. Anche i fanti hanno le proprie tende. Costoro si organizzano in questo modo affinché nessuno debba dormire sotto le stelle. I palafrenieri aprono la via all'esercito in marcia, collocando dei mucchi di pietre o in altri casi di legni per indicare la strada, affinché nelle tenebre non perdano facilmente la via. Si muovono nel mezzo della notte e fino al mezzogiorno del giorno seguente si trovano in marcia. Nel frattempo il sultano incede nel mezzo di due *Bassalari*[133] a cavallo che si intrattengono con lui. Costoro precedono i soldati a cavallo dell'ordine dei *Ienitseri*, portando delle torce ardenti nel corso delle notti scure. Seguono i *Tfauflar*, ossia i Capitanei, che hanno delle mazze di ferro oltre ai giavellotti e le frecce acuminate, con cui tengono lontani gli uomini dal cospetto del Sultano. Qui i *sulihtarlarum* ossia le milizie di coloro che seguono, tra i quali carri pieni di cinedi, ad uso del turco, e dei principi. Seguono e precedono i menzionati condottieri con un ampio numero di cavalieri e di fanti e uomini di diverse condizioni, alcuni stipendiati, altri in cerca di un guadagno e di lucro. Vi sono soltanto degli uomini perché non conducono con sé nessuna donna[134].

---

[133] Ossia i *Pasha*.

[134] Testo latino: <<Cum Constantinopolim relinques Turcarum Rex ad bellum proficifeitur, duo usurpans, cum hodie alterum pro eo tenditur, alterum ad proximam masionem sigitur, ut ibi postero die recipiatur. Magnitudo tabernaculi tanta est, ut procul visentibus urbs videatur: in proximo castrametantur Principes, et ambiunt Regis sui tabernaculum: deinde equites, qui vel singuli, vel terni tentoriu habent. Etiam pedites habent propria tabernacula: id enim ex disciplina habet, ne quis sub dio cubet. Ituro exercitui stratores viam faciut, hinc inde collocates acervos lapidum, vel utrues lignorum, ad indicium viae, adeo ut ne in tenebris quidem facile erretur. Movet se media nocte, ac usque meridiem sequentis dies in agmine sunt. Inter equitandum Rex in medio duorum *Bassalarum* cum illo colloquentes incedunt, quos praecedunt aliquot *Ienitserorum* ordinis milites in equis, ferentes candelas ardentes: et hoc sit tempore noctis obscuro. Deinde *Tfauflar*, id est, Capitanei, clavas habentes ferreas, undique cuspidatas, pellunt homines a conspectus Regis, ad iactum, vel cursum sagittae. Ibi *sulihtarlarum*, id est, stipatorum copia, inter quos currus cinaedis pleni, in usum Turcae, et Procerum. Subsequutur et praecedunt iam dicti Duces cum maximo milite equitum, etque peditum, ac diversae conditionis hominum, alii habentes stipendia, alii quaestus gratia et lucri, masculi tantum, nullis secum ducentes mulieres>>.

Il trasporto degli animali

Poi segue una moltitudine di cammelli, di muli e di asini (qualche volta erano soliti condurre anche degli elefanti che nella loro lingua sono chiamati *Fil*)[135], che portano le vettovaglie, le tende, e tutto quanto è necessario ai soldati. Dove viene fissata la tenda d'accampamento del sovrano, ognuno deve essere pronto ad agire secondo il suo ordine, proprio come in città. Qui si trovano coloro che si occupano delle riparazioni, i panettieri ed i macellai. Alcuni preparano banchetti di carni di tutti i generi e, se non possono trovarsi fresche, allora cucinano quelle cose che possono essere trasportate dagli animali, ossia pani biscotti, carne secca, chiamata *pastarma*[136], formaggio e latte coagulato. [I Turchi] sono comunque molto resistenti alla fame, alla sete ed al freddo. Raramente si fermano nelle città, ma nei campi sotto le tende, intorno ai fienili ed ai fiumi. Si occupano con maggiore cura degli animali che di loro stessi, e si accontentano di poco e semplice cibo, ossia di latte coagulato che viene sciolto nell'acqua, in cui viene inzuppato del pane sia recente o secco. [Questo vale] sia per i servi che per i signori. Affinché il grande silenzio della notte non venga interrotto da alcun rumore, non si curano nemmeno che i prigionieri possano fuggire. Quando vanno a letto e quando si alzano per procedere, tutti ad alta voce proclamano queste parole, ripetendole per tre volte, ossia *Allah, Allah, Allah*, ossia "O Dio" ripetuto tre volte[137].

---

[135] Il termine utilizzato anche nel turco moderno deriva dall'arabo.

[136] Conosciuta anche come *Basturma*. La carne con cui viene confezionata è prevalentemente quella di bovino.

[137] Testo latino: <<Deinde sequitur multitudo Cameloru, muloru, equorum (interdum solent et Elephantes eorum lingua Phil dictos, deducere) portantes victualia, tentoria, ac similia militi necessaria- et udi sigitur tentorium Turcae, ibi iam singula suo ordine tanquam in urbe parari debent. Ibi locus Sartorum, Pistorum, Macellarioru: alii parant epulas carnium omnium generum, qui si non potuerint habere carnes recentes, tunc exponunt ea quae ab animalibus vehuntur, videlicet, panes bis coctos, carnes siccas, *Paftarma* dictas, caseum, lac coagulatum. Sunt enim patientissimi famis, sitis, frigoris. Raro hospitantur in urbibus, sed in agriis sud tentoriis, circa foenilia et rinos, maiorem gerentes cura animalium, quam sui ipsorum, paruo ac satis vili cibo contenti, videlicet, dicto lacte coagulato aqua temperato, et immisso pane, vel recenti, vel bis cocto, serui pariterq; domini. Ibi silentium tempore noctis magnum, adeo ut captivos fugientes negligent, ne clamor excitertur, ob poenam iniunctam: sed cum vadunt cubitum, ac cum surgunt ad

La giustizia esercitata nel corso della guerra

La disciplina in guerra è estremamente severa, affinché nessun soldato osi appropriarsi indebitamente di qualcosa; qualora lo faccia viene punito senza misericordia. Tra di loro vi sono infatti dei normali custodi, che conservano tutte quelle cose che durante il viaggio servono ai soldati, e dei giovani servitori di otto o dieci anni che portano pane, uova, frutti, avena e cose simili. I soprannominati comandanti sono chiamati a difendere gli orti ed i campi coltivati dai loro soldati di modo che non osino prendere un solo frutto, o qualcosa di simile, senza che il padrone conceda loro il permesso. In caso contrario costoro pagano con la morte. Quando mi trovavo con l'esercito turco in una spedizione contro i persiani, vidi condannare alla decapitazione sia il cavallo che il padrone, in quanto il cavallo libero era entrato nel campo coltivato di qualcuno[138].

Il fasto della celebrazione delle vittorie dell'esercito turco

Quando viene annunciata la notizia della vittoria, in tutta la città si diffonde la letizia. Di notte tuttavia, sotto le torce, inizia la festa del trionfo. Vengono disposte delle torce di cera e di pino: le case vengono coperte di tappeti, di tende e di tessuti di seta, e lo stesso viene fatto per la via dalla quale fa il suo ingresso l'imperatore dei Turchi. In verità, comunque, il trionfo [vero e proprio] viene condotto a Costantinopoli[139], dove (il sultano)

---

proficiendum, omnes alta voce clamant haec verba, ter repetentes, *Allah Allah Allahu*, id est, O Deus, ter repetitum>>.

[138] Testo latino: <<Tanta severitas dosciplinae sit in bello, ut nemo militu ausit aliquid iniuste rapere, alioquin sine misericordia puniretur: habentur enim inter eos ordinarii custodes, sive deterniores earum rerum, quae in via occurrunt militi, ut pueros octo vel decem annorum portates venales panes, ova, fructus, avenam, ac similia. Tenentur quod, defendere dicti praefecti hortos fructnu circa iam suos, adeo ut nec ipsi audeant unum pomum, vel huismodi simile, sine licentia possidentis carpere: alioquin et tales capitis poena luerent. Cum essem in exercitu Turcae in expeditione contra Persas, vidi Tfpahiam una cum equo atque ministro decollari, quod solutus equus arva cuisdam ingressus fuerat>>.

[139] Costantinopoli, benché fosse stata fondata come insediamento urbano in un periodo piuttosto antico (658 a.C.) e venne ricostruita quasi interamente dall'imperatore romano Settimio Severo, divenne il centro politico e culturale dell'Impero Romano d'Oriente quando venne scelta da Costantino il Grande nel 330 d.C. come la capitale del suo regno. Al tempo della sia conquista da parte dei Turchi,

risiede se non si reca a condurre la guerra in qualche altra regione. Viene comunque stabilito per legge che lo stesso debba far passare tre anni prima di pensare di condurre una [nuova] spedizione nelle terre cristiane sia per l'accrescimento (dei possedimenti) del regno sia per la difesa[140].

La caccia

 Nessuna nazione sotto il sole si rallegra della caccia quanto quella turca. Inseguendo a cavallo gli animali selvatici fin nelle zone aspre e montuose, cacciano animali di diverso tipo. Se l'animale però è morto soffocato dai cani, non se ne cibano né loro e nemmeno i cristiani che abitano in quelle regioni. E, se per caso uccidono un cinghiale, lo consegnano ai cristiani di quelle regioni, in quanto ai musulmani è proibito cibarsi della carne di suino[141].

---

la città aveva ormai perduto il passato splendore e l'opulenza. Cfr. R. Mantran, *La vita quotidiana a Costantinopoli ai tempi di Solimano il Magnifico*, Milano 2018, 83: <<Quando Maometto II s'impadronì di Costantinopoli, la città non era più da diversi decenni la grande metropoli del passato: già prima del 1453 numerosi abitanti l'avevano abbandonata, e ancorché non si possa stabilire esattamente l'ammontare della popolazione nel momento della conquista, essa era molto probabilmente inferiore ai 100.000 abitanti>>; 84-85: <<Il grande accrescimento della popolazione dovette verificarsi nel XVI secolo: Bayezid II e soprattutto Selim II e Solimano il Magnifico ne furono gli artefici. Il primo trasferisce a Costantinopoli dei valacchi che si stabiliscono in prossimità della porta di Silivri. Selim I, dove aver conquistato Tabriz e una parte del Caucaso, trapianta nella capitale abitanti di quelle regioni, rinomati per le loro capacità artistiche, segnatamente nell'arte della ceramica. Lo stesso avviene dopo la conquista della Siria e dell'Egitto, e Solimano il Magnifico ricorre allo stesso procedimento dopo la presa di Belgrado, per cui siriani, egiziani e serbi vengono trasferiti a Istanbul. Altri elementi arrivano di loro spontanea volontà, per esempio i mori e gli ebrei scacciati dalla Spagna o i cristiani dei Balcani e i musulmani dei paesi arabi che sono attirati dalla rinomanza della città e dallo splendore del regno di Solimano>>.

[140] Testo latino: <<Cum renuntiatum fuerit de Victoria, in omne laetitiam sese effundunt civitates. Noctu autem sub primam facem, auspicatur triumphalem istam festivitatem, funalia, cereae tedae, faces, ubiq, dipsonuntur: stragulis, aulaeis, vestibus holofericis aedes velantur et via qua intraturus est Imperator Turcaru. Triumphum autem vero reportat Constantinopolim, ubi continue residet, si non agit bellum in aliquas regiones. Legibus tamen tenetur tribus annis elapsis ipsemet suscipere expeditionem in regions Christianorum, pro amplification regni, vel defensione>>.

[141] Testo latino: <<Nulla natio sub sole tantum gaudet venatione, quantum Turcica. Penetrante enim insequedo feras loca aspera ac motuosa in equis, capientes diversa

Gli operai ed i contadini

Gli agricoltori coltivano i loro campi per mezzo [della manodopera] dei loro servi, e sono tenuti a pagare la decima al loro sultano. Gli artigiani[142] si sostentano invece con le arti meccaniche. Coloro che si crogiolano nell'ozio muoiono di fame. [I Turchi] esercitano anche il commercio in modo molto

---

animalia: et si animal extinctum a canibus suffucatum fuerit, illo non vescuntur neque ipsi, sed nec Christiani inhabitantes illas regiones. Et is casu occidunt aprudant illum Christianis illarum regionum, quis Musulmanis prohibitum est vesci porcorum carnibus>>.

[142] Gli artigiani ed i commercianti si riunivano in corporazioni. Ogni corporazione era composta da maestri (*ustad*), operai (*kalfa*) ed apprendisti (*çirak*). Il diritto di possedere una manifattura o di esercitare il commercio è chiamato *ustalik* o *gedik* e può essere detenuto solo dai maestri. L'*ustalik* può essere trasmesso in eredità a qualcuno che comunque possa dimostrare di aver compiuto l'apprendistato relativo ad un determinato mestiere. Ogni corporazione possiede un organo direttivo responsabile dei rapporti con l'amministrazione. L'organo direttivo è composto da due funzionari religiosi, lo *Sheikh* ed il *Duaci* (colui che intona la preghiera), e da laici: i *Kethüda* [noti anche come *Kahya*) che sono propriamente i luogotenenti dello *Sheikh*, lo *Yiyi Başi* ossia il delegato ed il *Çavuş*, il cui ruolo è quello di esercitare un'attività di controllo all'interno della corporazione. A partire dal XVII secolo il *Kethüda* ricoprì la carica effettiva di capo vero e proprio delle corporazioni. Le corporazioni, oltre che a mantenere le relazioni con l'amministrazione governativa e a vigilare sugli interessi delle singole categorie di lavoratori, avevano anche uno scopo assistenziale in caso di malattia, disoccupazione ed indigenza di uno dei suoi membri.

attivo[143]. Viaggiano, infatti, in Asia Minore che ora chiamano Natolia[144], in Arabia ed in Egitto, e si spingono per mare fino a Venezia.

I Turchi hanno dei bagni in ogni città[145], dove con un rito solenne si lavano due o tre volte. Nel caso in cui urinino lavano il proprio organo riproduttore, sia gli uomini che le donne. Se invece liberano il ventre, lavano l'ano. Lo stesso fanno le donne che vengono seguite dai servi che conducono un vaso pieno di acqua. Un maschio si occupa di un maschio e una femmina della femmina. E quando escono dal bagno, le donne si ungono con un tipo di unguento che dopo mezz'ora fa cadere i peli. Anche gli uomini si radono il pube ed in nessun modo vi fanno crescere i peli, ma ogni

---

[143] L'Impero ottomano perse nel tempo la sua preminenza in ambito commerciale a beneficio dei diversi paesi occidentali -Francia, Venezia, Genova, Olanda- che con il tempo assunsero una rilevanza non solo economica ma anche politica. I turchi si servivano degli intermediari occidentali per esportare alcune delle loro produzioni e per immettere nel mercato merci e materie prime che non erano nella condizione di produrre. Cfr. S. Lei, *Le comunità religiose non-musulmane nel mondo islamico*, Roma 2018, 309-310: <<Nel periodo immediatamente successivo alla formazione dell'impero ottomano, i mercanti musulmani avevano infatti detenuto il controllo della rotta commerciale tra la Siria e l'Egitto. All'indomani delle conquiste del sultano Mehmet II (1444-1446/1451-1481), il potere ottomano riuscì infatti a garantire sicurezza di movimento per merci e persone in territori molto distanti gli uni dagli altri. Inoltre, l'innalzamento delle tasse per i commercianti non residenti in terre musulmane, mise fine al monopolio dei mercanti europei, in modo particolare francesi ed italiani, nel levante. Alla fine del XVII secolo, i mercanti cristiani cominciarono però a partecipare attivamente alle imprese commerciali su larga scala e, successivamente, grazie all'appoggio politico ed economico dei paesi europei, sostituirono sia i mercanti musulmani che quelli ebrei nella gestione delle rotte. Grazie ad una disposizione nota come "Avrupa tuccaris", inoltre i mercanti non-musulmani cominciarono a godere di maggiori privilegi commerciali rispetto a quelli musulmani. Questa disposizione nel tempo condusse ad un indebolimento dello stato ottomano in quanto le famiglie cristiane, dopo aver acquisito un potere economico piuttosto ampio, cominciarono a stringere dei forti legami politici con le diverse potenze europee>>. B. Masters, "The Sultan's Entrepreneurs: The Avrupa tuccaris and the Hayriye tuccaris in Syria." *International Journal of Middle East Studies*, 24 (4), 1992, 579-597.

[144] Ossia Anatolia.

[145] Riferimento agli *Hamam* che erano sia privati, ossia collocati all'interno delle case patronali, che pubblici. All'interno degli *Hamam* era possibile lavarsi il corpo ed i capelli, fare dei massaggi ed utilizzare una crema depilatoria per rimuovere la peluria superflua. Vi erano *Hamam* per i musulmani e per i non-musulmani. Quest'ultimi potevano comunque frequentare quelli dei musulmani ma in determinati giorni a loro riservati. Anche le donne avevano la facoltà di recarvisi, in giorni ed orari a loro dedicati.

mese due o tre volte si depilano, sia i maschi che le femmine. Si comportano in questo modo quando frequentano i luoghi di culto, altrimenti vengono consegnati ai fuochi (come violatori del luogo sacro).

Tra costoro vi sono anche delle persone abili in diversi mestieri[146] come sarti, calzolai, orafi (oro e argento) e fabbri che lavorano ogni genere di metallo, e similmente costruttori di carrozze, panettieri, tagliatori di pietre, ma non tanto capaci e d'ingegno eccellente come da noi[147].

La giustizia nei confronti dei cittadini

Tanto i cristiani quanto i turchi hanno un giudice proprio[148]; tuttavia dai musulmani viene eletto qualcuno che è tenuto ad amministrare il diritto

---

[146] Cfr. P. du Fresne-Canaye, *Voyage au Levant*, Parigi 1897, 264: <<I turchi non mancano di maestri e di artigiani eccellenti in ogni campo>>. Questo autore scrisse alla fine del XVI secolo. Cfr. P. della Valle, *Viaggi di Pietro della Valle il Pellegrino con minuto ragguaglio di tutte le cose notabili osservate in essi....*, Roma 1650, 97-99: <<In certe altre arti che non hanno tanto questa dipendenza [dalla rappresentazione per immagine, vietata ai musulmani], e nelle quali essi attendono, e premono di far bene, non solo ci agguagliano, ma tal volta anche ci superano di gran lunga. Per esempio, il cucire di ogni sorte, qui si fa in estremo bene, e molto meglio che da noi: tanto i lavori da sarti, e di qualsivoglia vestimento; quanto quelli da donne, di biancherie e di cose simili....Di scarpe, di stivali e stivaletti, e d'ogni altro lavoro di cuoio, si lavora pur eccellentissimamente. I libri si legano sommamente bene...Però quello, che de' lavori Turcheschi a me più piace son le opere, che si fanno in un certo luogo a parte, da un gran numero di botteghe della medesima arte, ivi insieme adunate, che a similitudine di quello di Napoli, lo potremmo chiamare la Selleria>>.
[147] Testo latino: <<Rustici per servos suos agros colunt, qui decimam depedunt suo imperatorii. Opifices vero artibus mechanicis se sustinent. Qui otiu colunt, fame contabescunt. Mercaturam quoque strenue exercent. Asiam minorem, quam nunc Natoliam vocant, Arabiam, Aegyptum peragrant, ad Venetos sese deferunt. Balnea in singulis civitatibus habent, ubi solenni more, bis, vel ter se lavant. Si reddunt uriam, mutonem, sive mentulam lavant. Si ventrem soluunt, podicem abluunt: idem sit a mulieribus quos sequuntur servi; vas aquae plenum gestantes, masculum masculus et foeminam ancilla. Et cum exeunt lavatum, mulieres ungunt se quoda genere unguenti, quod post mediam horam pilos cadere facit. Viri ipsimet radunt mutones, nec quovis modo finunt crescere pilos, sed singulis mensibus bisvel ter ita faciunt, tam masculi quam foeminae: et maxime cum tepla frequentant, alioquin ignibus (ut violatores sacri loci) traderentur. Habent etiam diversos artifices, ut sartores, sutores, auri, argenti, atque omni generis metalli fabros, similiter carpentarios, pistores, lapicidas, sed no tam subtilis ac parestantis ingenii, ut in istis partibus nostris>>.
[148] Cfr. S. Lei, *Le comunità religiose non-musulmane nel mondo islamico*, Roma 2018, 244-245: <<Il governo ottomano era solito dividere i territori conquistati in diverse

per tutti in modo imparziale[149]. Se qualcuno si macchia di omicidio, a sua volta sarà condannato a morte. Se qualcuno sottrae qualcosa a qualcun altro in modo indebito o si macchia di rapina in modo violento, viene impiccato, come è accaduto ad un giannizzero, che aveva bevuto del latte che una

comunità sulla base dell'appartenenza religiosa. Subito dopo la conquista di Costantinopoli (1453), la popolazione dell'impero venne distinta su base religiosa in cinque *millet*: il *Rum millet*, l'*Ermeni millet*, l'*Ermeni Katulik millet*, lo *Yahudi millet* ed il *Latin millet*. Il primo era composto dai membri della chiesa ortodossa che rispondevano all'autorità del patriarca di Costantinopoli. La comunità armena invece era stata divisa in due distinti *millet*, di cui uno professava il credo monofisita (*Ermeni millet*). I fedeli della chiesa cattolica vennero invece raccolti nel Latin *millet*, e la comunità ebraica, che comprendeva gli ebrei residenti nell'impero al momento della conquista e successivamente quelli emigrati dalla Spagna in seguito all'espulsione di massa del 1492, furono raccolti nel *Yahudi millet*. All'indomani della conquista, il sultano Mehmet II proclamò un editto in cui si garantiva alla comunità cristiana residente a Galata protezione e libertà di culto nei seguenti termini: "Che nessuno opprima o disturbi né coloro che sono stati menzionati né le loro chiese. Che vivano in pace nel mio impero. Che coloro che sono divenuti rifugiati, vivano in pace. Che ritornino ad abitare nei loro monasteri senza alcun timore in tutti i territori del mio impero". Ogni patriarca o rappresentante della comunità all'interno del proprio *millet* di appartenenza godeva di una serie di diritti garantiti e protetti dalla legge islamica quali: 1-Piena autorità su tutti i luoghi di culto ed i membri del clero, 2-Autonomia legislativa nel diritto di famiglia secondo i principi propri della religione professata, 3-Autonomia fiscale relativa al diritto di raccogliere fondi dai membri della comunità finalizzati al finanziamento delle attività religiose. Ogni *millet* inoltre aveva il diritto di scegliere il proprio patriarca, anche se l'elezione poteva essere soggetta all'approvazione del sultano, e godeva di una certa autonomia nell'ambito delle questioni non solo religiose ma anche amministrative e giudiziarie>>.

[149] L'amministrazione della giustizia è riservata ai *Cadi* che hanno le seguenti funzioni: 1-Esercitano il potere giudiziario, 2-Celebrano i matrimoni, 3-Presiedono all'affrancamento degli schiavi, 4-Comunicano ai responsabili delle diverse corporazioni le deliberazioni del governo, 5-Raccolgono le rimostranze della classe degli artigiani e dei mercanti e le comunicano al *Divan*. Gli osservatori europei hanno notato che i processi nell'impero ottomano venivano condotti con grande solerzia ed occupavano generalmente un periodo piuttosto breve. Cfr. V. de Stochove, *Voyage du Levant*, Bruxelles 1650, 148: <<Del resto non esiste paese al mondo, in cui la giustizia, penale o civile, venga esercitata con maggior prontezza, stante che i più grossi processi non durano che tre o quattro giorni>>. I *Cadi* vengono formati dagli Ulema, ossia gli studiosi esperti in legge islamica. Tutti i *Cadi* dovevano rispondere al gran muftì che risiedeva ad Istanbul noto come *şeyhülislām*. Costui aveva il compito di garantire che le leggi, i decreti ed in genere le decisioni assunte dal governo nei diversi ambiti fossero conformi ad i principi e ai dettami della legge islamica.

donna aveva portato al mercato per venderlo. Dal momento che non aveva pagato quanto dovuto, quando venne accusato davanti al giudice ha negato il fatto. [Per questa ragione] venne sospeso per i piedi con una corda e venne legato pubblicamente e, quando vomitò il latte, venne condannato all'impiccagione.

È accaduto quando mi trovavo a Damasco, nel corso del viaggio dall'Armenia a Gerusalemme. Se qualcuno si macchia di adulterio, il maschio viene condotto in carcere e, dopo qualche mese, viene riscattato dietro il pagamento di una somma di denaro; nel caso in cui ad aver commesso adulterio sia stata una donna viene posta su di un'asina e condotta pubblicamente strada per strada, e dopo essere stata denudata viene colpita con delle frustrate e lapidata, portando al collo degli intestini di bovino[150].

L'agricoltura

Sia i cristiani che i musulmani coltivano i campi, le vigne ed i pascoli. Hanno del frumento simile a quello che cresce nelle nostre regioni, il grano, il miglio, l'orzo, l'avena, fagioli, ed ogni genere di legumi, riso in abbondanza, lino e bambagia in misura maggiore rispetto a queste regioni. Possiedono anche le vigne ed utilizzano in vari modi il frutto della vite. I cristiani producono il vino ed i Turchi un tipo di miele che nella loro lingua viene chiamato *Pekmez*[151]. Alcuni vini passiti vengono utilizzati come unguenti medicamentosi, in modo che appaiano sempre freschi sia alla vista che al gusto e sono chiamati *Uzum Tursi*[152]. Hanno molti frutti in grande quantità: angurie, meloni e zucchine che riempiono orti e campi a tempo debito. Si trovano a poco prezzo, ma non in tutto il regno, noci, mele,

---

[150] Testo latino: <<Iudicem omnes habent eundem, tam Christiani, quam Turcae: ex Musulmanis tamen unu electrum, qui ex aequo omnibus ius ministrare tenetur. Si quis occidit, ipse quoq; morte subire debet. Si quis furatir, aut violenter rapiat, suspenditur: ut contigit lenitsero cuidam, qui mulierculae cuisdam portantis in forum venale lac ebiberat, non solvendo pretiu, cum accusatus coram Iudice negaret factum pedibus susrsum suspensus, chordaq; per mediu ligatus, lac statim evomuit, atq; ilico iudicio strangulatus. Hoc me praefente in Damasco contigit, cum ex Armenia Hierosolymam proficiscerer. Si aliquis adulterium commiserit, masculus in carcerem coniectus, post aliquot menses pecunia redimitur: et mulier videlicet adulterate, super asinam vicatim ac plateatim ducitur, flagris caeditur denudate atque lapidator, viscera bovis in collo habens>>.

[151] Si tratta di una specie di marmellata solitamente fatta con gli acini dell'uva.

[152] Ossia uva in salamoia, in turco "Uzum Tursusu".

pere, castagne, fichi, ciliegie, ed altre tipologie di frutti. Ci sono però dei luoghi, come la Cappadocia e l'Armenia minore, dove non possono coltivare alcuno di questi frutti (a causa del freddo considerevole)[153].

La diversità degli animali

Hanno dei pastori chiamati *Sobanlar*[154]: costoro vivono sempre in solitudine, e cambiano zona di pascolo quasi ogni mese; non hanno abitazioni né dei possedimenti tranne delle tende e le loro greggi. Costoro conducono al pascolo cammelli, muli, cavalli, bovini, ovini e caprini. Producono del formaggio e del burro, e dopo aver tosato la lana, confezionano dei mantelli dotati di cappuccio che chiamano *Ghepenech*[155] e dei tappeti, che vendono e con il cui ricavato comperano il frumento per il sostentamento della loro famiglia. Tutti i suddetti sono chiamati a pagare la decima al re dei Turchi, relativamente a tutti gli animali indipendentemente dall'anno di nascita. Inoltre i cristiani che vivono sotto il tributo, sono costretti a consegnare come (forma di) contributo un maschio[156] e -pratica alquanto crudele- tutte le donne che non hanno figli,

---

[153] Testo latino: <<Tam Christiani, quam Musulmani, agros, vineas, et pascua colunt, habentes frumentum simile nostrarum regionum, tritici, milii, hordei, avenae, filiginis, sabarum, et omnium generum legumina: in super oryzam in abundantia, lini, bombacis, plus quam hae regiones. Vineta quoq, utraq; gens possidet, fructu eius varie utentes. Christiani vinum conficiunt, et Turcae mel eorum lingua *Peemez* vocatum: unas pastas quasdam ita medicantur, ut semper ac visu, et gustu recentes appareat, has *Uzum Turbi* vocant. De fructibus in magna copia habent. Ibi peponum, melonum, cucumerum, suo tempore horti ac agri repleti. Ibi nuces, poma, pyra, mala punica, nuces castaneae, ficus, cerasa, poma narranza, et alia id genus vilo pretio, sed no in omnio regno. Sunt etia loca, ut passim in Cappadocia & Armenia minori, ubi nihil horu (propter validu frigus) possut habere>>.

[154] Ossia "çobanlar".

[155] Ossia "*kepenek*", mantello pesante utilizzato dai pastori dell'Anatolia per difendersi dal freddo.

[156] Riferimento diretto al *devscirme*, il sistema di reclutamento di bambini cristiani, provenienti in genere dai Balcani, che erano cresciuti, educati nell'Islam e addestrati per servire a Palazzo, nell'amministrazione ottomana o nelle unità militari. Cfr. S. Lei, *Le comunità religiose non-musulmane nel mondo islamico*, Roma 2018, 301: <<Il *devscirme* costituisce, secondo alcuni storici, uno dei principali fattori del processo d'islamizzazione nei territori dell'impero ottomano. Con questo termine s'intende l'arruolamento obbligatorio di adolescenti maschi di famiglie non-musulmane nel corpo dei Giannizzeri, fenomeno che si verificò dal XV secolo in poi. Il *devscirme* era una pratica regolata dalle leggi dello stato e non da quelle religiose islamiche, cui

li prendono con la forza, quando ogni cinque anni esaminano le loro abitazioni[157].

Gli edifici adibiti ad abitazioni

All'interno degli edifici non vi è molta magnificenza[158]. La maggior parte sono costruiti con dei mattoni fatti in modo duplice: alcuni mattoni sono

era del tutto estranea. Secondo le stime degli storici, tra il XV ed il XVII secolo furono arruolati tra i duecentomila ed in trecentomila ragazzi. La scelta cadeva di preferenza sui giovani originari di famiglie numerose che abitavano nelle zone rurali, mentre solitamente i figli unici non venivano presi in considerazione per l'arruolamento>>. Cfr. S. Vryonis, "Seljuk Gulams and Ottoman Devshirmes", *Der Islam* 41 (1965), 245-247. Cfr. P. Mansel, *Constantinople: City of the World's Desire*, 1453-1924, New York 1995. Questo studioso ritiene che il sistema di reclutamento per mezzo del *Devscirme* sia riconducibile alla volontà del potere ottomano di centralizzare il potere politico attraverso il supporto sia amministrativo che militare di ufficiali privi di connessioni di natura politica derivanti dall'appartenenza a clan o a famiglie di origine turca.

[157] Testo latino: <<Habet opiliones *sobanlar* appellatos: hi semper in solitudem degunt, et ad pabulu singulis fere mensibus sedes mutant, nullas prorsus domos, vel posessiones praeter tentoria, et greges armentorum possidentes, sed pascunt camelos, mulos, equos, boves, oves, ac hoedos: conficiunt cafeum, butyrum: tondent lanam, inde faciunt penulas *Ghepenech* appellatas, tapetia: ea vedunt, et inde emunt frumentum ad victum suae familiae. Omnes praedicti dependunt decimas Regi Turcarum, de omnibus quolibet anno creatis animalibus. Insuper Christiani sub tributo viventes, coguntur dare tributum, videlicet, de quolibet masculo unum, coronatum: atque, quod est crudelissimum, etiam filios omnes uxores non habentes, vi abripiunt, singulis quinq; annis perlustrantes domos eorum>>.

[158] Le abitazioni civili si dividono in *saray* (palazzi), *konak* (case signorili) ed *ev* (case del popolo). Quest'ultime costituiscono la maggioranza delle abitazioni e sono riservate unicamente per il popolo. I viaggiatori occidentali nei loro resoconti di viaggio hanno raccontato che le abitazioni della maggioranza della popolazione erano alquanto trascurate e modeste. Cfr. G. Whelet, *A Journey in Greece....*, Amsterdam 1689, 150: <<Le case private son men che mediocri, e povere. Solo il palazzo del Gran Turco, le moschee, I bagni, i mercati e i *bazestan* sono magnifici visti da lontano>>. G. Fermanel, *Le voyage d'Italie e du Levant*, Rouen 1664, 41: <<Le case private sono mal costruite ed abbastanza scomode; la maggioranza ha un solo piano. Le costruiscono in siffatto modo perché sovente il Gran Turco è il loro erede, cosicché i turchi costruiscono solo tenendo conto dei bisogni della loro vita e conservano il loro denaro, che possono più facilmente lasciare in eredità a figli e parenti, piuttosto che non gli immobili>>; Quiclet, *Les voyages de M. Quiclet à Costantinople*, Parigi 1664, 167: <<Tutte queste case sono praticamente costruite in legno e tra l'altro assai male, soprattutto i bazar (le botteghe dei mercati); quasi tutte hanno un solo piano e [Costantinopoli], che appare tanto belle vista da lontano,

cotti nei forni ed altri invece vengono seccati al sole. I tetti sono a forma di cono, allo stesso modo di qui in Europa, ma in Anatolia sono piatti come una tavola senza alcuna protuberanza. Raccolgono l'acqua piovana in canali e cisterne, che viene trasportata da loro per mezzo di un cilindro[159].

I loro abiti

Presso di loro la lavorazione della lana, del lino e della seta è piuttosto ammirevole. Indossano una veste chiamata *Chautan*[160] che ha delle frange ed arriva fino alle caviglie: non amano indossare i pantaloni come i nostri,

---

quando vi si è dentro sembra un'altra città>>. Le case signorili, i *Konak*, sono invece più grandi e strutturate. Vi sono due sezioni, il *Selamlik* riservato agli uomini, e l'*Haremlik* occupata dalle donne. Nelle abitazioni più grandi le due zone si trovano in due stabili distinti che però sono messi in comunicazione da un corridoio coperto che si estende tra i due edifici. Nella maggioranza dei casi però la divisione viene fatta all'interno di un unico edificio. L'edificio è corredato di un cortile e di un giardino. All'interno del cortile si trovano le stanze dei domestici, le cucine, i serbatori dell'acqua, ed i bagni. Il mobilio è quasi inesistente. Nelle camere si trovano degli armadi a muro dove vengono riposti gli abiti e tutto il necessario per preparare il letto, che solitamente consiste di un materasso più o meno spesso che di notte viene disteso e di giorno viene ripiegato. I pasti vengono consumati su un ampio vassoio di rame che viene portato direttamente dalle cucine. La stanza in cui il padrone di case riceve i suoi ospiti è caratterizzata da una parte sovra-elevata nota come *sofà*, sulla quale sono posizionate delle panche ricoperte di tappeti o di cuscini note come *divan*. Cfr. Du Loir, *Voyages du sieur Du Loir...*, Parigi 1735, 70: <<Tutto il pavimento è ricoperto da un tappeto da pavimento; mentre sul lato delle finestre pongono [i turchi] una predella che chiamano sofà, che poi ricoprono di un altro tappeto, più ricco di quello che ricopre il pavimento della sala. Intorno al sofà vi sono dei materassini larghi due o tre piedi, ricoperti di un terzo tappeto, più ricco ancora dei primi due. I turchi stanno seduti su questi tappeti come fanno i nostri sarti in Francia, che son soliti a lavorare a gambe incrociate e si appoggiano contro le pareti su grandi cuscini di velluto, raso e altre stoffe appropriate alla stagione>>. L. L. D'Arvieux, *Memories du chevalier d'Arvieux receullis et mis en ordre par J. B. Labat*, Parigi 1735, I-VI, IV, 454: <<Le case dei gran signori sembrano poco appariscenti viste dal di fuori, ma dentro sono magnifiche. Gli appartamenti sono spaziosi, bene ornati, dipinti e dorati, e son dotati di tutto quanto può contribuire alle comodità e al piacere di coloro che vi abitano>>.

[159] Testo latino: <<In aedibus non multa magnificentia: pleraeq; latericio opere constant, duplici ex materia: sunt enim lateres, alii fornacibus, alii sole excocti. Tecta cuneatim coeunt, quemadmodum hic, et hoc in tota Europa: sed in Natolia recta plana sunt in modu tabulati, sine ullo fastigio. Sciphones, et canales aquae pluviam demittunt, quae ad illos per cylindrum devolvitur>>.

[160] Ossia il *Kaftan*.

al fine di non stringere in maniera eccessiva gli organi genitali[161]. Tingono con del colore violaceo delle sottovesti chiamate *Gumlech*[162]. Si pongono sul capo un pezzo di stoffa sistemato a forma di torre o di piramide e lo chiamano *Tulbent*[163] oppure *Salma*. Le donne camminano con il viso coperto quando si trovano all'aria aperta[164], e non mostrano mai il volto a uomini sconosciuti e non frequentano mai il mercato. Sia le donne che gli uomini

---

[161] Cfr. J. De Thevenot, *Voyage de M. Thevenot au Levant et en Asie*, Parigi 1664, 56-57: <<Il loro abbigliamento è molto più acconcio a mettere in risalto la figura e a mascherare i difetti di quanto non lo siano le nostre amplissime e sbuffanti brache alla francese accompagnate dalle calze a fiocchi e a nastri. Portano sulla pelle un pantalone (*don*) chiuso davanti e dietro: la camicia (*gömlek*), che ha le maniche come quelle delle nostre camicie da donna, è come quella aperta, e cade sopra il pantalone; e sopra la camicia portano un *doliman*, che è una sorta di sottana che arriva ai talloni e ha le maniche strette che finiscono a semicerchio, che coprono il dorso della mano; fanno questi *doliman* in tela, in taffetà e in raso e in altre stoffe di vari colori molto ben accostati; sopra il *doliman* si cingono le reni con una cintura che può servire da turbante quando venga attorcigliata intorno alla testa, o con una cinta di cuoio larga due o tre dita, guarnita di borchie d'oro e di argento.....Sopra il *doliman* portano un ferace [*kaftan*] che è una specie di vestaglia da camera con le maniche molto larghe e lunghe circa come il braccio, anche se le tengono sempre sfilate; il che fa l'ufficio di mantello, e l'inverno se lo fanno foderare di ricche pellicce>>.
[162] Ossia *Gömlek*, camicie ampie e molto lunghe.
[163] Ossia *Tulban*, il tessuto che viene arrotolato intorno al capo a formare il turbante.
[164] Cfr. Du Loir, *Voyages du sieur Du Loir...*, Parigi 1735, 184-185: <<Quando escono [in riferimento alle donne], sono rivestite, come gli uomini, di una seconda sopravveste che serve da mantello, le cui maniche sono talmente lunghe che si vede solo la punta delle dita. Per le strade ne tengono un lembo, che incrociano sull'altro sul davanti. L'acconciatura è nascosta da un velo bianco che ricopre la testa fino alla fronte, e da un altro che ricopre il naso....>>. Le donne di umile condizione utilizzano invece un velo nero che stringono intorno alla vita e drappeggiano al fine che copra il capo ed il viso.

indossano delle calzature chiamate *Babucs*[165] o *Cfifme*[166], dotate di una suola sottostante, in modo da poterle utilizzare più a lungo[167].

---

[165] Ossia *papuç*, una sorta di pantofole. Cfr. J. Pitton de Tournefort, *Relation d'un voyage au Levant*, Parigi 1717, II, 96: <<In luogo del tallone, queste pantofole sono guardine di un ferretto spesso una linea e mezzo e largo circa quattro linee [la linea è la dodicesima parte di un pollice] curvato a ferro di cavallo, che ha la funzione di impedire che consumino il tacco; la punta termina ad arco gotico, e sono cucite molto meglio delle nostre scarpe. Benché abbiano una suola sola, durano a lungo, soprattutto quelle di Costantinopoli, dove le fanno col cuoio del Levante, il migliore ed il più leggero>>. Solo ai musulmani è concesso portare delle babbucce di colore giallo; i cristiani e gli ebrei invece possono indossarne di colore rosso e viola.

[166] Ossia "*Csisme*".

[167] Testo latino: <<Cultus illis ex materia lanae, lini et serici, satis magnificus. Veste *chautan* vocata, utuntur stricta, laciniosa, atque usq; ad talos prolixa: brachas nostras detestatur, ut nimium pudenda exprimentes. Indusia *Gumlech* dicta, sudariola violaceo colore tingunt. Caput illis aggestu pepli in turrim aedificatur, ac in pyramidem turbinatur, et talis pileus *Tulbent* sive *Salma* eorum lingua vocatur. Mulieres divitum velata facie incedunt, nunquam alienis viris vultum aperiunt, nunquam forum frequentant. Calciamenta Babucs vel Cfifme dicta, tam virorum quam mulierum, in solo sup-pactum habent, ut diutius illisi uti possint>>.

Il loro cibo[168]

Costoro consumano del pane non di pessima qualità chiamato *Echmech*[169], sia nero che bianco, come i nostri compatrioti [cristiani], ma spargono un tipo di seme chiamato *Suffam* sul pane appena ammassato, e poi lo cuociono. Questo *Suffam* conferisce (al pane) una grande morbidezza per coloro che lo masticano. I nostri non se ne cibano mai, tranne in qualche zona della Spagna, come nel regno di Granada o nelle aree intorno a Siviglia. Nella preparazione del cibo mostrano un'arte molteplice e varie tipologie di condimento. In verità il cibo è magnificente, [come ad esempio] il porridge di riso[170] che viene così addensato che con le mani possono prenderne una

---

[168] Le fonti descrivono generalmente la popolazione turca come piuttosto parca nel consumo del cibo. Cfr. O. Ghislain de Busbecq, *Itinera Constantinopolitanum et Amasianum*, 1581, 161-162: <<Credo, senza fare offesa alla verità, di potervi assicurare che la spesa di un fiammingo per un giorno basterebbe a far vivere un turco per dodici... I turchi ignorano la cucina e tutto ciò che ne deriva; sono sobrii all'eccesso e poco raffinati nel mangiare: quando hanno sale, pane, aglio e una cipolla con un po' di latte acido, non chiedono altro...Spesso si accontentano di mischiare l'acqua ben fresca al latte; così saziano l'appetito e placano la sete ardente dovuta alla gran calura>>. Du Loir, *Voyages du sieur Du Loir...*, Parigi 1735, 167: <<Sono parchi nel mangiare, sia per la quantità che per la qualità dei cibi, e malgrado non abbiano tutta la pulizia che sarebbe desiderabile, la loro mancanza è più scusabile che non l'intemperanza e l'eccesso delle tavole della maggior parte dei cristiani, dove il far onore alla tavola è più dovuto all'educazione che all'appetito, che dovrebbe essere la sola ragione del mangiare...Qui non si vedono affatto i trofei eretti alle prodezze della gola>>. I più abbienti ed i nobili, compreso il Sultano e la sua corte, consumano invece cibi più raffinati quali: 1-Il *börek*, una sorta di pasta brisè fritta o infornata ripiena di carne, spinaci o formaggio, 2-I *yaprak dolmasi*, ossia foglie di vite ripiene di riso e fegatini di agnello, 3-Le *kaymak*, ossia le creme dai diversi gusti, 4-La *helva*, dolce al miele, 4-Il *baklava* dolce millefoglie imbevuto di miele e farcito con frutta secca.

[169] In turco moderno il termine *ekmek* indica appunto il pane. Cfr. E. R. Dursteler, "Bad Bread and the "Outrageous Drunkenness of the Turks": Food and Identity in the Accounts of Early Modern European Travelers to the Ottoman Empire", *Journal of World History*, Vol. 25, No. 2/3 (June/September 2014), pp. 203-228. Coluccio Salutati riporta che i turchi erano soliti consumare un pane di pessima qualità e di tipo prevalentemente integrale in cui erano mescolati diversi semi. Cfr. Luigi Bassano, Costumi et i modi particolari della vita de ' Turchi (Rome: Antonio Blando Asolano, 1545; repr. Munich: Casa editrice Max Hueber, 1963), p. 80.

[170] Ossia il *pilav*, riso cotto nel brodo o acqua con l'aggiunta di burro.

parte. Straordinariamente non consumano pesce[171], ma si cibano di carne[172] di ogni tipo tranne quella di suino. Qui in nessuna taverna designata per il pernottamento o negli alloggi pubblici, come accade presso i nostri correligionari, vengono venduti in piatti diversi tipi di cibo insieme ad altre cose necessarie al vitto[173].

Le loro bevande

Costoro consumano tre tipologie di bevande: la prima viene preparata con lo zucchero, da loro chiamato *Secher*[174], o con il miele diluito nell'acqua. Questa bevanda è nota come *Tferbeth*[175]. La seconda viene preparata con gli acini dell'uva passa cotti nell'acqua, a cui viene aggiunta dell'acqua di rose e qualche volta del miele. Questa bevanda viene chiamata *Hoffaph*[176] e viene venduta in ogni parte della Turchia, ma è piuttosto dolce ed infiamma l'intestino. La terza bevanda viene tratta dalla marmellata di uva chiamata *Pechmez*[177], ed è preparata con il mosto, una specie di miele che appare tale

---

[171] Fonti attestano che il consumo di pesce fosse praticato dagli stranieri e dai non-musulmani.

[172] Per la maggior parte dei casi la carne è quella di montone che, secondo il modo in cui viene cucinata, assume i seguenti nomi: 1-*şiş kepab*, ossia carne macinata e cotta su degli spiedini, 2-*döner kepab*, ossia fettine impilate ed arrostite su uno spiedo girevole, 3-*pideli kepab*, ossia carne cotta insieme ad un tipo particolare di pane. In alcuni casi la carne viene anche preparata in polpette (*köfte*).

[173] Testo latino: <<Utuntur et ipsi quoq; non pessimo pane Echmech dicto, nigro et albo, quemadmodum et nostrates: sed illi spargunt quoddam genus seminis suffam vocatum, super recentem panem, postea coquitur, quod tribuit magnam suavitatem manducantibus, quo nusquam utuntur nostri, preterqua in Hispania passim in quibusda locis, videlicet in regno Granatae, atque circa Civiliam. In eduliis illis multiplex ars, et varia conditura: cibus vero maxime solennis est, puls ex oryza, ita addensata, ut partes inde manibus decerpantur. Piscium mira abstinentia. Carnibus omnibus ututur, praeter porcinis. Nullae ibi tabernae hospitiis designatae, aut publica diversoria, queadmodu apud nostrates, tamen in plateis diversa venduntur cibaria, et alia huiusmodi ad victum necessaria>>.

[174] *Seker* in lingua turca viene utilizzato per indicare lo zucchero.

[175] Ossia lo *Sherbet*.

[176] Ossia *Hoşaf*, un dessert preparato con acini di uva, o albicocche secche, fichi secchi oppure prugne secche. La frutta viene fatta bollire nell'acqua con l'aggiunta di zucchero, e qualche volta anche di cannella.

[177] Ossia il *pekmez* cui è stato fatto riferimento precedentemente.

al gusto ed alla vista. Dopo essere stato diluito nell'acqua, viene portato dai servi per essere bevuto[178].

Del modo in cui siedono e consumano il pasto

Il cibo che deve essere consumato viene posto su delle stuoie di giunchi chiamate *Hactfer*[179]. Poi distendono dei tappeti o dei cuscini. Altri invece si siedono sulla nuda terra. La loro mensa chiamata *Tfophra*[180] è fatta di pelle e viene distesa e poi ripiegata come una borsa. Non si siedono come i nostri correligionari e nemmeno come facevano gli antichi quando si distendevano, ma incrociano le gambe come fanno i sarti. Prima di mangiare, iniziano con la preghiera. Poi mangiano in grande silenzio e velocemente e nel frattempo tengono tutte le donne nascoste. In verità, i servi, dopo il dodicesimo anno di età, non sono ammessi nella casa in cui si trovano le donne, ma fino al dodicesimo anno i ragazzini, entrando ed uscendo, portano tutto quello che è necessario agli adulti che vivono in disparte segregati in casa. I prigionieri non hanno il permesso di uscire, se non in compagnia delle spose dei Turchi, quando si recano ai bagni, o in qualche altro luogo di ricreazione al di fuori della città, negli orti o nelle vigne (come spesso sono soliti fare), ma lavorano sempre restandosene nascosti nelle case, e nemmeno viene permesso ai prigionieri di conversare con i servi. Quanti leggeranno di [questo argomento] nel luogo debito, ossia nel capitolo seguente sulla sofferenza dei prigionieri, potranno capire meglio [quello che intendo][181].

---

[178] Testo latino: <<Triplex illis potus: primus ex succaro, ab illis Secher vocato, aut melle diluto aqua: Tferbeth appellatur is potus. Secudus ex uvis passis detractis acinis in aqua decoctis: additur deinde aqua rosacea, et aliquantulum veri mellis, ac hic potus Hoffaph vocatur, atque venditur ubiq: locorum in Turcia: est enim dulcis, et inflat ventrem. Tertium sit ex illo defruto Pechmez appellato, quod est musto factum, speciem mellis prae se sert gustu atque visu: diluitur enim aqua, ac datur servis ad bibendum>>.

[179] Ossia *Hasir*, termine traducibile come tappeto e stuoia.

[180] Ossia *sofra*, parola che in turco moderno viene solitamente tradotta con "tavolo".

[181] Testo latino: <<Cum manducandum est, subiiciunt storeas *Hactfer* vocatas, deinde insternunt tapetia, aut pulvinaria. Alii in nuda humo diseumbunt. Mensa illorum *Tfophra* dicta, ex corio sit, et explicatur, et contrahitur, ut marsupium. Non assident nostrorum more, nec discumbunt veterum ritu, ut cubito innitantur, sed decussatim pedibus inter se complicatis, more sartorum. Antequam cibum fumant, oratio praemittitur. Raptim comedut, et magno silentio: interim omnes uxores in abdito

Il saluto dei turchi, dei persiani e degli arabi

Sellam aliech Tsultanum[182], [Che la pace sia con te, o sultano][183].

Sellam aliech Baba[184], [Che la pace sia con te, o padre][185].

Sellam aliech Ana[186], [Che la pace sia con te, o madre][187].

È lecito salutare in questo modo secondo la dignità della persona[188].

In che modo rispondono

Alechmi sellam Rahmatullah[189], [Sia con te la pace e la misericordia di Dio].

Berechyat, ossia benedizione e *tseudigum*, ossia amico mio[190].

Dialogo tra un turco ed un cristiano.

Il turco si rivolge al cristiano nel modo seguente:

Handa gidertsen bre Giaur?[191] [Dove vai, o cristiano?]

---

tenant. Servi vero post duodecimum annum, non permittuntur domum, ubi mulieres sunt, ingredi, sed infra duodecimum annum pueri ingredientes, et egredientes deferunt maioribus necessaria, qui in alia domo segregati procul habitant. Captives vero non habent licentiam egrediendi foras, nisi cum mulieribus Turcarum, cum vadunt in balnea lavarum, vel alio extra urbem recreationis in causa in hortos ac vineas (quod saepe facere solent) sed sempre in domibus latitantes operantur, nec permittitur illis cum captivis servis conversari, prout suo loco, videlicet in sequenti capitulo de Afflictione captivorum, legentes latius intelligere poterunt.

[182] Ossia "Selam sana Sultanım". Cfr. Beytullah Bekar, Adam Kraft'ın 1596 Tarihli 'Türklerin Dinleri, Savaş Yöntemleri, Geçim Kaynakları, Başarı ve Çöküşlerinin Sırları' Adlı Eseri, Dil ve Edebiyat Araştırmaları (DEA), *Bahar*, 2019; (19) 159-181

[183] In latino: <<Pax tibi Princeps>>.

[184] Ossia "Selam sana Baba"

[185] In latino: <<Pax tibi Pater>>.

[186] Ossia "Selam sana Ana".

[187] In latino: <<Pax tibi Mater>>.

[188] In latino: <<Ita et alios seriatim secundum dignitatem personae salutare licebit>>.

[189] Ossia "Allah'ın selamı ve rahmeti üzerine olsun sevdiğim".

[190] In latino: <<Et tibi quoq; pacem donet misericordis Deus. Benedictionem amice mi.

[191] Ossia "Nereye gidersin bre gâvur".

Il cristiano risponde nel modo seguente:

Stambola giderum Tsultanum[192], [Mi reco a Costantinopoli].

Il turco [gli domanda ancora]:

Ne issum var bu memleketten?[193], [Quali occupazioni hai in questi territori?]

Il cristiano risponde:

Bezergenlik ederum, Affendi[194], [Esercito il mestiere di mercante, o Signore].

Oppure:

Maslahatom var anadolda, [La mia attività si trova in Asia][195].

Il turco [domanda]

Ne habar scizum gilerden?[196], [Quali nuove porti dalle tue parti?]

Il cristiano [risponde]

Hits neste bilmezom tsaa dimege[197], [Non so quali notizie desideri conoscere, al fine di comunicartele].

Il turco [afferma]

Gioldassum varmi tsenumle?[198], [Qualcuno è venuto insieme con te?]

---

[192] Ossia "İstanbul'a giderim Sultanım".
[193] Ossia "Ne işin var bu memlekette?".
[194] Ossia "Bezirgânlık ederim efendi, maslahatım var Anadolu'da".
[195] Testo latino: <<Quo vadis o Christiane? Constantinopolim versus pergo Princeps. Quid negotii habes in his regionibus? Mercaturam exerceo, Domine. Mihi negotium est in Asia>>.
[196] Ossia "Ne haber sizinkilerden".
[197] Ossia "Hiç[bir] şey bilmem sana demeye".
[198] Ossia "Yoldaşın var mı seninle?".

Il cristiano [risponde]

Ioch, Ialanuz gheldum[199], [No, sono venuto da solo].

Il turco [domanda ancora]

Benumle gelutmisun?[200], [Vorresti venire con me?]

Il cristiano [risponde]

Irachmider tsenum sataghom?[201], [È lontano il tuo alloggio?][202]

Il turco [afferma]

Iachender bundan gustereim tsaa[203], [È vicino. Te lo mostrerò].

Il cristiano [dice]

Gel ghusteriuere Allaha tseuertson[204], [Fammi vedere, per amore di Dio].

Il turco [afferma]

Kalch iochari tur bonda[205], [Alzati presto! Si trova qui...]

Il cristiano [chiede]

Hangi daraftan der bilmezum[206], [Non capisco in quale parte].

Il turco [afferma]

Tfag eline bacha ghun doghutfine, [Guarda a destra, verso est][207].

---

[199] Ossia "Yok, yalınız geldim".
[200] Ossia "Benimle gelir misin?"
[201] Ossia "Irak mıdır senin yatağın?".
[202] Testo latino: <<Quid novi fertur in vestris partibus? Nescio quid novi scire cupis, ut dicam tibi. Est ne tibi comes? Non, sed solus veni. Mecum placet ne venires? Est ne procul tuum hospitium?>>.
[203] Ossia "Yakındır buradan göstereyim sana".
[204] Ossia "Gel gösteriver Allah'ı seversen".
[205] Ossia "Kalk yukarı dur burda".
[206] Ossia "Hangi taraftadır bilmem".
[207] Ossia "Sağ eline bak gün doğusuna".

Il cristiano [domanda]

Bir buch evv atsarghibi gurunur ornider?[208] [Quella costruzione alta, che sembra quasi un castello?][209]

Il turco [afferma]

Gercsekson oder, iaken deghilmi?[210] [Sì è vero; è quella].

Il cristiano [dice]

Alaha tsmarladoch tseni. Ben oraa gitmezom[211], [Ti affido a Dio, non verrò].

Il turco [domanda]

Bre neden korkartso? Nitcie gelmetso? [Di cosa hai paura? Per quale ragione non vieni?][212]

Il cristiano [risponde]

Benum iolum oraa deghlder[213], ossia [la direzione] del mio viaggio non si trova da quella parte.

Il turco [afferma]

Vargeth tsagloga eier ghelmeson[214], ossia con i migliori auguri, se non vuoi venire[215].

---

208 Ossia "Bir büyük ev hisar gibi görünür o mudur?"
209 Testo latino: <<Prope est, hinc ostendam tibi. Veni ostende, si Deum amas. Erige te sursum, sta hic. In qua parte est, nescio. Ad dextera respice ad orientem. Una alta domus tamquam castellum apparet, illudne est?>>.
210 Ossia "Gerçekten odur, yakın değil mi?"
211 Ossia "Allah'a ısmarladık seni, ben oraya gitmezim".
212 Ossia "Bre neden korkarsın niçin gelme[z]sin".
213 Ossia "Benim yolum oraya değildir".
214 Ossia "Var git sağlıkla eğer gelme[z]sen".
215 Testo latino: <<Verus es, illud est, nonne est? Deo commendo te. Ego illac non ibo. He quem times? Quare non venis? Meum iter illac non est. I bonis avibus, si non vis venire>>.

Il cristiano [afferma]

Gegsien hair oltson[216], ossia che la notte ti sia fausta.

Il turco [risponde]

Aghbate hair oltfon[217], ossia che ti sia propizia.

Il cristiano esclama:

Ben kurtuldom tsoch succur Allaha[218], ossia sono esentato dall'obbligo, grazie a Dio[219].

Generoso lettore, non hai alcun bisogno di questi pochi vocaboli in lingua turca, ma li ho aggiunti come mezzo di svago, affinché divenga consapevole di quanto sia grossolana e barbara [la loro lingua]. Dio l'Eccelso ha permesso che la nostra lingua sia maggiormente necessaria a loro rispetto a quanto sia la loro per noi[220].

---

[216] Ossia "Gecen hayır olsun".
[217] Ossia "Akıbet hayır olsun".
[218] Ossia "Ben kurtuldum çok şükür Allah'a".
[219] Testo latino: <<Nox fausta tibi fit. Et tibi foelicior. Ego liberatus sum, summa laus Deo>>.
[220] Testo latino: <<Haec pauca Turcicae linguae vocabula tibi non necessitatis, sed delectationis gratia, generose lector, adiuxi; ut scias quam sint crassa atque barbare. Faxit Deus Opt. Max. ut illis nostra magis, quam nobis eorum sint necessaria. Vale>>.

Capitolo II

Relativamente alla sofferenza dei prigionieri che sotto il pagamento di un tributo vivono da cristiani

In che modo i cristiani catturati in guerra dai Turchi vengono venduti[1]

Quando l'imperatore dei Turchi intraprende una spedizione militare contro i cristiani, tra gli altri mercanti giunge sempre una moltitudine di trafficanti e di coloro che si occupano di cammelli. Costoro nella speranza di acquisire degli schiavi portano con sé delle catene lunghissime, con le quali possono facilmente legare 50 o 60 persone in fila. Costoro non vengono acquisiti in battaglia, ma dai predoni. Questa pratica viene consentita dalla loro legge, qualora venga pagata al principe la decima dei prigionieri. È stabilito che i restanti rimangano prigionieri o per essere utilizzati da costoro o per essere venduti. Presso costoro tale commercio non è né abbastanza frequente e nemmeno abbandonato, come una volta era stato presso i Romani, per cui le merci che non avevano alcun difetto e nei quali l'evizione non doveva essere temuta, venivano chiamati schiavi[2].

---

[1] Gli schiavi erano per la maggior parte dei prigionieri di guerra. Bisogna comunque distinguere tra "schiavo" (*köle*) e "prigioniero" (*esir*). I prigionieri potevano infatti riottenere la libertà o per mezzo del riscatto o attraverso uno scambio di prigionieri. Qualora queste due opzioni non fossero state possibili per un gruppo di prigionieri o per un prigioniero, allora sarebbero divenuti degli schiavi e come tale sarebbero stati condotti al mercato apposito per essere venduti. Cfr. Faroqhi S., *The Ottoman Empire and the World Around It*, 135: <<Where prisoners of non-Ottoman background in the Empire are concerned, a systematic collection of the rather numerous references to such people in sixteenth- and seventeenth-century European travel accounts also seems promising>>. Tra gli ex prigionieri europei dei turchi ottomani che hanno scritto delle memorie relativamente alla loro prigionia possiamo ricordare: Johann Schiltberger (1460), Giorgio d'Ungheria (1481), Bartolomej Georgijević (1553)-l'autore del presente documento- Václav Vratislav z Mitrovic (1599) e Štefan Pilárik (1666). Giorgio d'Ungheria nacque nel 1422 in Transilvania e, dopo essere stato catturato nel corso dell'invasione turca (1438), venne condotto come prigioniero di guerra ad Adrianopoli -che prima della conquista di Costantinopoli era la capitale dell'impero turco. Dopo venti anni di prigionia, si trasferì a Roma dove, dopo essere divenuto monaco, scrisse *Tractatus de moribus, condicionibus et nequitia Turcorum* (Trattato sulla morale, i costumi e la malvagità dei Turchi) nel 1481, al tempo dell'invasione di Otranto.

[2] Testo latino: <<Scuscipienti Turcarum Imperatori adversus Christianos expeditione, inter reliquos mercatores sempre comes est ingens turba mangonum,

A cosa l'imperatore dei Turchi destina i propri schiavi[3]

Gli anziani ed i giovani, che ha ottenuto secondo la decima, sono distinti in modo tale che le persone più anziane, che tuttavia vengono catturate solo occasionalmente, siano assegnate ai lavori agricoli. Raramente infatti mostrano interesse verso costoro, in quando l'età avanzata li rende poco appetibili per il mercato. I giovani e le fanciulle vengono relegati in determinati luoghi, che nella loro lingua chiamano *Saras*[4], dove vengono istruiti in determinate arti, delle quali si possono servire successivamente

---

& lanistarum, camelis infidetium. Hi in spem manciopiorum longissimas catenas secum deferunt, in quibus facile quinquagenti aut fexageni per feriem colligatur. Idem quoscunq; non absumit hostilis gladius, a praedatoribus emunt, quod illis ea lege permissum est, si principi decimas mancipiorum praestent: reliquos ipsis vel in suum usum, vel ad nundinatione detinere fas est, ne culla apud illos uberior aut frequentior mercatura, ut ac olim apud Romanos fuit, qui merces nullo vitio emptas, atque in quibus evictio timeri non debuit, res mancipi appellabant>>.

[3] Cfr. K. Siska, "Slavery in the Ottoman Empire", *Journal on European History of Law*, vol. 7, n. 2, 2016, 71-79. Nel mondo islamico, secondo precisi comandi coranici, lo schiavo era detentore di diritti e in alcuni casi, quando venivano violati, aveva la possibilità di denunciare il suo padrone presso un tribunale. Qualora le sue accuse fossero risultate veritiere, nella maggior parte dei casi poteva riacquistare la propria libertà. Cfr. Il Sacro Corano 2:177: <<La vera pietà non si trova nel volgere il volto verso Oriente o Occidente. La vera pietà consiste nel credere in Dio, nell'ultimo giorno, negli angeli, nel libro e nei profeti. La vera pietà consiste nello spendere i propri beni per amore di Lui, per la famiglia, gli orfani, i bisognosi, i viandanti, per coloro che chiedono e per la liberazione degli schiavi. La vera pietà si trova nella costanza nella preghiera, nella pratica regolare della carità e nel rispetto dei patti. La vera pietà sta nella fermezza e nella paziente perseveranza nel dolore, nelle avversità e nel timore. Costoro sono i veritieri; costoro sono i timorati di Dio>>; 4:92: <<Un credente non dovrebbe mai ucciderne un altro. Però, se accade per errore, è dovuta una compensazione. Se qualcuno uccide un credente, gli viene ordinato di liberare uno schiavo credente e pagare una compensazione alla famiglia del deceduto, a meno che non lo rimettano liberamente. Se il deceduto appartiene ad un popolo in guerra con voi, ed era credente, la liberazione di uno schiavo credente [è sufficiente]. Se appartiene ad un popolo con cui avete stretto un trattato di alleanza, alla sua famiglia deve essere pagata la compensazione e deve essere liberato uno schiavo credente. Per coloro, che trovano questi comandi superiori alle proprie possibilità, è prescritto un digiuno per due mesi consecutivi come via di pentimento verso Dio. Egli possiede tutta la conoscenza e tutta la saggezza>>.

[4] Ossia "palazzo". Le schiave sono di origine russa e caucasica. Molto spesso i trafficanti le istruivano nell'arte del ricamo, del canto o della danza al fine di renderle adatte alla compagnia dei nobili. Cfr. Du Loir, *Voyages du sieur Du Loir...*, Parigi 1735.

in modo opportuno. Per prima cosa. dopo aver rinunciato alla fede cristiana, costoro vengono circoncisi. Dopo essere stati diligentemente ammessi agli usi di costoro, vengono considerati secondo la fisiognomica dei lineamenti del corpo, o per indole, e vengono destinati ad imparare le leggi della loro gente o all'esercito, se la forza del corpo appare superiore a quella dell'ingegno. Come stipendio quotidiano[5] vengono assegnati loro tre achefe[6], che chiamano aspras[7], di cui sessanta corrispondono ad una corona che reputano sufficiente per il vestiario e per il cibo, fino a quando non

---

[5] La legge islamica consente agli schiavi di possedere delle proprietà e di lavorare al fine di pagare per la propria liberazione. La giurisprudenza islamica divide gli schiavi nelle seguenti categorie: 1) *Mukātab*, uno schiavo, il cui padrone si dice d'accordo alla sua liberazione in seguito al pagamento di una determinata cifra, 2) *Mudabbar*, ossia uno schiavo cui viene promessa la libertà dal padrone dopo la morte di quest'ultimo, 3) *Umm Valid*, ossia una schiava che partorisce un figlio al suo padrone. In quest'ultimo caso la donna, dopo la morte del suo padrone, riacquistava la libertà ed i suoi figli ereditavamo dal proprio padre come degli eredi legittimi. Le schiave che generavano dei figli del Sultano ricevevano il titolo di *Haseki* e, qualora fosse stato un maschio, ricevevano il titolo di *Sultana*. Cfr. K. Siska, "Slavery in the Ottoman Empire", *Journal on European History of Law*, vol. 7, n. 2, 2016, 71-79, 77. Tra le più importanti donne che da schiave assunsero un ruolo importante nella corte dei sultani ottomani ricordiamo Ayse Hafsa Sultana, la madre di Solimano il Magnifico, Hurrem Sultana, la sua sposa, e Kosem Sultana, la nonna di Mehmet IV. Quest'ultima per un lungo periodo, dopo la morte del Sultano Ahmed I, esercitò il potere di reggente sia per il figlio Murad IV sia per il nipote Mehmet IV.
[6] Ossia *Akçe*, monete di argento. Il termine "Ak" nel turco antico significa bianco.
[7] Gli *Akçe* erano noti in Europa con il nome di "aspri". L'aspro conteneva una percentuale di rame, il che permise che venisse fortemente svalutata nel corso del tempo. All'epoca del Sultano Selim I (XVI secolo) una piastra (*gurus*) valeva 40 aspri, nel 1630 invece per una piastra servivano 125 piastre. Cfr. R. Mantran, *La vita quotidiana a Costantinopoli ai tempi di Solimano il Magnifico*, Milano 2018, 236-237: <<Se nel XVI secolo l'Impero ottomano, grazie alle sue conquiste, ha conosciuto una grande prosperità e una grande abbondanza monetaria, alla fine di questo secolo è in preda ad una crisi finanziaria dovuta alle spese forsennate affrontate dai sultani per l'abbellimento di Istanbul e delle altre grandi città dell'impero e per il mantenimento del numeroso seguito e dello smisurato esercito. Le entrate non bastano più; di spedizioni fruttuose neanche l'ombra; nella metà del XVII secolo la crisi si aggrava; il bilancio è costantemente passivo; il governo batte moneta di basso conio con cui spazza via dal mercato la moneta aurea e argentea e le altre monete buone. Si produce allora una fuga dell'oro e dell'argento verso l'Occidente, ma anche verso l'Oriente, dove le carovane portano moneta buona e lingotti per acquistare le merci della Persia e delle Indie. L'Impero ottomano diventa così una zona di transito dove non circola altro che la moneta bassa>>.

giunge il tempo di recarsi in una spedizione militare. I rudimenti dell'arte militare vengono insegnati nel modo seguente: per prima cosa, a causa della debolezza delle forze, viene consegnato un arco più leggero, quando poi aumenta sia la forza che la perizia, (l'arco diviene) più grande e più pesante, fino a quando non diviene adatto per la guerra. Il maestro è severissimo ed esige un esercizio quotidiano; nel caso in cui commettano degli errori, vengono frustrati. Costoro vengono assegnati all'ordine dei *Solaclarorum*[8], ossia degli arcieri. Altri imparano quanto consente loro di essere ammessi tra i *Ieniteseri*[9]. Costoro hanno dei precettori, che li forzano ad un quotidiano esercizio fisico, in cui combattono a due a due con i bastoni. Coloro che rimangono, nei quali è maggiore la grazia della bellezza fisica[10], vengono trasformati in modo tale che nulla di virile appaia in tutto il corpo, con un doloroso cambiamento dell'esistenza. Se riescono ad evitarlo, ne scampano solo per servire una scellerata libidine. Quando la loro bellezza comincia a svanire, vengono destinati ai compiti degli eunuchi, come occuparsi delle donne, o come custodi di cavalli ed asini oppure vengono aggiunti al personale che lavora nelle cucine[11].

---

[8] Ossia *Solak*, corpo dei giannizzeri che aveva il compito di proteggere il sultano sia nel corso delle battaglie che nelle cerimonie ufficiali.

[9] Ossia i giannizzeri.

[10] Cfr. Ezgi Dikici A., "The Making of Ottoman Court Eunuchs: Origins, Recruitment Paths, Family Ties, and 'Domestic Production'", in Hazai G. (ed.), *Archivum Ottomanicum*, 30 (2013), 105-137.

[11] Testo latino: <<Senes atque utriusq, sexus iuventutem, quae illi decimarum nomine obtigit, ita discernit, ut grandiorem aetatem ad agriculturam vendat, qui tamen rarissime capiuntur: raro enim eis parcunt, quos aetas multorum annorum parum vedibiles fecit. Puellas vero et iuvenes ad certum locum relegant, qui ipsorum lingua *saras* vocatur, ut ibi certis artibus instruantur, quo illis in posterum commodious utantur ac primum id agitur, ut abnegate Christiana fide, circuncidantur. Iamque, eorum caeremonis initiate diligenter pensitatis per Physiognomia liniamentis corporis, pro cuiusque; indole, vel ad leges eius gentis discendas, vel ad militiam destinantur, si maior vis corporis quam ingenii appareat: danturuq; in stipendium quotidiaum duo vel tres *Achefe* nummi, quos *Afpras* vocant, qui sexaginta, faciunt unum coronatu: id ad cibarium et vestiarium sufficere arbitrantur, donec in expeditionem sit abeundum. Rudimentis militia, ita imbuuntur: primum pro teneritudine virium datur levior arcus, mox crescente robore ac peritia, grandior ac gravior, donec bello sit idoneus. Adest magister severissimus exactor quotidiani excerciti: quotiescunq, a scopis errant, toties flagris caeduntur: atq; isti aseribuntur ordini solaclarorum, id est, sagittarioru. Alii in hoc erudiuntur, ut Ienitseris cooptentur. Isti quoa, suos praeceptores habet, qui illos ad

In che modo si comportano con le fanciulle, senza considerare le donne

Coloro che sono dotate di un'attraente bellezza vengono scelte come concubine; quelle che invece sono di aspetto mediocre sono consegnate alle matrone come serve, e sono chiamate ad esplicare dei compiti così disgustosi che decentemente non so come descriverli. Sono costrette infatti a seguirle con un recipiente pieno di acqua, quando si recano ad espletare i propri bisogni naturali al fine di pulire le parti intime. Altre invece vengono destinate alle opere delle schiave come la tessitura. A nessuno di costoro è concesso o preservare la fede cristiana oppure mantenere la speranza della libertà a lungo desiderata[12].

In che modo il resto dei turchi si comporta con gli schiavi

Abbiamo fino ad ora fatto riferimento al modo in cui si comporta il sultano dei Turchi. I privati cittadini, quando ricevono quanti sono stati appena catturati, li sottopongono alle minacce, alle promesse ed alle blandizie, affinché colui che è stato recentemente ridotto in schiavitù accetti la circoncisione[13]. Nel caso in cui venga circonciso, viene trattato in modo più umano. Comunque, la speranza di tornare in patria è del tutto inesistente. Infatti la punizione del fuoco è destinata a colui che vi tenta. Coloro che reputano essere i più robusti e veloci nei movimenti, vengono destinati dai padroni alle opere militari. Successivamente o vengono cacciati via dal padrone dopo anni, in quanto vengono reputati inutili, oppure il padrone nel corso della guerra e tra i pericoli della morte gli lascia in eredità la

---

quotidianam batuationem cogunt: bini inter se baculis decertant. Reliqui proh nefas, in quibus maior gratia formae, ita abscinduntur, ut nihil virile in toto corpore appareat, gravissimo cum discrimine vitae: quod si evadant, non in aliud sunt incolumes quam in obsequium sceleratissime libifinis: mox senescente pulchritudine, ad officia eunuchorum, ut matronas fervent, deputantur, aut custodiendis equis ac mulis, aut culinae ministeriis addicuntur.

[12] Testo latino: <<Quae luculentae pulchritudinis sunt, eliguntur in concubinas: mediocres dantur matroniis ad official pedissequarum, inter que adeo sunt nonnulla foeda ministeria, ut honeste dici noqueant: coguntur enim illas sequi cum vasculo aquae, quando ad exonerandum aluum, & perpurgandum eas partes egrediuntur. Aliae ancillaribus operibus, ut textrinae, mancipantur. Nullis ex omnibus liberum est vel Christiana fidem reservare, aut spem libertatis, quam diu viuit, concipere>>.

[13] Quest'espressione indica la conversione all'Islam.

libertà. A costoro è concesso di contrarre matrimonio, ma i loro figli sono separati (o venduti) secondo la volontà e la scelta del padrone. Per questa ragione, i più saggi tra di loro hanno in odio il matrimonio. Coloro che, invece, rifiutano di venire circoncisi, vengono trattati in modo terribile: ho fatto esperienza di questa miseria per tredici anni, e con nessuna parola posso descrivere la disperazione di questo genere di vita[14].

In che modo si comportano con quei cristiani che non hanno alcuna conoscenza delle arti e dell'artigianato

Il destino e (la condizione) di coloro che non posseggono alcuna conoscenza dell'artigianato è la più terribile: infatti solo queste conoscenze sono fonte di rispetto e di valore. Invece gli intellettuali, i sacerdoti, i nobili, che vivono in pace e tranquillità (senza compiere alcuna occupazione manuale), quando cadono nelle mani di costoro, sono costretti a subire una sorte miserevole. I commercianti di schiavi non li sostentano (adeguatamente) in quanto non vi ricavano alcun guadagno, poiché difficilmente possono essere venduti. Per questa ragione, costoro con i piedi in ceppi camminano con il corpo quasi nudo. La loro condizione infatti non consente loro di mantenere i soliti abiti. Tra le nevi e tra le pietre, d'inverno e d'estate, si trascinano fino a quando non muoiono o trovano un padrone stupido, che compra quella merce di dubbia qualità: questo è il modo in cui costoro vengono giudicati. Inoltre nessuno di costoro è tanto fortunato per condizione, età, carattere e aspetto che, qualora sia malato, lo depongano sulla strada presso un ospizio. Prima viene costretto a camminare con delle frustrate. Se questo non è possibile, viene posto su di un asino. Qui, se non è nella condizione di sedersi, viene legato con il corpo sdraiato, come

---

[14] Testo latino: <<Hactenus quid Imperator Turcarum ahat, diximus: nunc quid privati isti, cum primu novitios adepti sunt, omnibus minis, promisis, blanditiis agunt, ut recens mancipium circuncisionem admittat: id ubi secerit, humanius aliquato tractatur: caeterum spes redeunti in patriam plane abscissa est: conanti enim id poena incendii destinata est. Hi quis firmiores creduntur, ac mimis fugaces, a dominis ad ministerial castrensia affumutur: libertas tum demum competiti, ubi vel ipse annis inutilis potius reiicitur a domino, quam dimittitur: vel ubi dominus in bello inter pericula mortis libertatem legarit. Matrimonia illis quidem permissa sunt, sed liberi eorum pro arbitrio Domini distrahuntur: quae res sapientiores a nuptiis abhorrere facit. Alios qui circucisionem repudiant, immaniter tractant: quam miseriam per tredecim annos expertus sum, nec ullis verbis eosequi possum, quid sit calamitatis in hoc genere vite>>.

qualsiasi altra merce o pacco. Quando sta per morire, dopo che gli vengono tolti gli abiti, viene abbandonato in una valle vicina ai cani ed agli avvoltoi[15].

In che modo coloro che sono stati recentemente catturati vengono condotti in viaggio

Costoro non solo connettono i diversi prigionieri con le catena, ma nel viaggio aggiungono dei ceppi alle mani. Vengono condotti secondo un unico passo al fine che non si calpestino a vicenda. Si comportano in questo modo al fine di non essere lapidati dagli schiavi. Infatti i trafficanti conducono un ingente numero di schiavi, in modo che spesso hanno dieci o spesso quindici uomini incatenati insieme e temono la forza di una tale moltitudine, se avessero le mani libere per lanciare qualcosa. Comunque, nel luogo in cui si fermano per la notte, opprimono anche i loro piedi con i ceppi e, li espongono ad ogni ingiuria dell'aria (mentre si trovano in posizione supina). La condizione riservata alle donne è comunque più umana: se sono dotate di una certa forza procedono a piedi; quelle che invece sono più delicate vengono trasportate su dei muli. Quante invece sono malate, al fine di non essere sottoposte agli scossoni del mulo, vengono condotte all'interno di ceste come delle oche. La notte per costoro è molto triste, infatti o vengono chiuse in luoghi fortificati, o sono costrette a patire la libidine dei trafficanti[16]. Si possono udire le urla nelle tenebre degli

---

[15] Testo latino: <<Durissima illorum fors est, qui artes mechanicas non didicere: eae enim solae ibi in honore ac pretio sunt: quamobrem litereati, sacerdotes, nobiles homines, qui in otio vitam degerunt, ubi in bonum manus venere, omniu miserrime habentur. Mango enim in illos, utpote vix vendibiles, nullos sumptus facere sustinet. Hi pedibus capitibusq; inrectis, ac plerunque maiore parte corporis nudi inambulant: nullus enim novus cultus detritis veteribus vestimentis succedit. Per nives, per faxa, aestates ac hyemes detrahuntur, nec finis donec vel moriatur, vel stultum dominum, qui malam mercem emat, inveniant: talis enim illorum est iudicatio. Caeterum nemo omnium tam est foelix, cuiuscunq, vel conditionis, vel aetatis, vel artis, vel formae, ut eum in itinere aegrotantem apud hospitem deponat. Primum cogitur flagris ire. Id si non potest, iumento imponitur: ibidemq, si sedere nequeat, prono corpore alligatur, non aliter quam sarcina aliqua, aut matica. Morientem detractis vestibus, in proximam soveam aut vallem canbius atque vulturibus abiiciunt>>.

[16] In molti resoconti scritti in questo periodo sulla morale ed i costumi dei Turchi viene messa un'importante enfasi sulla brutalità del loro appetito sessuale. La descrizione delle sofferenze dei cristiani aveva, come nel caso del documento qui

adolescenti di entrambi i sessi che vengono violentati, né l'età di sei o sette anni risparmia quei miseri da una tale infamia, in modo che quella gente scellerata sfoga la propria libidine sia contro che secondo natura[17].

In che modo viene condotta la vendita degli schiavi[18]

Quando spunta il giorno, vengono condotti in piazza gli schiavi da mettere in vendita, come se si trattasse di un gregge di pecore o di capre. I mercanti si riuniscono e viene stabilito il prezzo. Se è opportuno (e se ve ne è la necessità) secondo il trafficante, dopo avergli sottratto le vesti [lo schiavo] viene esposto agli occhi del futuro padrone. Tutte le membra dello schiavo vengono esaminate, provate, e considerate con attenzione per vedere se

---

tradotto, la funzione di supportare e d'invocare un intervento armato contro i turchi.

[17] Testo latino: «Non solum perpetuae catene concaptivos includunt, sed manibus quo, in itinere manicas addunt: passus unus inter singulos interstitii est, ne se mutuo conculcent: id ideo faciunt, ne a mancipiis lapidentur. Quuum eniam singuli mangones ingentem numerum ducant, adeout dece saepe quingentos homines concatenatos habeant, vim metuunt tantae multitudinis, si ad iactum liberas manus haberent. Caeterum ubi nocti concedendu, vinculis quoque pedes onerant, eosq, supinos omni iniuriae aeris exponut. Mulieribus vero humanior conditio est: Si qua valent robore, pedibus incedunt: teneriores in iumentis vectatur: quae adeo infirmae sunt, ut iactationem iumenti non ferant, in corbibus tamquam anferes gestantur. Nox illis tristior est: aut enim munitis locis includuntur, aut mangonu impuram libidinem pati coguntur. Auditurq, inges ploratus per tenebras adulescentium utriusque fexus vim patientium, nec fexennis aut septennis aetas miseros a tali foeditate defendit, adeo scelerata gens et contra naturam ac ante naturam libidine saevit».

[18] I passi seguenti possono essere confrontati con alcune delle riflessioni di Giorgio d'Ungheria sul medesimo argomento. Di seguito riportiamo la traduzione inglese dell'originale latino fatta da Sabatos Charles: «There they are examined and stripped; there the being endowed with reason and made in the image of God is sold and acquired cheaply like an animal deprived of reason; there, I'm ashamed to say, the shameful parts of men and women are felt and shown to the eyes of all... There the priest and the boor are traded with the same currency." Despite the horror, shame and physical suffering endured by the captives, he describes the spiritual agony as greater, "I shall not speak of unbearable labors, I shall say nothing of hunger, thirst, humiliation and nakedness. I wish only to add here: the affliction of the soul and of the spirit bound to this servitude is so great and so bitter that even death cannot be compared to it». Cfr. Sabatos C., "The Ottoman Captivity Narrative as a Transnational Genre in Central European Literature." *Archiv Orientální* 83, 2015, 233-254, 238.

non vi sia qualche difetto nelle giunture e nelle articolazioni. Nel caso in cui non piaccia, viene riconsegnato al trafficante. E successivamente deve essere sottoposto al medesimo trattamento ogni volta che si avvicina qualcuno con l'intenzione di comprare. Invece, nel caso in cui piaccia, viene condotto ad una dura schiavitù, di cui più dura non ricordo, come seminatore o come pastore. Qui gli esempi di miseria sono molteplici. A volte ho visto degli uomini legati che conducevano un aratro. Le ancelle sono tenute continuamente occupate e lontano dagli sguardi degli uomini e non viene loro consentito d' interloquire in nessun modo con gli altri servi. Se qualcuno viene catturato con la moglie e con i figli, i nobili lo comperano volentieri e viene messo a capo delle aziende agricole, affinché si occupino delle vigne o dei pascoli. I loro figli appartengono comunque al padrone. Se costoro perseverano nella fede cristiana, viene stabilito che, dopo un certo tempo di servizio, vengano liberati. I loro figli però, se non vengono riscattati, rimangono in schiavitù, secondo la volontà del padrone, o nel medesimo luogo oppure vengono trasferiti in un altro. Non sono infatti legati alla terra, per cui la sede della schiavitù sia certa. Se desiderano, dopo aver conseguito la libertà, tornare nella propria patria, vengono consegnati loro dei documenti di transito. Nel caso di coloro, che rinunciano alla nostra religione, il tempo del servizio non è stabilito e non viene contemplato il diritto di tornare in patria; la speranza della loro libertà dipende dalla volontà del padrone. Nel caso in cui ottengano la libertà, come gli altri turchi, pagano la decima e divengono poi liberi da tutti gli altri oneri che sono imposti a quanti professano la religione cristiana[19].

---

[19] Testo latino: «Ubi dies illuxit, in forum venales, tanquam greges oviu, aut caprarum producutur. Conveniut mercatores, statuitur pretium. Si placet mancipium, detractis vestibus future domini oculis exponitur, inspiciuntur omnia membra, tentantur, explorantur, nunquid vitii in iuncturis aut articulis resideat. Si displicet, reiicitur ad magonem, toties id pasturus, quoties empruriens aliquis advenerit: si placet, abducitur ad gravem servitutem, ut vel arator, vel pastor sit, ne duriora commemorem. Multa sunt ibi inaudita exempla miseriae. Ceterum homines iugo copulatos aratrum ducere nonnumquam vidi. Ancillae arctissimae habentur in perpetuis laboribus, et extra conspectum virorum, et ne cum coservis quidem illis ulla confabulatio permittitur. Si quis cum uxore ac liberis captus fuerit, hunc libentissime magnates emunt, et villis praeficitur, ut cur avel aruorum, vel vinetoru, vel poscuoru agat: nati ex illis, vernae fiunt. Si in Christiana fide perseveraverint, statuitur certu tempus serviendi, quo elapso liberi fiunt: filii tamen eorum nisi redimantur, in servitute manent, pro domini arbitrio, vel in iisdem fedibus mansuri,

Relativamente a quei prigionieri che divengono pastori

Quanti vengono comperati per la cura degli ovini, conducono una vita molto difficile ed aspra. Costoro sono chiamati a vivere in solitudine rimanendo sia di notte che di giorno sempre sotto il cielo: solo il padrone con sua moglie trovano infatti rifugio nella tenda. Oltre ad occuparsi di tutto quello che concerne la cura del gregge, sono costretti a confezionare nelle ore libere [dalla cura degli animali] dei mantelli con il cappuccio e dei tappeti. Ogni mese cambiano i pascoli e si muovono di monte in monte. Coloro che assumono un comportamento più umano, danno agli schiavi un salario minimo[20], quale leggiamo fu concesso presso i Romani. Questo [salario] viene dato nella forma di piccoli risparmi, che conservano, o come del denaro messo a disposizione per un viaggio, nel caso in cui volessero ritornare in patria dopo aver riacquisito la libertà o per qualche altra necessità della vita. Comunque questo non accade in ogni luogo. Le blandizie della schiavitù sono tali per quei miserabili da trattenerli da ogni proposito di fuga. A coloro che rinnegano Cristo e sono circoncisi, perché sono certi che non fuggiranno, non viene riservato nulla di simile[21].

---

vel alio transferendi: nulli enim ibi sunt ascriptitii glebae, quibus ceta sit fedes servitutis. Si cupiunt post adeptam libertatem in patriam redire, dantur diplomata commeatus. Verum illis qui nostram religionem abiurarunt, nec certum tempus est serviendi, nec ullum ius in patriam redeundi, spes libertatis solum modo pendet a domini arbitrio: ubi tamen libertatem nacti fuerint, soluunt decimas ut caeteri Turcae: a reliquis tamen oneribus, quibus Christiani premuntur, immunes sunt>>.

[20] Ossia un emolumento minimo per i loro servizi.

[21] Testo latino: <<Dura vita agricolarum: durius tame agunt qui ad pastoritias curas emuntur. Vivendum illis in solitudine, perpetuo noctes ac dies sub dio agendum: dominus cum oxore solus in tentorio versatur, ac praeter tuendi gregis officia, penulas et tapetia sueccisiuis horis facere coguntur. Singulis mesibus pascua mutant, de montibus in montes se tranfferentes. Qui humaniores sunt dant aliqua mercedulam servis, qualem dimesum fuisse apud Romanos legimus: id in peculium cedit, quod conservant vel in viaticum, si in patria post libertatem adeptam redire velint, vel ad alias necessitates vitae. Caeterum id no ubique fit. Est autem illud miserum blandimentu servitutis, quo illos a consilio fugae retrahunt. Illis autem qui Christum abnegarunt, iamq; recutiti sunt, quia certi sunt, quod non fugient, nihil tale indulgetur>>.

Relativamente alla fuga dei prigionieri dall'Europa

La fuga di coloro che vivono in Europa[22] è più semplice rispetto a coloro che invece vengono venduti nelle regioni poste oltremare: oltre ai fiumi infatti non vi è nulla attraverso cui costoro possano viaggiare e che possa essere facilmente attraversato. La maggiore difficoltà si trova nell'attraversamento dell'Ellesponto. Coloro che invece decidono di fuggire, solitamente lo fanno al tempo del raccolto, in quanto si possono nascondere più facilmente nei campi di grano, da cui traggono il cibo per sostentarsi, mentre di notte si danno alla fuga. Durante il giorno si nascondono nelle foreste, nelle paludi o nei campi di grano, e preferiscono essere divorati dai lupi o da altri animali selvatici piuttosto che essere ricondotti ai loro vecchi padroni[23].

Relativamente alla fuga dall'Asia Minore

Coloro che iniziano la fuga dall'Asia, cercano di raggiungere l'Ellesponto, tra Gallipoli e quelle cittadelle che una volta erano chiamate Sestos ed Abydon[24], e che ora sono note invece con i nomi di Bogaz (e) Afar. Queste cittadelle sono costruite sul mare, ma il tragitto tra il mare e la terra ferma è piuttosto breve. Costoro portano con sé tavole e funi, e dopo aver tagliato il legno lo legano, e ne fanno una specie di barca per affrontare il mare. Non portano con sé nulla se non il sale e, durante la notte, salgono sulla zattera. Se il vento e la fortuna sono loro favorevoli riescono ad attraversare (il mare) in tre o quattro ore; al contrario, o periscono nei flutti oppure vengono respinti sulle coste dell'Asia. Qualora il mare venga evitato, si volgono verso i monti e, scrutando il cielo e le costellazioni, si dirigono verso Borea[25]. Si nutrono di ghiande di faggio o di erbe condite con il sale.

---

[22] Ossia in quella parte dell'impero Ottomano che si estendeva in Europa.

[23] Testo latino: <<Facilior fuga illis, qui in Europa agunt, quam qui in transmarinas regiones venduntur: his enim praeter flumina nihil traiiciendum, que facile enantur, maior difficultas in Hellesponto transmittendo. Qui autem fugam instituut, tempore messis id soliti sunt facere, ut et facilius in segetibus lateant, ac inde victum habeat, noctu autem fuga initur: per diem aut in sylvis, aut in paludibus, aut in segetibus sese abdunt, maluntq; a lupis aliisq; bestiis devorari, quam ad veteres dominos retrahi>>.

[24] Sestos era un'antica città della Tracia, collocata nella Tracia Chersonese nella costa europea dell'Ellesponto. La città di Abydon si trova invece sulla riva opposta.

[25] Ossia verso settentrione.

Se molti condividono la fuga, di notte attaccano i pastori e, dopo averli uccisi, portano con sé tutto quello che di commestibile trovano presso costoro. Spesse volte però vengono uccisi o rapiti dai pastori, e ricondotti al precedente proprietario ed all'antica schiavitù. Altre volte molti affrontano diversi pericoli da cui evadono incolumi, scampando o dal naufragio o dalle zanne delle bestie, o dalle armi dei nemici, ma periscono alla fine per la fame, quando il peregrinare nella fuga diviene più lungo[26].

La punizione riservata a coloro che fuggono

A quanti fuggono vengono riservate diverse punizioni: alcuni, dopo essere stati sospesi per i piedi, vengono flagellati duramente; a coloro che hanno commesso un omicidio praticano dei tagli profondi ai piedi con un coltello e nelle ferite viene inserito il sale. A costoro viene fatto indossare un collare di ferro che portano per lungo tempo sia di giorno che di notte[27].

La pietà dei Greci e degli Armeni verso i fuggitivi

La pena di morte, insieme alla confisca di tutti i beni, viene inflitta a coloro che preparano la fuga dei prigionieri. Tuttavia sia gli Armeni che i Greci non cessano di nascondere presso di sé i prigionieri cristiani e, dopo averli trasformati nell'aspetto, li conducono alle navi venete o ad altre e danno loro sia quanto necessario per il viaggio che tutto il resto. Non si astengono

---

[26] Testo latino: << Qui ex Asia fugam miliantur, Hellespontum petunt, inter Gallipolim et arces illas olim Seston ac Abydon, nuc autem Bogaz Afar dictas. Id interpretari potest, castella faucium maris: ibi enim mare angustissimum est. Hi secum defereunt securim ac funes, ut et ligna caedant, et colligant, quo inde ratem faciant ad traiectionem maris: nihil nisi salem secum deferentes, nocte raticulam inscendunt. Si venti ac fortuna maris fauet, tribus sunt quatuor horis traiiciunt: sin minus, aut pereunt in fluctibus aut ad litora Asiae reiiciuntur. Emeso mari montes petunt, polumq: et bootem inspectares, ad Borea tendunt. In same glandibus aut herbis sale coditis sese sustinet. Si plures societatem fugae inierint, noctu Opiliones invadunt quibus occisis, quic quid ibi alimenti invenerint, secum asportant: saepe tamen ac ipsi pereunt occisi ab opilionibis, vel ab eisdem capti, et pristine hero tradidi, ad vetere servitutem rediguntur. Ceterum longe plures pericula absumunt, quam incolumes evadunt: aut enim naufragiis, aut dentibus bestiarum, aut ferro inimicorum, aut postremo fame pereunt, cum longior erratio in fuga contigerit>>.

[27] Testo latino: <<Fugitivis multiplex poena: alii enim suspensi pedibus dirissime flagellantur: qui enim homicidium committunt, illis plantae pedum in multos fulcos cultro reseinduntur, and rescissis sal inspergitu: quibusdam furca ingens ferrea cum ferro collari inseritur, quam dies noctesque in longum tempus gestant>>.

da quel genere di pietà, in quanto affermano di aver fatto esperienza della medesima presso i nostri qualora si siano recati a Roma o a Compostela[28].

L' incantesimo dei Turchi contro i fuggitivi

Vi è un certo genere d'incantesimo con il quale riportano indietro le persone contro la loro volontà. Il nome del servitore scritto in una scheda viene sospeso nel tabernacolo, o nella residenza del servo, da dove lo fanno oggetto d'imprecazioni e di maledizioni affinché il fuggitivo per intervento di una forza demoniaca nel corso del suo viaggio incorra nei leoni o nei dragoni o si scateni contro di lui il mare o i fulmini, o tutto venga avvolto dalle tenebre, e respinto da tutti quegli eventi spaventosi ritorni dal suo proprietario[29].

---

[28] Testo latino: <<Mortis poena and confiscatio omnium bonoru illis infligitur, qui captivorum fugam instituunt. Tamen non cessant Armeni and Graeci captivos Christianos apud se occultare and deformatos suoculti deduvere ad naves Venetas, vel aliorum Christinanorum, dantq, viaticum and omnia necessaria, nec ullum pietatis genus omittunt: eandem enim pietatem nostrorum aiunt se experiri, si quando Romam vel Compostellam venerint>>.

[29] Testo latino: <<Habet quoddam genus incatationis, quo invitos retrahunt. Nomen servi in schedula scriptum suspenditur in tabernaculo, vel domicilio servi, deinde diris verbis and devotionibus illius caput impetunt: deinde sit vi daeminiaca, ut fugiens putet sibi in itinere vel leones vel dracones incurrere vel mare vel fulmina contra se exundare, vel omnia tenebris nigrescere, iisq; terriculis repulsus ad herum redit>>.

Gradualmente la memoria di Cristo viene cancellata dalle provincie che una volta erano cristiane

Sono sopravvissuti alcuni che ricordano la sconfitta di Constantinopoli[30] e dei regni della Grecia[31], dell'Albania[32], della Vallachia[33] e della Serbia[34] che i Turchi chiamano Bosnam[35], ormai ridotti in provincie[36]. Costoro con

---

[30] La città venne conquistata nel 1453 da Mehmet II. S. Lei, *Le comunità religiose non musulmane nel mondo islamico*, 243-244: <<Al tempo dell'assedio della città (1453), la popolazione ammontava, secondo gli storici, a circa centomila persone, di cui solo seicento assunsero un ruolo attivo nella difesa della capitale dell'impero. Bisogna inoltre ricordare che il celebre splendore architettonico di Costantinopoli, al tempo della conquista ottomana, era un mero ricordo in seguito ai tre devastanti incendi, che distrussero interi quartieri della capitale. Altre parti della città, dove gli edifici erano ancora abitabili, furono invece quasi del tutto abbandonati a causa della decrescita demografica>>; 242: <<La decadenza dell'impero bizantino aveva però ormai distrutto il tessuto sociale del paese: la classe media era quasi totalmente scomparsa ed interi territori, una volta densamente popolati e produttivi, divennero deserti e furono abbandonati alla rovina. Con la scomparsa della classe media e l'aumento del numero degli schiavi e dei servi, l'impero perdette del tutto il supporto di quella parte della società che, in caso di attacco e d'invasione, sarebbe stata pronta a difendere i propri beni e la propria terra. L'enorme numero dei servi e degli schiavi, che ormai costituivano la maggioranza della popolazione dell'impero, non aveva invece alcuna ragione per mantenersi fedele al governo bizantino>>.

[31] La conquista della Grecia venne completata nel 1460.

[32] La conquista dell'Albania venne invece completata nel 1468.

[33] La conquista della Valacchia risale al 1417.

[34] La conquista della Serbia è stata completata nel 1459. Gli ottomani hanno governato il territorio della Serbia per circa quattro secoli.

[35] La Bosnia è stata invece conquistata nel 1463.

[36] La conquista ottomana dei Balcani può essere distinta in due fasi: 1-La prima va dal 1352 al 1402, e 2- La seconda dal 1415 al 1467. S. Lei, *Le comunità religiose non musulmane nel mondo islamico*, 287: <<I Balcani, al tempo della conquista ottomana, erano caratterizzati dalla frammentazione politica, conseguente alla presenza di piccoli regni nati in seguito all'indipendenza dal potere bizantino, che però continuava a mantenere il controllo di alcuni territori della Tracia, della Tessaglia e della Macedonia [.....] Questo studioso [H. Jirek], insieme agli storici che hanno avvalorato la sua teoria, ritiene che la conquista ottomana abbia avuto il merito non solo di aver unificato i territori dei Balcani dal punto di vista politico, ma anche di aver messo fine all'anarchia diffusa conseguente alla condizione di permanente guerra civile, che era stata un tratto caratterizzante del XIV secolo. La pacificazione sia sociale che politica promosse in seguito la ripresa demografica e lo sviluppo economico>>.

tenacia rimangono fedeli a Cristo, ma la gioventù non possiede alcuna conoscenza e [quindi è probabile] che in un futuro breve sia completa la scomparsa della cristianità[37]. Il medesimo futuro [si attende] in Croazia[38], in Ungheria[39] ed in Slavonia[40] che sono state conquistate recentemente ed aggiunte all'Impero Turco[41].

---

[37] Cfr. S. Lei, *Le comunità religiose non-musulmane nel mondo islamico*, Roma 2018, 233: <<La crisi in cui si trovava la chiesa ortodossa dell'epoca può aver di fatto promosso il processo d'islamizzazione. Come abbiamo precedentemente spiegato, infatti, dopo la conquista turca, le comunità cristiane presenti in Anatolia continuarono a mantenere un legame di dipendenza ed affiliazione con la chiesa ortodossa di Bisanzio, anche se quest'ultima molto spesso non fu nella condizione di ottemperare ai propri doveri. Anche se gli imperatori cercarono, come fece ad esempio Alessio Comneno, di supportare le istituzioni ecclesiastiche presenti in Anatolia nel periodo successivo alla perdita di potere politico, le autorità ecclesiastiche per diverse ragioni non riuscirono a mantenere unita la comunità cristiana. Quest'incapacità può essere giudicata una delle ragioni della drastica riduzione del numero della popolazione cristiana che nel XV secolo, al tempo della conquista ottomana di Costantinopoli, costituiva ormai una minoranza religiosa nei territori dell'Asia Minore. La diminuzione della popolazione di fede cristiana, infatti, è testimoniata dalla presenza nel XV secolo di soli 7 metropolitanati e 3 vescovati nei territori dell'Anatolia, in cui in epoca precedente erano stati istituiti ben 72 metropolitanati che rispondevano all'autorità religiosa centrale in Costantinopoli>>. S. Vryonis, *The Decline of Medieval Hellenism in Asia Minor and the process of Islamization from the eleventh through the fifteenth century*, University of California Press 1986.
[38] Le forze ottomane hanno occupato la Croazia nel 1592 per un periodo breve. L'anno successivo i suoi eserciti vennero respinti. Il conflitto dagli esiti incerti è durato per circa 100 anni.
[39] Solimano il Magnifico, tra il 1521 ed il 1541, annesse parte del regno dell'Ungheria all'Impero ottomano.
[40] Gli eserciti ottomani invasero e conquistarono la Slavonia tra il 1536 ed il 1552. L'impero ottomano consegnò la Slavonia agli Asburgo nel trattato di Karlowitz (1699).
[41] Testo latino: <<Supersunt adhuc aliqui, qui meminere expugnatione Costantinopolis and regna Graeciae, Albaniae, Valachiae, Serviae, quam Bosnam vocant Turcae, in provincias redacta: illi quidem Christu tenaciter retinent, sed inventus dediscit, breviq, futurum, ut plena sit oblivion Christianitatis. Ide futurum in Croatia, Hungaria, Slavonia, quae recentia additamenta sunt, and auctaria Turcici imperii>>.

Relativamente alle condizioni imposte dai conquistatori

Quando una provincia viene conquistata, tutti i beni dei suoi abitanti sia mobili che immobili diventano bottino di guerra. Eliminano completamente la nobiltà, in modo particolare la progenie reale. E se ora hanno risparmiano il figlio del re Giovanni,[42] non lo hanno fatto per nessun altro motivo che il seguente: se l'Ungheria viene conquistata da costoro, lo utilizzeranno per dettare delle nuove condizioni. Quando però il possesso dell'Ungheria è divenuto sicuro, senza dubbio sarà ucciso. I Turchi, sotto questo punto di vista, non mostrano alcuna considerazione verso i generi, i suoceri e nemmeno verso i fratelli. Qualora non tolgano la vita ai membri del clero, privati di ogni fortuna e carica, li abbandonano al ludibrio ed alla miseria. Portano via tutte le campane, gli organi ed altri strumenti musicali dei luoghi di culto, e dopo aver sconsacrati li consacrano[43] al loro

---

[42] Re Giovanni Zapolya (1487-1540). Suo figlio, Giovanni Sigismondo che regnò su parte dell'Ungheria dal 1540 al 1551 e dal 1556 al 1570. Costui veniva appoggiato dagli Ottomani che utilizzarono come pretesto il conflitto esistente tra Ferdinando I d'Asburgo e Giovanni II per la corona d'Ungheria, per invaderne il territorio nel 1541.

[43] Cfr. S. Lei, *Le comunità religiose non-musulmane nel mondo islamico*, Roma 2018, 59-60: <<La possibilità di costruire nuovi edifici di culto da parte dei *dhimmi* nei territori dell'impero islamico è stata per lungo tempo oggetto di discussione da parte degli storici e degli orientalisti in generale. In merito a quest'argomento, su cui possediamo fonti e resoconti storici a volte discordanti, bisogna distinguere tra le opinioni espresse dai giuristi nelle diverse epoche e le decisioni prese di volta in volta dai califfi e dai governatori delle province. Molto spesso, infatti, le testimonianze storiche pervenuteci non sembrano in linea con le opinioni espresse dai giuristi. Le scuole di legge islamica, anche se concordano sulla proibizione per i non-musulmani di costruire nuovi luoghi di culto nelle città fondate ed abitate in prevalenza dai musulmani, tuttavia differiscono relativamente alla possibilità di esercitare questo diritto nelle zone limitrofe. Malīk, Shafi'ī ed Ahmad, ad esempio, esprimono un parere negativo, mentre Abū Hanīfah è propenso a concedere l'edificazione di nuovi luoghi di culto nelle zone periferiche della città, qualora la distanza sia superiore ad un kilometro e mezzo. Invece, per quel che concerne la ricostruzione o il restauro delle chiese e delle sinagoghe andate in rovina, i giuristi sono sostanzialmente d'accordo nell'esprimere un parere positivo. Nel caso però in cui un centro urbano o rurale fosse abitato prevalentemente da comunità non-musulmane, le autorità non potevano imporre alcun divieto relativo alla costruzione di nuovi edifici di culto, alla riparazione di quelli esistenti oppure all'esposizione pubblica dei simboli religiosi. Detto questo, bisogna inoltre considerare che spesse volte la decisione relativa alla concessione del permesso di edificare nuovi edifici religiosi era soggetta a considerazioni di ordine più generale,

Mehemet[44]. Lasciano ai cristiani le chiese più misere e più umili, dove possono condurre i propri atti di culto non pubblicamente ma segretamente ed in silenzio[45]. Gli edifici crollati in seguito al terremoto, o arsi da un incendio o danneggiati dagli anni, non possono essere restaurati se non con una spesa ingente[46]. L' annuncio del Vangelo viene chiaramente proibito: Non è nemmeno consentito menzionare qualsiasi cosa relativa alla redenzione cristiana[47], portare le armi[48], o vestirsi secondo lo stile dei Turchi[49], o organizzare gli spettacoli o le danze che costituiscono gli svaghi della vita.

---

che concernevano la natura dello specifico patto siglato con la popolazione di un determinato territorio o di ordine pubblico>>.

[44] Resa del nome del Profeta Muhammad (pbsl) in lingua turca.

[45] Gli studiosi e gli storici hanno dibattuto a lungo relativamente alla questione della diminuzione progressiva della popolazione cristiana nei territori dell'impero ottomano e quindi anche dell'espropriazione dei luoghi di culto cristiani, che furono successivamente trasformati in moschee. È stato notato che la trasformazione delle chiese in moschee è un fenomeno che ha interessato prevalentemente le zone urbane piuttosto che quelle rurali. Il fenomeno interessò in modo particolare quelle zone in cui si trasferì la popolazione musulmana. I monasteri invece furono lasciati in possesso degli ordini religiosi cui appartenevano e generalmente non erano soggetti ad alcuna forma di tassazione. Cfr. H. Crane, "The Ottoman Sultan's Mosques: Icons of Imperial Legitimacy", in I. A. Bierman, R. El-Haj, D. Preziosi, *The Ottoman City and its Parts: Urban Structure and Social Order*, New York 1991, 173-243.

[46] La proibizione relativa alla riparazione dei luoghi di culto non cristiani sembra derivare da un editto dello stesso Mehmet il Conquistatore, rimasto in vigore fino all'inizio del XVII. In realtà, nel corso del XVII secolo questo decreto venne mantenuto in teoria, ma sembra che non venne applicato. Le autorità ottomane mostrarono quindi una certa liberalità sotto questo punto di vista.

[47] Nei paesi retti da un governo musulmano era proibito ai non-musulmani di predicare la loro fede ai musulmani con l'intenzione di convertirli.

[48] Per evitare disordini era spesso proibito ai non-musulmani di portare armi.

[49] I copricapi indossati dai sudditi dell'impero variavano nel colore e ad ogni colore corrispondeva l'appartenenza ad una determinata comunità religiosa. Per esempio, i copricapi indossati dagli appartenenti alla comunità ebraica erano di colore giallo, quelli degli Zoroastriani nero e quello dei cristiani invece blu. Dal momento che i cristiani erano a loro volta distinti in diversi gruppi, ognuno di essi era chiamato ad indossare un copricapo di una diversa sfumatura di blu. Cfr. M. Elliot, "Dress Codes in the Ottoman Empire: The Case of the Franks," *Ottoman Costumes: From Textile to Identity*, (2004); R. Mantran, *La vita quotidiana a Costantinopoli ai tempi di Solimano il Magnifico*, Milano 2018, 97: <<In questo mondo frammischiato di etnie, nessuna perde la propria identità, che viene salvaguardata dalla continuità delle tradizioni, dalle pratiche religiose: musulmani, cristiani, ebrei si distinguono gli uni dagli altri

Se viene rivolta un'offesa con parole oltraggiose sia a sé stessi o a Cristo si deve tacere e sopportare. Se si afferma qualcosa d'indegno relativamente alla loro religione, oppure ci si dimostra riluttanti verso la circoncisione o se si apre la bocca contro Mehemet, si andrà incontro a fuoco e fiamme. E, se il cavaliere cristiano supera quello musulmano, ossia che è stato iniziato alla religione dei Turchi, è necessario che discenda da cavallo e con calma s'inchini in adorazione davanti a quello che resta seduto. Se non si alza, viene disarcionato dal cavallo[50].

La condizione dei sacerdoti e dei monaci che vivono sotto il tributo dei Turchi

I sacerdoti ed i monaci si trovano in una condizione talmente pessima che viene ritenuta un sacrilegio ed uno scandalo da Dio e dagli uomini. Niente viene ricevuto relativamente alla chiesa: nei giorni feriali un poco di pane viene offerto da qualche donna, durante gli altri giorni non viene dato nulla. Loro stessi vivono raccogliendo delle fascine di legna. Infatti è costume che, quando cade la legna nei boschi, la portano sul dorso di un asinello, e con

------

per segni non equivoci: per esempio gli abiti, il copricapo, le calzature, segni imposti per la verità dagli ottomani, ma la cui ottemperanza è così poco rispettata che in più di un caso si resero necessari editti del sultano che ne ribadissero l'obbligatorietà>>.
[50] Testo latino: << Ubi provincia cepit, omnia provincialiu bona tam mobilia quam immobilia in praedam cedunt. Nobilitate stirpitus excintis, praecipue regiam sobolem. Et quo nunc Ioanis Regis filio savent, non alio consilio faciunt, quam si illis Hungaria adimatur, eum immittant ad res novas moliendas: ubi illis secura possessio Hungariae fuerit, haud dubie e vita tolletur: nam Turcae in ea re nec generis, nec soceris, imo ne fratribus quidem parcunt. Clericos si non occidunt, omnia fortuna and dignitate nudatos ad ludibrium and mendicitatem relinquunt. Campanas omnes and organa, and alia instrumenta Musica templis adimunt, imo ista templa prophanata suo Mehemeto consecrant. Misera ac himillima sacella Christianis relinquunt, ubi sacra non publice, sed dissimulanter ac silentiose faciant: quae ubi vel terraemotu corruerint, vel incendio deflagraverint, vel aetate computruerint, non licitum est instaurare, nisi magna pecunia depensa. Concio ac annuntiandi Evangelii munus plane interdicitur: nec sas est quenqua Christianum Remp attingere, aut arma gestare, aut simili cultu cum Turcis indui, aut quae hilarioris vitae sunt, spectacula edere, vel choreas ducere. Si iniuria sit contumeliosissimis verbis vel tibi, vel Christo, tacendum atque ferendum est. Quod fi aliquid indignius contra loquaris de eorum religione, invictus circumcideris: tum si hiscas contra Mehemmetum, ignes ac incendia tibi parantur. Et si Christianus eques praetereat Musulmannum id est, Turcarum religione initiatu, necessum est, ut de equo descendat and cernuovultu sedentem adoret: quod nisi fit sustib ab equo deiicitur>>.

quella merce vanno per tutte le pianure, offrendo in vendita della legna da ardere[51].

Il tributo dei cristiani

I cristiani pagano la quarta parte di tutti i raccolti. [I Turchi] non raccolgono solo i proventi dei campi e delle greggi, ma anche gli artigiani sono tenuti a pagare la quarta parte dei loro profitti. Essendo la tassa pro capite, le persone singole, non importa quante ne siano in una famiglia, la pagano individualmente. Qualora i genitori non possano pagare, sono costretti a vendere i loro figli come schiavi. Altri condotti in catene, vanno di casa in casa domandando piccole offerte [dicendo] che, se non fossero in grado di pagare, sarebbero condannati al carcere perpetuo. È sempre diritto dei turchi scegliere il migliore tra i loro figli. Costui, dopo essere stato circonciso, dal cospetto dei genitori viene condotto nella milizia e non torna mai dalla propria famiglia. Per prima cosa perché un fanciullo facilmente dimentica Cristo, poi inoltre, non riconoscano nessuno dei parenti e dei consanguinei, qualora si rechino tra di loro[52].

Nessuno può spiegare con le parole, con quali lacrime, gemiti e singulti, avvenga questo tipo di separazione. Il padre vede che il figlio, che aveva educato nel culto di Cristo, viene portato via con la forza[53] dalle milizie di

---

[51] Testo latino: <<Sacerdos and monachus pessimal illic conditione sunt, ut sacrilegia and scandala Dei ac hominum existimatur. Nihil de Ecclesia accipiunt: feriatis diebus pauxillulum panis a mulierculis nonnullis porrigitur ceateris diebus nihil datur. Ipsi lignationibus vivunt: nam mos est, ut ligna in sylvis cedat, hisq; dorsum aselli onerat, ea cu merce per omnes plateas ambulant, ligna venalia proclamantes>>.

[52] Cfr. S. Lei, *Le comunità religiose non-musulmane nel mondo islamico*, Roma 2018, 302-303: << L'arruolamento di questi giovani tra i giannizzeri avrebbe infatti garantito alle loro famiglie molteplici vantaggi sia a livello economico che nell'ambito sociale. I ragazzi venivano scelti nella fascia di età tra i 14 ed i 18 anni e, anche dopo l'arruolamento e la conversione all'Islam, mantenevano dei forti legami con le famiglie originarie e spesso promuovevano la loro ascesa sociale ed economica. Ad esempio, questo accadde nel caso di Ibrahim Pasha e di Mehmed Sokullo che ricoprirono entrambi importanti ruoli politici, che consentirono loro di promuovere la carriera di alcuni loro parenti. Ibrahim Pasha, di origini greche, detenne per tredici anni l'incarico di gran visir del Sultano Solimano I, mentre Mehmed Sokullo, che occupò la medesima carica per quindici anni, rivestì un ruolo chiave nella fondazione in Serbia di un arcivescovado, il cui ufficio venne occupato nel 1557 proprio da uno dei suoi fratelli>>.

[53] Cfr. R. Mantran, *La vita quotidiana a Costantinopoli ai tempi di Solimano il Magnifico*, Milano 2018, 115: <<Questo sistema [il *devshirme*] consiste nel prelevamento annuale

Satana affinché combatta Cristo stesso. Il figlio viene tolto dai genitori per vivere in perpetuo tra coloro che gli sono stranieri. Tutto quello che è vicino in conseguenza del sangue, caro per solidarietà religiosa e amico per famigliarità deve essere abbandonato. Successivamente costui viene annoverato nel numero di coloro che i Greci sono soliti chiamare privi di padre e di madre. Sebbene vengano allontanati con un grande sforzo dalla fede cristiana, la gran parte di costoro portano il Vangelo di Giovanni come amuleto sotto le ascelle, ossia, "In principio era il Verbo...", scritto in greco o in arabo fino alla fine.

Costoro con grande desiderio e sforzo attendono le spade dei cristiani (di cui gli indovini turchi parlano, come sarà compreso nel seguente capitolo), per vendicare e liberare i cristiani dalle afflizioni e dalle persecuzioni. Coloro che finora non si affrettano, qualsivoglia sia la ragione e con qualsiasi animo lo facciano, sembrano rendere un pessimo servizio alla religione cristiana. Ora si lamenta l'Ungheria, la Transilvania implora, da quel momento in poi stanno in guardia la Polonia, la Lituania, la Russia, la Prussia, la Moschovia, la Dazia, la Dania, la Scozia, la Norvegia e la Svezia. Lo stesso viene predicato dell'Austria, della Moravia, della Slesia, della Boemia, della Sassonia, della Germania, dell'Anglia, della Scozia, della Spagna e della Francia. Nemmeno Roma spera qualcosa di meglio e nemmeno Venezia insieme a tutta l' Italia. (Prego) che Dio consenta che queste cose arrivino al termine più speditamente di quello che spero[54].

---

o biennale, in un certo numero di famiglie cristiane dei Balcani, di bambini al di sotto dei cinque anni. Separati radicalmente dai genitori, questi bambini vengono inviati in Anatolia, presso famiglie musulmane dove sono cresciuti alla musulmana, vien loro insegnato il turco, sono iniziati alle abitudini ed alle tradizioni turche ed islamiche. A dieci o undici anni entrano negli istituti di formazione: i palazzi di Adrianopoli e Gallipoli e, dopo la conquista ad Istanbul, e da questo momento vengono denominati *acemi oglan*. A seconda dell'attitudine vengono avviati all'esercito o al palazzo, dove diventano paggi e sono chiamati *iç oglan*. Seguono poi una trafila che li fa salire di grado in grado, e se riescono ad attirare l'attenzione del Sultano o di una sultana o di qualche favorito nulla impedisce loro di accedere alle più alte funzioni, magari anche al gran visirato>>. Cfr. M. G. S. Hodgson, *The venture of Islam: conscience and history in a world civilization*, Chicago 1977, 102: "Very often, becoming the sultan's slave was the fasted way out of poverty for young boys in the country side. There are some reports of Christian families glad for the opportunity to let their sons be selected through devishrme and be able to advance."Alcune delle famiglie bosniache, dopo la loro conversione all'Islam, domandarono che i loro figli fossero ancora elegibili per il *devshirme*.

[54] Testo latino: << Quartas omnium fructuum dant Christiani: et istiusmodi quartatio non solum eae proventibus agrorum ac pecorum colligitur, sed etiam mechanici de suo quaestu quartas dependut. Deinde est ac aliud onus capitationis, qua singuli,

Dialogo in lingua slava

Saluto
Pomozi bogh gospodaru, ossia che Dio [ti] soccorra!

Risposta

Dobro dossao pryateliu, ossia sei venuto favorevolmente, amico!

Domanda

Ieli ouay praui puth v Kalipolie? Ossia è questa la strada giusta per Gallipoli?

---

quotquot sunt in una familia, singulos ducatos soluunt. Si parentes solvere nequeunt, ad liberos suos in sevitutem vendendos compellutur. Alii in catenis vincti, ostiatim ob ambulant ad stipem emen dicandum quod si ne ita quidem solvendo fiunt, perpetuis carceribus macipantur. Iam cum omnia officia praestiterint, adhuc semper ius est Turcae optimum quenque ex liberis deligere, quem circuncisum summotumq, a cospectu parentum in militia alit, nec unquam ad parentes redit: ac primum, quia puer facile Christum oblivione dediscit, mox etiam parentes et consanguineos, adeo ut si inter eos verietur, neminem suorum agnoscat. Nemo verbis id explicare potest, quibus lacrymis, gemitu, singultibusve, istiusmodi divulsio fiat. Pater filium, quem in cultum Christi edveaverat, rapi videt ad militiam Satanae, ut Christum oppugnet: filius abstrahitur a parentibus, perpetuo inter alienissimos victurus, quicquid charu est sanguine, sodalidate gratu, familiaritate amicum, relicturus: postmodu in eorum numero futurus, quos Graeci (.......) vocare solent. Et hi quanquam magnopere a fide Christiana degenerarut, plerique tamen eorum, Evangelium Iannis pro amuleto certissimo sub auxillis portant, videlicet, in principio erat verbum, Graece aut Arabice scriptum totum usque ad finem: qui summopere magnoq: cu desiderio Christianorum gladium (de quo vates Turcicus loquitur, ut in sequenti capitulo intelligetur) expectant, ad vindicandum ac liberadum Christianos de afflictionibus, ac persecutionibus eorum. Qui, quod hactenus contra eos non maturaverit, quicunq; sunt in causa ac quocunque animo id faciant, pessime prosecto de Christiana religione mereri videntur. Nuca misso fratre Georgio Cardinali Varadiensi (proh nephas) quam cito amisimus Temefuaru? Doleat nunc Hungaria, ploret Transsylvania, caveant posthac sibi Polonia, Lituania, Russia, Prussia, Moschovia, Datia, Dania, Cotia, Norvegia, ac Svetia. Idem praedicatur ac de Austria, Moravia, Slesia, Bohemia, Saxonia, Germania, Anglia, Scotia, Hispania, ac Francia. Nec foeliciora speret Roma, Venetia cum tota Italia. Faxit (precor) Deus, ut haec foeliciorem, quam suspicor, finem assequantur.

Risposta

Ni brate, Zabludiossi daleko, ossia no, fratello! Hai deviato di molto.

Domanda

Od koiessi Zemlie? Kazuimi, ossia di quale regione sei?[55]

Risposta

Od Vlaske Zemliessam, od Benetak, ossia vengo dall'Italia, da Venezia.

Domanda

Vkafi mi puth praui takoti boga, ossia per [amore di] Dio, mostrami la giusta via.

Risposta

Hodi ssamnon neboisse nistar, ossia Vieni con me e non avere timore di nulla.

Domanda

Iea d koie glasse imas, Kazuimi, ossia se sei a conoscenza di qualche novità, comunicamela.

Risposta

Ne takomi vire da Zna prouidalbih ti, ossia, no, in fede mia. Se lo sapessi, te lo direi.

Auguri e saluti

Oftaiz bogo brate, onie grad Kamogres, ossia stai con Dio, fratello! Quella è la città che cerchi.

---

[55] Testo latino: <<Adiuvet Deus patrone. Bene venisti amice, Est ne hec recta via in Calipolim. Non frater, deviasti longe. Ex qua es regione? Indica mihi>>.

Risposta

Poi Zbogrom i bogh te Zdrauo nobio, Hualu ti imam i dobrati nots bila, ossia vai con Dio e che Lui ti mantenga sicuro. Ti ringrazio e che la notte ti sia propizia[56].

La preghiera domenicale in lingua slava[57], seguita dalle seguenti considerazioni.

O lettore, non è necessario che aggiunga alcun ulteriore vocabolo, al fine che ti renda conto quanto la lingua slava differisca da quella dei Persiani, di cui i Turchi si servono. Sappi comunque, che è lecito a tutti i conoscitori di questa lingua avvicinarsi con sicurezza alla Croazia, alla Dalmazia, alla Russia, alla Valacchia, alla Serbia, alla Boemia ed alla Polonia, anche se in ragione della distanza tra le diverse provincie differiscono in alcuni vocaboli e nella pronuncia, come accade agli Italiani rispetto agli Spagnoli, ed ai Tedeschi rispetto ai fiamminghi. Dovete inoltre sapere che sia i Ruteni che i Serviani utilizzano la stessa lingua nell'ambito della liturgia. Posseggono infatti 34 lettere non molto differenti da quelle greche. La medesima cosa può dirsi dei Croati, anche se le loro lettere sono molto diverse dalle loro per quel che concerne la forma, anche se per quel che

---

[56] Testo latino: <<Ex Italorum regione sum ex Venetia. Ostende mi iter rectum propter deum. Veni mecum, nec timeas quicquam. Si quid novi habes, indica mi. Non ad meam fidem, si scirem indicarem tibi. Mane cum Deo frater, illa est civitas quo pergis. I cum deo, ac deus te incolumem ferat. Gratiam tibi habeo, ac fausta tibi nox fit>>.

[57] <<Otffe nass, ki yessi na nebessi, ffuetisse ime tuoie. Pridi Kralyeustus tuoie, budi volia tuoia, kako na nebu i na zemly. Kruha naffega ffgadaniega dai namga danaff, i odpusciainam dughe nasse, kake i mi odfusciamo dusuikon nassym, i nepeliai nats napaft. Da izbani nats od nepriazni, Amen>>. Questo paragrafo costituisce una traduzione in lingua slava da parte dell'autore del testo della preghiera del Padre nostro, il cui testo in latino è il seguente: "Pater noster qui es in coelis, sanctificetur nomen tuum, fiat voluntas tua, sicut in coelo et in terra. Panem nostrum quotidianum da nobis hodie, dimitte nobis debita nostra, sicut ac nos dimittimus debitoribus nostris. Ne nos inducas in tentationem, sed libera nos a malo. Amen". Segue la traduzione in lingua slava dell'autore del testo dell'Ave Maria: <<Zdraua Mario milofti puna, gofpodin stobom, blafena ti meu fenami, i blafen tfad vtrobe tuoye Iesus Kristus. Sueta dive Mario, matiko, bosya, moli Zanats, grifniche tfada i v vrime fmerti naffe. Amen>>. Il testo latino dell'Ave Maria è il seguente: <<Ave Maria, gratia plena, dominus tecum, benedicta tu in mulieribus ac benedictus fructus ventris tui Iesus Christus. Sancta virgo Maria, mater Dei, ora pro nobis peccatoribus, nuc et hora mortis nostrae. Amen>>.

riguarda il numero e la pronuncia sono simili. E quindi ci è impossibile imitare, con i caratteri latini, la vera pronuncia delle parole stesse. Gli stessi Turchi utilizzano la medesima lingua presso la corte del loro sovrano e alla frontiera con le terre slave[58].

La predizione degli infedeli in lingua turca

Segue la sua interpretazione

Il nostro imperatore giunge, prendendo il regno del principe pagano ed anche il pomo rosso, e lo riduce sotto il suo potere. Se fino al settimo anno la spada dei Cristiani non si ribella, nel dodicesimo sarà posto sotto il controllo di costoro. Ha costruito delle dimore, ha piantato delle vigne, ha fortificato gli orti con delle mura, ha generato dei figli e dopo il dodicesimo anno (dal quale il pomo rosso sarà ricondotto sotto la sua potestà) apparirà la spada dei Cristiani che metterà in fuga i Turchi[59].

Commentario

Patissahomoz[60] è il nome della carica con il pronome al plurale e significa nostro Re o nostro Imperatore. Infatti, sono soliti chiamare con questo stesso nome il Cesare dei Romani, e con nomi simili anche gli altri re

---

[58] Testo latino: <<Visum est nobis humanis. Lector, nonnulla vocabula Sclavonicae linguae addere, ut scias quam differat Sclavonoica a Persarum lingua, qua Turcae utuntur. Scias etiam, quod omnibus hac lingua peritis tuto adire licet Croatiam, Dalmatiam, Russiam, Valachiam, Serviam, Bohemiam ac Poloniam, quamvis propter provinciarum distantiam in quibusdam vocabulis ac prolatione nonnihil differant, ut Itali ab Hispanis, Germani a Flandris. Nec te lateat, Ruthenos ac Servios eadem lingua uti in officiis divinis: habent enim xxxiiii, literas Graecis non multum dissimiles. Sic etiam Crotati sed horum literae plurimum ab illis different forma, numero tamen ac prolatione similes sunt. Et ideo impossibile est nobis Latinis characteribus, ipsorum vocabulorum veram prolationem imitari. Turcae quoque eadem lingua in aula eorum Regis, ac in confiniis Sclavoniae versantes, utuntur>>.
[59] Testo latino: <<Imperator noster veniet, ethnici Principis regnum capiet, rubrum quoque pomum capiet, in suam potestatem rediget: quod si septimum usque annum Christianorum gladius non insurrexit, usq; ad duodecimum annum eis dominabitus. Domos aedificabit, vineas plantabit, hortos sepibus emuniet, liberos procreabit, ac post duodecimo annum (ex quo rubrum pomum in illius potestatem redactum fuerit) apparebit Christianorum gladius, qui Turcam quauaversum in fugam ager>>.
[60] Ossia *Padishah*, termine di origine persiana traducibile come "imperatore". Il titolo era riservato esclusivamente al Sultano.

cristiani, ossia (*Vrum patissah*), che può essere tradotto come imperatore cristiano, o (*Ungruz patissah*), ossia re ungherese e (*Frank patissah*), ossia re dei Galli. Dal momento che non viene attribuito a nessun potente di condizione inferiore, se non agli imperatori ed ai sovrani, *Patissah* viene invece utilizzato per indicare i condottieri e non i re. Quando il condottiero viene indicato con quel nome, nessuno deve dubitare che il vate dei turchi, attraverso questo vocabolo ossia *Patissah*, s'intenda qualche tiranno molto potente da opprimere i cristiani con i suoi seguaci. Inoltre con questo stesso nome costoro sono soliti chiamare anche il re dei Persiani. Però spesso accade che costui venga chiamato Sultan[61], nome che indica un principe, come Sahi Sultan Ismail[62]. Il contemporaneo sovrano persiano si chiama infatti Ismail, che significa Ismaele. Impiegano anche un altro nome per indicare la dignità reale, ossia *Hünkar*[63], ma non ho mai udito chiamare con questo nome i re cristiani o degli infedeli, eccetto lo stesso Solimano il loro monarca, che ora ha assunto il potere. Tuttavia non so se significhi il signore degli Unni. Infatti questo [vocabolo] secondo la lingua tedesca sembra indicare *Hunch heer*[64], ossia signore degli Unni. *Gheleur*[65] è un verbo al tempo futuro che significa verrà. *Cfiaferun*[66] invece significa gentile o pagano. Costoro infatti sono soliti apostrofare con questo nome tutti i cristiani, anche se posseggono altri vocaboli con cui fare riferimento a costoro, ossia (*Gyaur e Kaur*)[67]. (*Gyaur*) significa un uomo, se non viene aggiunto il suffisso "lar", con cui viene formato il plurale, (*Gyaurlar*) o *Kaurlar* ossia i cristiani. Comunque *Cfiafer*, anche senza quel suffisso, con il quale viene attribuito il numero plurale, designa la moltitudine delle nazioni. Poiché il testo riporta (*Cfiaferun*), il caso genitivo per aggiunta del suffisso "un", come (*Cfiafer*), indica il re gentile o dei gentili[68].

---

[61] Termine di origine araba traducibile come "principe" e "sovrano".

[62] Ossia Ismail.

[63] Il termine può essere tradotto anche come "sultano".

[64] Ossia *Hünkar*, traducibile come sultano o chi è dotato di grande potere.

[65] Ossia *Gelecek*, dal *Gelmek*.

[66] Ossia *Kafirin*.

[67] Ossia *Gavur*, termine derivato dall'aramaico traducibile come "infedele". In epoca ottomana veniva utilizzato per indicare i cristiani ortodossi.

[68] Testo latino: <<Sequitur commentarius. Patissahomoz est nomen dignitatis, compositum cum pronomine pluralis numeri ac significat Rex noster, sive Imperator noster. Solent enim eodem nominee dignitatis Romanu Caesarem, simula

Memleket[69] significa regno, sebbene abbiano altri diversi vocaboli che possono indicare il regno come *Istan*[70]. Quando fanno menzione dell'Italia, della Francia e della Spagna, dicono Frank-istan, che significa tanto i regni dell'Italia, della Gallia o della Spagna. Quando intendono nominare la Grecia, cambiano vocabolo, dicendo (*Vrum elli*) che significa Grecia e non (*Vrumistan*) che significa invece regno greco. Sono soliti affermare anche qualche volta (*Vrum memleket*), e [con quest'espressione] intendono l'intero impero dei Greci. In breve, questo vocabolo (*memleket*) indica sia l'impero quanto il regno presso le nazioni turche e persiane. *Alur* è un verbo che significa "prendere" o "ricevere"[71]. *Kuzualami* è un nome traducibile come "pomo rosso" perché *Kuzul*[72] significa il colore rosso, ed *alma*[73] pomo. Affermano che quest'espressione si riferisca ad una città imperiale molto

---

ac reliquos Reges Christianoru appellare, ut Urum patissah, id est, Romanus Imperator: Ungruz patissah, id est, Hungarus Rex ac Frank patissah id est, Gallus Rex. Quare no attribuitur inferioris coditionis magnatibus nisi Imperatoribus ac Regibus, Patiffah: plerunque etiam pro Duce ab eis accipitur, nec abs re. Cum dux a ducendo sit dictus, id tamen nemo debet dubitare, quin ille vates Turcicus, per istud vocabulum Patiffah, aliquem potetissimum Tyrannum ad Christianos opprimendos (hoc loco) suis sequacibus voluit significare. Praetera ac Rex Persarum eodem nominee ab ipsis solet appellari: sed saepius fit, ut vocetur sultan, quod nomen designat Principem, ut Sahi Sultan Zmail, quia hic modernus Rex Persarum Sophi habet proprium nomen Zmail, quod significat Ismahelem. Habent ac aliud nomen dignitatis Regum, Hunker, sed hoc nomine nullum audivi unquam vel ex Christianorum vel infidelium Regibus appellari, preterquam ipsum Suleimannum eorum Regem, qui nunc rerum potitur: quod tamen nescio an significet Hunnorum dominum. Id enim Germanica propemodu vox indicare videtur Hunch heer, id est, Hunnorum dominus. Ghelur, est verbum future temporis quod significat veniet. Csiaferun, est nomen, quod significat gentilem sive Ethicum. Solent enim omnes Christianos hoc nominee appellare, quamvis etiam alia habeant vocabula ad interpellandos Christianos, ut sunt Gyaur vel Kaur; sed Gyaur unum significat hominem, si non addas lar terminationem, qua apposite sit pluralis, ut Gyaur, sive Kaur, id est, Christianus: Gyaurlar, sive Kaurlar, id est Christiani. Sed Csiafer, etiam sine illa termination, quae plurali attribuitur numero, multitudinem nationum designat: sed quia textus habet Csiaferun estq; genitivi casus per additionem un, ut Csiafer, id est, gentilis in nominativo, Csiaferun id est, gentilis in genitivo, quasi dicerent gentilis Regis, vel gentilium>>.

[69] In turco moderno *memleket* significa anche madrepatria ed è sinonimo di *vatan*. *Memleket* è un termine di origine araba (*mamlaka*).

[70] Termine persiano traducibile come "terra".

[71] Il verbo *almak* in turco moderno significa appunto "prendere", "ricevere" o "acquistare".

[72] In turco il colore rosso è reso con il sostantivo *kirmizi*.

[73] Ossia *elma*, termine turco che indica il frutto della mela.

grande e molto fortificata. Tra i dotti per questa ragione è sorta una disputa. Alcuni intendono che con quel vocabolo ci si riferisca alla città di Costantinopoli, perché in alcuni dei loro volumi viene chiamata in modo duplice ossia (*Kufulalmai* e *Vrumpapai*), [traducibile come] il pomo rosso. Secondo alcuni vogliono invece intendere *Budam* o il sacerdote o il patriarca dei greci perché, come abbiamo affermato precedentemente, (*Vrum*) significa Greco, perché una volta l'intera Grecia si trovava sotto il potere romano. [Il vocabolo] è corrotto attraverso l'aggiunta di una lettera al principio e per il mutamento della 'o' in 'u'. Se il primo 'u' ed il medio viene mutato in 'o', sarà Rom. E così molti sono dell'opinione che significhi l'impero di Costantinopoli, altri invece [che indichi] quello romano. (*Kapzeiler*)[74] è un verbo e può essere tradotto come "opprimere sotto il giogo della schiavitù" e nessuno dubita che il tormento tirannico di costoro sia una crudele oppressione, cosa che facilmente hanno sperimentato coloro che hanno provato la loro prigionia e l'esazione del tributo, come i Greci, gli Armeni ed i Traci, e proprio come possono facilmente comprendere coloro che hanno letto il precedente capitolo dedicato ai tormenti dei prigionieri. (*Iediyladegh*)[75][significa] settimo anno fino alla conquista del luogo cui si è fatto riferimento precedentemente.

(*Gyaur keleci efichmasse*)[76], ossia pagano, o gladio dei gentili se non si fosse manifestato e fosse insorto contro di esso. Reputano che questo destino dopo sette anni sia in potere dei cristiani che, qualora volessero stringere con uno sforzo comune la spada contro costoro, senza dubbio conseguirebbero la piena vittoria. Non di meno è vero che la colpa deve essere attribuita alla nostra pigrizia, per cui tra di noi contendiamo in una guerra civile o ci crogioliamo nel turpe ozio[77].

---

[74] Ossia *kapzeyler*.

[75] In turco moderno: <<*Yedinci Yil*>>.

[76] Ossia "*gavur kılıcı çıkmazsa*".

[77] Testo latino: <<Memleket, significat Regnum, quamvis ac alia habeant diversa vocabula ad significandum Regnum, ut Istan: qua cum Italiae, sive Francia, au etiam Hispaniae Regnorum mentionem faciunt, tunc dicunt Frank istan: quod significat tam Italorum, Galloru, vel Hispanus Christianus. Caeterum cum Graeciam nominare volunt, mutant vocabulum, dicentes, Urum elli, id est, Graecia, ac non Urumistan, id est, Graecum regnum. Solent interdum ac Urum memleket dicere, ac tunc intelligunt totum Imperium Graecorum. In summa hoc vocabulum memleket, Imperium potius significare vult, quam Regnum apud illas Turcarum ac Persarum nationes. Alur, est verbum, ac significat capiet, sive accipiet. Kuzulaimi est nomen, quod significat rubrum pomum, quia Kuzul, significat colorem rubrum, ac alma, pomum, ac dicit esse urbem aliquam fortissimam ac amplissimam Imperialem. Et

(*Onychy gyledech*)[78] ossia fino all'anno dodicesimo, (*On larum beghligheder*)[79], ossia di quelli (cioè dei pagani) verrà dominato. In verità, né dopo il settimo né dopo il dodicesimo anno (dopo che l'impero di Costantinopoli era stato conquistato) la spada dei cristiani ha combattuto contro costoro. Infatti già dopo cento anni che tutta la Tracia e l'imperio orientale si trovava sotto la loro dominazione, viene inaugurata l'altra sede dell'impero indicata con il nome di pomo rosso. (*Eusi iapar*)[80], ossia ha edificato una casa. Mi domando però in che modo queste parole debbano essere interpretate. Infatti, costoro non sono interessati ad edificare degli edifici (come i nostri), ma mostrano una maggiore cura nell'espugnare quanto è stato edificato, come avviene anche ai giorni nostri. Costoro infatti non espongono nulla di prezioso negli edifici, che vengono riservati al proprio piacere o all'utilità comune. Per questa ragione ritengono che con l'espressione "edificazione delle case" s'intenda che i nostri luoghi di culto saranno dedicati a Mehemet[81]. Però non so se noi, sotto questo punto di vista, abbiamo suscitato l'ira divina: qualcuno con i cani come un cacciatore cammina nel luogo di culto, un altro parla di prostituzione, un altro urina o defeca,

---

interdum oritur quaestio inter doctiores hanc ob causam, quia alii volunt interpretari illud vocabulum urbem Constantinipolitanam, eo quo in nonnullis eorum voluminibus dupliciter legitur, videlicet, Kusulalmai ac Urumpapai, id est, rubrum pomum, per quod nonnulli volunt intelligere Budam, sive Graecum sacerdotem vel Patriarcham: quia, ut iam diximus, Urum, significat Graecum, eo quod olim erat sub Imperio Romano tota Graecia, ac est corruptum per adiunctione u literae in principio, ac mutationem o in u, quid huic nomini Urum, si demas Primumu, ac medium mutetur in o, erit Rom. Itaque multi sunt huius opinionis, quod significet Imperium Constantinopolitanum, nonnulli Romanum. Kapzeiler est verbum, ac significat opprimere iugo servitutis: ac nemo dubitat illorum tyrannicam afflictionem esse crudelem oppressionem, quod facile probabunt ii, qui eorum captivitatem ac tribute exactionem experti sunt, quemadmodum sunt Greci, Armeni, Thraces, prout facile potuerunt intelligere, si qui legerunt praecedens Capitulum de Afflictione captivorum. Iediyladegh, septimum annum usque post captionem eius loci supra dicti. Gyaur keleci csichmasse, id est, ethnicus, sive gentilis gladius si non apparuerit, ac contra illum non insurrexerit. Putant haec fata anna septime in potestate Christianorum esse, qui si vellent communi opera gladium contra ipsos stringere, haud dubie essent plena victoria potiti. Verum quo minus id fiat, nostram ignavua in culpa esse, dum mutuo inter nos bello civili digladiamur, vel turpi otio confenefeimus>>.

[78] Ossia "*On iki yıla deck.*"

[79] Ossia "*Onların beyliğini eder*".

[80] Ossia "*Evi yapar*".

[81] Qui viene riprodotta la concezione medievale secondo cui i musulmani adoravano il Profeta Muhammad (pbsl).

(azioni) impossibili da vedere tra gli infedeli. È credibile certamente che a causa di questa mancanza di rispetto lo stesso Dio preferisca che i nostri luoghi di culto siano [in potere di] Mehmet piuttosto che del nostro. Però, se questo accade, la colpa è da attribuirsi al custode del luogo di culto stesso[82].

(*Baghi diker*)[83], ossia pianterà la vigna. Con l'espressione piantare la vigna, s' intendono nuove colonie di persone che emigrano dalle proprie sedi originarie, e l'aumento della vastità dell'Impero. (*Bahefai*)[84], ossia gli orti e le altre piantagioni di vigne, ossia le città e le cittadelle conquistate.

(*Baglar*)[85], ossia fortifica. Con questo verbo s'indica che nuove provincie vengono protette e fortificate affinché la loro riconquista risulti particolarmente difficoltosa. È piuttosto straordinario che, dopo tutti gli anni successivi al suo attacco, [il nemico] abbia costruito delle fortificazioni tali che da lui non possiamo riconquistare nemmeno un villaggio.

(*Oglu keziolur*)[86], ossia avrà un figlio ed una figlia. In questo contesto la procreazione dei figli viene interpretata come quella delle genti musulmane. Infatti, così come è chiaro a tutti, quella gente si è diffusa e

---

[82] Testo latino: <<Onychy gyledech, hoc est, usque ad annum duodecimum. On larum beghligheder, id est, eorum (videlicet Ethnicorum) dominabitur. Verum quia neque post septimum, neque post duodecimu annum (capto imperio Constantinopolitano) Christianorum contra Ipsos gladius praeliavit, iam enim fere ad centum annos tota Thracia, ac Imperium Orientale est sub eorum ditione, augurantur aliam Imperii fesedm sub nomine rubri pomi significari. Ita certum ac diffinitum temporis spatium intelligetur, cum res extiterit. Eufi iapar, id est, domum aedificabit. Sed miror unde illis id, ac quomodo sint intelligenda haec verba. Nam hi non adeo in aedificandis domibus (ut nostri) sunt curiosi, sed aedificatas potius expugnandi curam habet, quod etia in dies eos affequi videmus: non enim exponunt the sauros in aedificia, quae ad propriam voluntatem seu delectionem spectat, ac communem utilitatem conservant. Quamobrem per aedificationem domus significari putant, quod templa nostra suo Mehemmeto sit dedicaturus. Sed nescio, an nos ista in dignitate itam divina provocemus, dum alius cum canibus tanquam venator in templo obambular, alius de scorto garriat, alius ad templum nunc urinam, nuc oletum faciat, qualia neque inter infideles quisquam videre potest. Credibile est profecto, quod propter hanc irre veretiam Deus iste malit nostra templa sub Mehemmeto, quam sub nobis esse: sed quod id fiat, est culpa templi custodum>>.

[83] Ossia "*Bağı diker*".

[84] Ossia "*Bahçeyi*".

[85] Ossia "*Bağlar*".

[86] Ossia "*Oğlu kızı olur*". In turco il termine figlio è reso con *oğul* e figlia invece con il *kız*.

moltiplicata. Di conseguenza, non rimane niente altro che la dissoluzione e la diminuzione della fede e della loro nazione.

(*On iki yldenffora*)[87], ossia dopo il dodicesimo anno. (*Hristianon*), ossia Cristiano. (*Keleci*)[88] ossia spada. (*Cficar*)[89], ossia insorgerà o apparirà. Anche presso di loro vi è una controversia relativa al se quella spada, con cui la nazione cristiana sarà condotta alla libertà, ripagherà i musulmani con la medesima moneta, ossia se qualche re cristiano avrebbe espugnato tutto l'impero turco con ampie truppe, o qualche pastore cristiano con la sua dottrina avrebbe convertito i turchi alla nostra religione.

Per quella ragione -(come ho affermato)- gli uomini con un gemito, i bambini con dei lamenti, e le donne con pianti e grida ricevono le ultime parole di quell'oracolo. Tuttavia se solo l'Italia volessero gettare contro quei nemici della fede -come ho già detto già condannati- i suoi mortai, gli spagnoli le loro lance, i galli i loro giavellotti, gli angli le loro baliste, i germani e gli ungheresi i loro lance. I nostri tempi sono però segnati dalla discordia, che in qualche modo rallenta la nostra vittoria. Torniamo però alle parole del vaticinio relativo alla loro dissoluzione[90].

---

[87] Ossia "*on ikinci yildan sonra*".

[88] Ossia *kılıç*.

[89] Ossia "*çıkar*".

[90] Testo latino: <<Baghi diker, id est, vineam plantabit. Per vineae plantationem, novas colonias ac gentium e suis sedibus emigrations intelligent, ac sui Imperii dilatationem. Bahcsai, id est, hortos sive illas plantations vinearum, id est, urbes ac arces captas. Baglar, id est, emuniet. Subintelligut, novas provincias undecunq; muniet, ut recuperate sint difficillimae. Et hoc est mirum, quod a tot annis postquam incoepit saevire, ita munivit, ut ne pagum quidem ab eo recuperare potuerimus. Oglu keziolur, id est, filium ac filiam habebit. Hic per procreationem liberorum interpretatur propagationem Mehemmetanae gentis: ut manifestum est omnibus, illam esse intantum propagatam ac multiplicatam, ut nihil supra. Itaque iam nihil aliud restat, nisi interitus ac diminutio fidei ac nationis eorum. On iki yldenssora id est, post duodecimum annum. Hristianon, id est, Christianus. Keleci, id est, gladius. Csicar, id est, insurget seu apparebit. Id quoque apud illos in controversia est, utrum gladius ille, quo Christianorum natio in libertate vindicabitur, talionem Mehemmetanis reddet, atq: Rex aliquis Christianus magnis copiis totum imperium Turcarum sit expugnaturus, an pastor aliquis Christianus sua doctrina Turcas sit conversurus ad nostrum religionem. Quamobrem (ut dixit) ultima verba huius oraculi, viri cum gemitu, pueri cum fletu, mulierculae cum planctu ac eiaculatione excipient. Utinam tandem Itali sua pila, Hispani suas laceas, Galli sua gesa, Angli suas balistas, Germani ac Hungari suas frameas, contra istos caenes fidei (ipsis, ut ita dicam, satis damnatos) distringere velint: sed discordia nostri temporis est, quae solummodo moratur nostras victorias, a nostris rebus. Sed redeamus ad verba vaticinii de interitu eorum>>.

(*Turchi*), ossia lo stesso turco che ha regnato fino ad adesso. (*Gheresine*)[91], ossia è ritornato da dove è uscito, dai nascondigli della Bitinia, da dove è uscito per la prima volta, o nella Scizia, da dove quella spada cristiana ha avuto origine.

(*Tuschure*)[92], ossia sconfiggere o rovesciare. Non si sa da dove possa sorgere quella spada vendicatrice[93]. In ragione di un altro pericolo, senza dubbio, i turchi non consentono ai cristiani l'utilizzo delle spade o delle armature per proteggersi dalla loro violenza, sebbene già adesso attacchino e massacrino con la zappa, gli aratri ed i pali i loro signori.

Se solo i principi cristiani si preparassero a queste vittorie volute dal destino e resistano affinché le forze dei musulmani non crescano ulteriormente, che già per un ampio grado sono aumentate. Chi dubiterebbe che quella spada cristiana (della quale i vati turchi hanno parlato) vendicherà in futuro tutte le nostre calamità, le persecuzioni e le afflizioni e, dopo che quel regno satanico sarà distrutto, i nostri fratelli cristiani, oppressi dal terribile giogo della schiavitù, e similmente tutto il mondo cristiano, soggetto al pericolo, verrà restituito e condotto alla libertà, alla pace ed alla tranquillità? Dopo che la loro setta diabolica sarà ridotta al nulla, facilmente tutte le anime perse saranno ricondotte in breve tempo al culto di Cristo e all'ovile di un unico pastore, ossia Cristo (come si comprende pienamente nel seguente capitolo), per mezzo della predicazione evangelica.

Affinché [tutto questo] venga a noi concesso in breve tempo, supplichiamo il Padre, il Figlio e lo Spirito Santo, che è Dio nella Trinità sempre benedetto, glorioso e degno di lode nei secoli dei secoli.

---

[91] Ossia "*Gerisine*".

[92] Ossia "*Püskürtür*".

[93] L'intera profezia in turco: << Padişahımız gelir, kafirin memleketini alır, Kızılelma'yı alır kapzeyler, yedi yıla dek gavur kılıcı çıkmazsa on iki yıla dek onların beyliğini eder, evi yapar, bağı diker, bahçeyi bağlar, oğlu kızı olur. On iki yıldan sonra Hristiyan'ın kılıcı çıkar, o Türkü gerisine püskürtür>>. Cfr. B. Bekar, "Adam Kraft'ın 1596 Tarihli 'Türklerin Dinleri, Savaş Yöntemleri, Geçim Kaynakları, *Başarı ve Çöküşlerinin Sırları' Adlı Eseri, Dil ve Edebiyat Araştırmaları* (DEA), Bahar, 2019; (19) 159-181, 174.

Capitolo III

Resoconto di una discussione con i Turchi

Con grande fatica e non senza alcun pericolo di vita, ho visitato l'oriente, l'occidente, il meridione ed il settentrione e, dopo essere passato ed aver visitato molti luoghi ameni e le più importanti città, ed averle perlustrate ed esplorate con molta attenzione, non differentemente dal costume di Socrate, di Platone e degli altri filosofi, sono approdato nella famosa città ungherese chiamata Varadino[1]. (In questa città) a quel tempo e per un caso fortuito mi sono imbattuto in qualcuno della setta di Mehmet esperto nella legge chiamato Dervis Gfielebi[2], che dopo aver portato a termine tutti i suoi impegni con il prelato di quella città, ossia frate Giorgio, desiderava più di ogni altra cosa discutere con i cristiani della fede e della religione.

Quindi, per alcuni giorni mi sono recato come interprete del detto prelato chiamato Gabor, affinché trovasse qualcuno che osasse difendere la religione cristiana contro costui. Però, tutti i religiosi che si trovavano nella città erano stati ridotti al silenzio dalla voce di un solo pagano. Non mi sembrò che gli ebrei, che vivevano sotto il re Saul, avessero agito in modo differente quando non ebbero il coraggio di affrontare il gentile (incirconciso) Golia che li aveva provocati alla *Monomaxian* (in greco nel testo)[3]. Vedendo questo, turbato mi dolevo grandemente che in una tale assemblea di sacerdoti non si potesse trovare nessuno che osasse, armato della verità, anche se attraverso un interprete, reprimere l'insolenza del pagano[4]. E temo che non a causa del nefando silenzio e la detestabile ignavia, in modo particolare in tale compito, saremmo giudicati per aver presentato la mano all'uomo empio, ma in quanto avremo reso più debole la verissima causa nostra e di Cristo salvatore, e perpetua e nota l'ignominia del nome cristiano[5].

---

[1] Ossia la città di Nagyvarad, nota in italiano come Gran Varadino.

[2] Ossia il derviscio *çelebi*, termine indicante un titolo con cui veniva apostrofato un nobile. In questo contesto il termine potrebbe anche indicare un nome proprio.

[3] Ossia ad un duello.

[4] Molto spesso i musulmani venivano apostrofati come "pagani".

[5] Testo latino: <<Disputationis cum Turca habitae narratio Cap. IIII. Summo labore, nec sine gravifs, periculo vitae, Orientalium, Occidentalium, Meridionalium, necnon Septentrionalium partui, amoenioribus locis ac potioribus urbibus peragratis, ac visiatis, hisq, non secus, quam Socratis atque Platonis, necnon aliorum Philosophorum more penetratis, perlustratis ac diligeter exploraris, famosissima

Per questa ragione, nonostante io non sia stato chiamato alla funzione ecclesiastica, tuttavia non di meno ho risposto al comando relativo a questo incarico di pietà [affermando] che avrei disputato con costui.

Deciso e stabilito da noi il giorno, si è riunita una grande folla di uomini di entrambe le fedi per vedere l'esito della disputa, nel monastero dei frati di San Francesco, nella domenica della pentecoste del 29 maggio del 1547. La prima domanda che venne avanzata è: dove si trovasse Dio prima che fossero creati i cieli, la terra e le creature. Tuttavia questa sua domanda non mi è sembrata ben ponderata. Comunque, affinché non ritenesse che fossimo ignari della presenza ubiquitaria di Dio, ho risposto: nel suo essere. Però, al fine che quella risposta non gli sembrasse in un certo senso piuttosto oscura o che non la comprendesse abbastanza, ho poi aggiunto: in ogni luogo, dove si trova anche ora. Compreso questo, ha negato (che si trovasse) nell'universo, ma ha risposto in una nube bianca. Quando ha affermato che si trovava nella nube, ho citato la Genesi (anche costoro leggono i libri di Mosè e dei profeti) ed ho detto: se Dio stesso si trovava in una nube prima della creazione del cielo e della terra, allora le nubi sono state create prima del cielo e della terra. Convinto rispetto a ciò dalla discussione animata, non ha voluto disputare oltre in merito a questa questione. Ha lasciato a me la possibilità di fare una domanda: in ragione della festività di quel giorno, sembrò opportuno discutere un poco del medesimo argomento. Immediatamente dopo aver scritto le parole (come nella figura precedente) e averle scritte con lettere arabe nel modo del

---

Hungariae urbem Varadinum dictam quum appulissem: in qua eodem repore casu fortuito aderat quidam Mehemmetanae sectae legis peritus Dervis Gsielebi dictus, qui peractis cum praelato eiusdem civitatis videlicet, fratre Georgio, suois negotiis, summopere desiderabat cum Christianis aliqua de fide ac religione utraque conferre. Hoc igitur cum per aliquot dies per interprete iam dicti Praelati Gabor nominatu egisset, ut illi antigobista substitueretur, qui religionem Christianam contra eu defendere audeat, sed omnes quotquot in ea religionsi fuerant urbe, ad unius Ethnici voce muti redditi erant, nec mihi dissimiles videbantur Israelitis esse, qui sub Rege Saule vivetes, ad unius incircuncisi Goliath, ac quidem spurii, monomachian [in greco nel testo] eos provocatis, venire non sunt ausi. Id ego videns, turbatus dolebam nimium, in tanto coetu clericorum reperiri neminem, qui veritate ipsa armatus, saltem per interprete, insolentiam Ethnici reprimere auderet. Et verebar, ne propter nefandam, ac omnibus modis detestandam, praefertim tali in negotio, taciturnitatem ac ignaviam, homini nesario palmam tribuisse iudicaremur, verissimamq; causam nostram, ac Christi salvatoris, deteriorem redderemus, perpertuamq; notam ignominiae Christiano nomini inurentes>>.

Corano, gli ho mostrato come dovessero essere lette, e di cui qui viene riportata l'esposizione[6].

Dibattito sul mistero della santa Trinità.

Questa è l'interpretazione

(*Bi*), ossia in, (*sem*), nome: nel nome, (*Allahe*), ossia di Dio, (*El-Rahmane*), ossia della misericordia, (*El Ruoahim*) ossia del loro spirito.

Si deve sapere che la lingua araba ha molte affinità sia con quella ebraica che con quella caldea, per cui mi rifaccio al giudizio di quegli uomini che hanno una conoscenza della lingua ebraica oppure di entrambe. Infatti (*Sem*), come dicono anche gli ebrei, significa nome. (*Allah*) [viene utilizzato] presso gli arabi, mentre (*Elohi*) presso gli ebrei ed i caldei. (*Rahman*) (nella lingua) di entrambi i popoli è un vocabolo che significa misericordia. Allo stesso modo, anche (*Ruoah*) significa spirito e se si aggiunge "im", indica il plurale. Molti vocaboli della lingua ebraica al plurale terminano infatti con "im".

Costui quando considera queste cose, ne viene grandemente ammirato e domanda: "In che modo i cristiani sono in possesso di queste conoscenze?" Infatti -afferma- al principio di ogni azione noi musulmani pronunciano queste parole e sono collocate all'inizio di ciascun capitolo del Corano.

---

[6] Testo latino: <<Quamobrem licet ad munus Eccleasiasticum non sim vocatus, nihilominus tamen suscepi provinciam de hoc pietatis negotio cum eo me certaturum. Ibi statuto ac a nobis praescripto die, convenit magna utriusque coditionis hominum frequentia, spectatum rei futurae exitum, hocq: in monasterium fratrum Divi Francisci, die Dominica Pentecostes, XXIX Maii M. D. XLVII ac primum hanc propofuit quaestionem: ubi Deus ante coeli ac terrae aliasq: creaturas versaretur. Mihi autem haec sua quaestio licet non adeo ad propositum spectare videbatur, ne tamen nos Dei Opt. Max. ubique praesentiae ignaros iudicaret, respondi: in suo esse. Sed cum illi videretur haec responsio utcunque obscurior, nec eam posset satis intelligere: postea dixit, Ibidem, ubi ac nunc est. Hoc intellecto, negavit hec in in universum, dixiq, nequaquam, inquit, sed in nube candida. Qui cum eum in nube Suisse affirmaret, citavi Genesim (nama ac ipsi legunt libros Mosae ac prophetarum) ac dixit: Si Deus ipse ante coeli ac terrae creationem in nube erat: ergo nubes primum antequam caelum ac terra, creata est. Ibi post ultro citroq: de hac re agitatos sermones convinctus, noluit de hac re ultra disputare. Igitur cessit mihi locus proponedae quaestionis: ac ob festivitatem eius diei, visu fuit de eode pauce differere. Statim depictis his verbis (ut in figura praecedenti) literis, ac sermone Arabico quomodo in Alcorano scripta habetur, postea illi legenda porrexi: quorum prolatio est eiusmodi>>.

Quando ci sediamo alla mensa per mangiare, cominciamo con queste parole, (e facciamo lo stesso) quando ci laviamo le mani e le altre parti del corpo, recandoci alla preghiera. Inoltre, dopo aver compiuto queste azioni, ripetendo queste medesime parole tre volte, ci bagnamo il capo, dicendo: *Bi sem Allahe, El Rahmane, El Ruoahim*[7].

Poi, quando ho ammesso che fosse la verità, gli ho domandato che cosa intendono per misericordia. Costui risponde che non comprende il vocabolo se non secondo il suo significato letterale e non ha nessun altro senso. Dopo sono arrivato all'interpretazione mistica delle parole, ed in conformità ad esse alla genuina verità, in tre persone, ossia del Padre, del Figlio e dello Spirito Santo. Affinché questo possa essere compreso meglio, è stato tradotto nella lingua araba nel modo seguente:

(*Bi*), ossia in, (*Sem*), ossia nome, (*El Ab*) ossia del Padre, e (*Ben*) del Figlio e (*Ruoah*) dello Spirito e (*Elchutz*), ossia Santo[8].

---

[7] Ossia *Bismillāh Ar-Rahmān, ir-Rahīm*: <<Nel nome di Dio, il Clemente, il Misericordioso>>.

[8] Testo latino: <<Quorum interpretatio haec. Bi, id est, in: sem, id est, nomen, quasi dicat in nomen. Allahe, id est, Dei: El Rahmane, id est, misericordiae: El Ruoahim, spiritus eorum. Sciendum, quod lingua Arabica multum haber affinitatis cum Hebraica ac Chaldaica, que committo iudicio virorum cognitionem habentium Hebraici sermonis, vel etiam utriusque: nam sem, ac Hebraei dicunt, quod significat nomen: Allah, apud Arabes, Elohi, apud Hebraeos, atq: Chaldeos. Rahman, utriusqu, nationis est vocabulum, quod significat misericordiam: ita quoque ac Ruoah, spiritum significat, ac ardita Im, sit pluralis, nam Hebraica pluralia plerunque in Im, terminantur. Haec qui cum vidisset, admiratus vehementer, undenam haec, inquit, Christianis? Nam in omni operis principio utimur, inquit, nos Musulmani istis tribus verbis, ac singulis capitulis Alcorani praeposita habentur. Cum assedimus mensae ut edamus, hec premittimus verba: cum abluimus manus, euntes ad orationem ac caetera membra corporis. Insuper peracta lotion, ter repetendo haec tria verba, aqua aspergimus capita, dicendo: Bi sem Allahe, El Rahmane, El Ruoahim. Igitur cum fassus esset veritatem, quaefini ab eo, quidnam intelligant per misericordiam. Qui respondit se non intelligere, nisi secundum literam, nec habere aliud significatum. Post haec accessi ad mysticam interpretationem verborum, ac ea iuxta genuinam veritatem, in tre personas partitus sum, videlicet: Patrii, Filii, ac Spiritus sancti. Ut autem melius intelligeret, in Arabicu sermonem verti hoc modo. Bi, id est, in: Sem, id est, nomen: El Ab, id est, Patris, U, id est, ac: Ben, id est, Filii, ac Ruoah, id est, Spiritus; Elchutz, id est, sancti. Qui cum filii Dei mentionem me secisse intellexisset, quaesivit: undenam filius esset Deo? Cum secundum legem nostram ac Machometi doctrinam, Deus non habeat uxore, inquit, ne proles. Deinde coepi interpretari prout intelligebam>>.

Costui, quando ebbe compreso che avevo fatto menzione del figlio di Dio, mi domandò: Dio ha forse un figlio? Perché secondo la nostra legge e la dottrina di Mehmet, Dio non ha né moglie né figli, disse. Quindi iniziai ad interpretare nel modo in cui avevo compreso.

Noi chiaramente chiamiamo Dio Padre in ragione delle creature in quanto è la prima causa che ha creato e ha conservato tutte le cose, che è sempre nella medesima essenza, nella quale ora è e sarà nei secoli dei secoli: questa è la prima persona divina nella Trinità.

In verità, crediamo che Dio abbia un figlio, (che da Mehmet nella lingua araba è stato cambiato in *Rahmān*, che significa appunto misericordia), non secondo la concupiscenza della carne (dal momento che Dio è spirito) e nato da una donna, ma è proceduto dall'essenza e dalla sostanza di Dio onnipotente. Costui al fine di portare i nostri peccati, dopo aver assunto la forma umana attraverso la vergine immacolata, ha sofferto per noi, è morto ed è stato sepolto e, secondo quanto era stato affermato dai profeti, è resuscitato dai morti nel terzo giorno. Dopo è asceso al cielo e si è assiso alla destra del Padre e da qui verrà per giudicare i vivi ed i morti. Darà la beatitudine dell'immortalità a coloro che hanno creduto in lui, mentre coloro che non hanno avuto fede in lui saranno condannati al supplizio eterno.

Poi gli ho mostrato l'immagine del crocefisso. Vedi- dissi- se senza ragione alcuna questo figlio del Dio eterno sia stato chiamato da Mehmet misericordia. Costui ci chiama ad ampi polmoni quasi per abbracciarci, dicendo: "Venite a me tutti voi che siete stanchi ed oppressi dai peccati affinché io possa guarirvi"[9]. E, al fine di rendere più comprensibile il mistero della Trinità, gli mostrai il sole. Hai -dissi- una bella similitudine nel sole. Proprio come il sole è uno ed ha forma, calore e splendore, allo stesso modo Dio è uno e Padre, Figlio e Spirito Santo, che voi chiamate *Ruoahim*, consistendo nelle tre persone che sono della medesima sostanza e permangono dall'eternità senza che nessuno li abbia creati.

E così, secondo questa similitudine, ha creduto in Dio padre, nel Figlio suo unigenito e nello Spirito Santo nella Trinità. E quando ebbe udito che affermavo tali cose di Dio, del Suo Figlio e dello Spirito Santo, grandemente ammirato disse *Allah, Allah*, che significa O Dio, o Dio.

Io, disse, o qualcun altro dei nostri, non abbiamo mai creduto che la vostra concezione di Dio fosse corretta. Abbiamo reputato infatti -disse- che eravate persi nelle tenebre più profonde. Ora però comprendo dalle tue

---

[9] Citazione dal Vangelo secondo Matteo, 11, 28: <<Venite a me, voi tutti che siete stanchi e oppressi, e io vi darò ristoro>>.

affermazioni, che Lo comprendete in modo ottimo, se non fosse per il fatto che considerate di scarsa importanza Mehmet, il grande profeta di Dio.

Che cosa ci importa dei non-sensi e delle fantasie di Mehmet? Infatti, eccetto il battesimo ed il mistero della Trinità, che ha accettato da noi cristiani, sappiamo che nel suo Corano non vi sia nulla che pertenga alla verità. Sotto un altro punto di vista, gli ho citato i non-sensi e le fantasia di Mahumet relativamente ai due angeli, chiamati Aruth e Maruth, che Mahumet racconta sono stati inviati sulla terra da Dio, al fine di amministrare il diritto tra i mortali[10]. A costoro era stato ordinato di non bere vino, di non frequentare delle donne e di non mostrare a nessuno la via verso le regioni celesti. Costoro però, dopo aver trasgredito agli ordini divini ed essersi ubriacati, furono ingannati da una donna e contaminatisi hanno svelato la via verso le regioni celesti[11].

____

[10] Ossia Hārut e Mārut menzionati nel seguente versetto coranico: <<Seguono ciò che i malvagi hanno praticato al tempo del regno di Salomone. Non fu lui il negatore della verità, ma quei malvagi che insegnarono agli uomini l'arte del sortilegio e ciò che è stato diffuso in Babilonia da Hārūt e Mārūt. Costoro non hanno mai insegnato nulla senza prima affermare: "Siamo una tentazione a compiere il male. Non siate negatori della verità divina". Da loro impararono il modo in cui seminare discordia tra moglie e marito. Non hanno mai potuto danneggiare nessuno, senza il permesso di Dio. Quello che hanno imparato nuoce loro, senza recare alcun beneficio. Coloro che acquistano questa conoscenza non avranno alcuna porzione nell'Altra vita. Hanno venduto le loro anime ad un prezzo vile. Se solo lo sapessero>>. Cfr. Il Sacro Corano 2:102. La leggenda relativa al loro peccato ed alla punizione cui furono condannati è riportata da Tabari nel suo _Tafsīr_ al testo coranico. Le fonti di questa tradizione sono da ricercarsi nel Talmud ed in alcune fonti siriache, iraniane e greche.

[11] Testo latino: <<Nos videlicet, Deum vocare Patrem, propter creaturas: primam nampe causam creantem ac omnia conservantem: qui semper in eadem essential fuit, in qua ac nunc est, ac erit in secula seculorum: qui est prima persona divinitatis in Trinitate. Filium vero (qui a Mehmmeto in Arabicum vocabulum, videlicet, Rahman, quod misericordia significat est mutatus). Deum habere ita credimus, ac non secundum concupiscientiam carnis (cum Deus sit spiritus) ex foemuna genitum, sed ab essentia ac substantia Dei onnipotentis procedentem: qui ut peccata nostra tolleret, assumpta carne humana, ex immaculata virgine, pro nobis passus, mortuus, atque sepultus ac iuxta dicta prophetarum, tertia die a mortuis surrexit: post haec ascendit ad coelos ac sedet ad dextram Dei patris: inde venturus est vivos ac mortuos iudicare: ac tunc dabit immortalitatis beatitudem his, qui in eum credunt: incredulis vero supplicia aeterna. Postea ostendit illi imaginem crucifixi: Vide, inquam, si immerito ac a Mehemeto, hic filius aeterni Dei, dictus sit misericordia dum expansis brachiis vocat ut amplectatur nos, dicens: Venute ad me omnes qui laboratis, ac estis onerati peccatis, ut reficiam vos. Et ut eum de Mysterio Trinitatis redderem certiorem, ostedi solem. Habes pulchram solis similitudinem, inquam. Sicut unus est

Quando gli angeli ebbero raccontato dell'errore commesso da Aruth e Maruth, Dio ordinò che la donna (fosse trasformata) in stella e loro invece venissero condannati per sempre incatenati ad un tormento perpetuo in una fossa.

E molte sono le cose ridicole di tale natura, come quelle relative all' animale capace di proferire parole umane, (chiamato) *El Barahil*[12], che ha condotto Mehemet nei cieli, dove ha affermato di aver visto gli angeli con molte teste e con molte e diverse lingue. Questo è piuttosto ridicolo e minimamente degno di essere proferito da un profeta. Ma non so -affermo- se costui ha veduto tali stranezze nel sonno, dopo essere caduto in uno stato di ebbrezza, o piuttosto abbia sognato queste assurdità.

Dal momento che ha osato narrare ed inserire nel suo Corano dei non-sensi di tale portata, meritatamente deve essere definito da voi tutti non vero profeta ma falso. Dopo aver udito queste cose, si alzò pieno di vergogna e non volle discutere di altro, ma mi fece entrare nel luogo di culto, indicò le immagini scolpite nel legno e domandò se adoriamo queste imitazioni degli esseri umani o se le veneriamo. Ho risposto che mai abbiamo reputato che il legno e le pietre da cui queste immagini sono state scolpite debbano essere adorate, ma le conserviamo e le veneriamo nel luogo di culto non perché abbiano un intrinseco valore, ma in quanto raffigurano Cristo, la

---

sol habens formam, calorem ac splendorem: sic unus est Deus ac parter, qui habet filiu, ac spiritum sanctum, quem vos Ruoahim vocatis, consistens in his tribus personis, quae ex aequo de eadem substantia sunt, deq; eode subiecto, ad aeterno quidem nullo creante permanentes. Et ita comparatione hanc credidit in Deum patre, ac filium eius unigenitus ac spiritus sanctum in Trinitate unum. Et cum audisset me haec ita, at satis indocte de Deo, ac eius filio, ac spiritu sancto differere, plurimum admiratus dixit, Allah, Allah: quod significant Deus, Deus. Ego, inquit, vel aliquis nostrum, nunquam credidissemus vos ita bene de Deo sentire: existimabamus enim vos, inquit, in maximis tenebris constitutos: sed iam ex tuis relatis intelligo vos optime de illo sentire, nisi quod Mehemmetum prophetam Dei magnum parvi faciatis. Quid nobis cu Mahumeti nugis, ac somniis? Nem preter baptsmu ac mysteriu Trinitatis, quae a nobis accepit Christianis, scimus in suo Alcorano no habere quicquam, quod ad veritatem sepctet. Caeterum, citavi illi nugas vel somnia potius Machometi de duobus Angelis, Aroth, ac Maroth nominates, quos Machomet a Deo in terram missos fuisse narrat, ut ius mortalibus administrarent: quibus iussit ne vinu biberent, nec mulieribus sese admiscerent, neque alicui ad superos iter ostenderent. Qui transgresso mandato divino, inebriati sunt a muliere decepti, coninquinati sunt, eiq, iter ad superos eundi ostenderunt>>.

[12] Ossia *Burāq*, il misterioso destriero alato, che trasportò il Profeta, nel viaggio notturno (*Isrā'*), dalla Mecca a Gerusalemme. Il nome, che deriva dal termine *barq* (fulmine), è associato alla velocità nel viaggio>>.

vergine e ogni altro di quei santi che stanno in cielo, in modo che siano posti davanti ai nostri occhi. Tuttavia Cristo vero Dio adoriamo nelle immagini di lui, e veneriamo gli altri santi, li curiamo e li custodiamo con onore, cosa che voi non rifiutate né ai sovrani o agli uomini insigni. Noi (onoriamo) invece coloro che sono consacrati a Dio, in modo che non siano toccati da alcun disonore coloro che Dio ha voluto onorare in questo modo[13].

Rendiamo grazie ancora una volta a Dio per i favori che vediamo in coloro che sono stati perdonati dalla sua clemenza. Inoltre, dopo aver invocato (Dio) attraverso la loro protezione, [Egli] ci viene in aiuto, clemente e propizio. In ultimo, impariamo e ci impegniamo ad imitarne la loro santità, carità e pietà.

Quindi, mentre discutevamo, vidi dei cani che camminavano nel luogo di culto e contaminavano i sacri rivestimenti dell'altare (cosa pessima e consuetudine che deve essere da tutti criticata). Domandò: "È concesso agli animali l'ingresso nel luogo di culto?" Allora preso da vergogna, non sapevo in che modo difendere la negligenza dei pastori cristiani. Comunque risposi che non è consentito, e che non è una cosa conveniente, ma che deve essere imputata alla negligenza dei custodi.

Quando tuttavia ebbe compreso tutte queste cose, espresse delle lodi, e chiese che gli insegnassi la preghiera della domenica, che viene resa nella lingua turca come segue: <<Babamoz, hanghe gugteffon, chuduff olffun ffenungh, adun gelffon ffenung memlechetun, olffum ffenungh ifftedgunh

---

[13] Testo latino: <<Quam cum Deus in coelum venire vidisset, Angelos sibi astantes interrogavit, quisnam hic in coelum hac forma indutus veniret? Ibi Angeli, cum narrassent errorem esse Arothi ac Marothi, iussit ut mulier in stellam concatenatos in unum puteii perpetuo cruciandos mittere praecipit. Et huiusmodi ridicula multa: ut de animali El Barahil, humani sermonis capacis, quod animal Mehemmet fatetur se vidisse Angelos magnos, habentes multa capita, ac ea multas ac diversas linguas habere. Hoc profecto satis ridiculosum, ac prophetam dictu minime dignum. Sed nescio, inquam: forfitan vino repletes in somnio talia miracula, seu portius portenta ridiculosa, se somniasse vidit. Igitur cum huiuscemodi nugas narrare, ac suo Alcorano inserere est ausus, non verus propheta, sed pseudopropheta, merito ab omnibus nobis vocari debet. Quibus auditis, pudore affectus surrexit, ac de caetero disputare noluit: sed introduxit me in templum, oftendit imagines sculptas in ligno, rogavitq; utru nos eas similitudines hominum adoramus, aut si eas veneramur: cui respondi. Nequaquam opineris nos ligna, lapides, ex quibus hae imagines sculptae sunt, adorare: sed ea ratione in templo servamus, ac veneramur, non quo res quaedam sunt, sed ratione ea qua nobis Christu Deum, D. Virginem, vel aliquem ex divis coelo ascriptis, effigiant, ob oculos ponimus. Christum autem verum Deum in eius imagibibus adoramus, ac caeteros sanctos veneramur, observamus, honore prosequimur, quod ac vos nec regibus, aut insignib viris denegatis, nos autem iam Deo consecrates, nulla labe commaculatis, hisq, quos ac Deus sic voluit honorari>>.

nyefe gugthe ule gyrde. Echamegumozi hergunon vere bize bu gun, hem baffa bize borsligomozi, hem yedma byzegeheneme, de churtule bizy iaramazdan. Amen>>[14].

O lettore cristianissimo hai (compreso) le miserie e le disgrazie dei nostri fratelli che vivono sotto il giogo della schiavitù dei turchi, che sono state descritte in parte con le parole, in parte con le immagini[15], in modo abbastanza completo. Inoltre hai il gladio di tredici potentissimi monarchi dell'Impero cristiano, e la vittoria futura della nostra spada, secondo il presagio degli indovini degli infedeli. Se (quella spada) venisse impugnata contro quel crudelissimo tiranno già condannato dal destino, chi dubita che in breve tempo ad un solo pastore e ad un solo ovile (saranno ricondotti)?[16]

---

[14] Padre nostro in lingua turca: <<Babamız sen ki göktesin, kutsal olsun senin adın, gelsin senin memleketin (egemenliğin), olsun senin istediğin gökte olduğu gibi yeryüzünde de, her günün ekmeğimizi bize bugün de ver, bizim günahlarımızı bağışla nice [ki] biz de bize kötülük edenleri bağışlarız. Bizi şeytandan ve kötülüklerden kurtar, hem bizi cehenneme gönderme. Amin>>. Cfr. B. Bekar, "Adam Kraft'ın 1596 Tarihli 'Türklerin Dinleri, Savaş Yöntemleri, Geçim Kaynakları, *Başarı ve Çöküşlerinin Sırları' Adlı Eseri, Dil ve Edebiyat Araştırmaları* (DEA), Bahar, 2019; (19) 159-181, 174.

[15] L'edizione in lingua latina era accompagnata da alcune illustrazioni.

[16] Testo latino: <<Rursus ut Deo gratias agamus de beneficiis, que in istis intelligimus ab eius clementia condonatis. Praetera ut invocato eorundem praefidio, Deu habemus in auxiliu, clementem, ac propitium. Postremo ut discamus ac laboremus eorundem sanctimonia, charitatem, pietatemq imitari. Ibi inter colloquendum, vidit eanes in templo deambulare, ac indumeta altarium commaculare (rem profecto pessimam ac consuetudinem hanc ab omnibus vituperandam) dixit: An bestias templum ingredi liceat? Ibi pudore affectus, ignorabam quomodo defenderem hanc Christianorum pastorum negligentiam: respondi tamen, non licere, nec esse honesta, sed custodum templi negligentia id factu puta>>. Ubi autem haec intellexisset, laudavit plurimu, rogavitq, ut docerem eum oratione dominica, qua milli in Turcicum sermone versam hoc modo sum interpretatus, ut sequitur. [Segue la preghiera del "Padre nostro" in lingua turca e latina]. Habes iam Christianissime Lector, fratrum nostroru sub Turcico iugo servitutis viventium miserias ac calamitates, partim verbis, partimq, figuris, satis copendiose delineatas. Habes praetera ac Tredecim potetissimoru Christiani Imperii Monarcharum gladium, nostrae cladis vindicem futurum, eumq, duplicem iuxta infidelium vatis praefagia: qui si contra hunc crudelissimum tyrannum iam fato damnatum stringatur, quis dubitat brevi unum ovile unumq; Pastorem futurum?

Capitolo IV

Lamento sulla spada dei Cristiani

Colto da un immenso ed incredibile dolore, o monarchi cristiani, rettori magnifici della repubblica cristiana, per i nostri fratelli, mi lamento per la loro sorte terribile e la vita miserabile. Alcuni di costoro sedotti dalla viziosità eretica, si sono allontanati dal grembo della santa chiesa, altri sono stati massacrati dalla guerra civile, altri trucidati dalla spada crudele del nemico, divorati dalle bestie selvatiche (oh ahimè) fatti preda dei Turchi, condotti nella perpetua schiavitù di costoro, vessati crudelmente, e con la voce lacrimosa e sospirando a voi gridano: "O discordia nefanda ed esecrabile, o avida passione per il potere che ha consegnato al servizio di Satana le anime già consacrate al culto divino. Ha distrutto gli imperi ed i regni degli imperatori più potenti, dei re e dei principi e degli eroi più forti di qualsivoglia stato e condizione. Le mura delle città più illustri sono state demolite, i palazzi sontuosi e gli accampamenti potentissimi ha livellato alle fondamenta e coloro che sono stati sconfitti da uno stato ed un grado eminentissimo, ha abbandonato al lutto perpetuo".

Tuttavia, è lecito non per mettere per iscritto le gesta dei principi, ma per descrivere le disgrazie e le tragedie dei prigionieri, utilizzare la scrittura. Non posso passare sotto silenzio l'esempio turpe del nostro tempo di quel promotore delle discordia potente e superbo, ossia del despota della Serbia che, stretto un patto con il Bosniaco Sagiaco, nemico a lui vicino, e dopo essersi impossessato delle fortezze ai confini dei Turchi, fino al fiume Savo (che divide e separa l'Illiria dalla Croazia), ha abbandonato nelle mani dei nemici tutte le provincie tra i fiumi Suvo e Dravo, che avrebbe (dovuto) difendere e proteggere dall'invasione e dall'incursione dei Turchi.

Questo tiranno o, se preferite, signore della Serbia, dopo aver intrapreso rapporti conflittuali e controversi con i leader della Sclavonia, stretta amicizia con il detto Sangiaco, aveva trasportato ed aggiunto all'esercito turco il proprio. Ha rovesciato i leader Sclavoni - (che si sono dimostrati) in parti discordi, in parte incapaci a resistere- presso il fiume Savo al guado conosciuto come Chobacz; ha sottomesso le loro provincie, le ha devastate a ferro e fuoco, ha espugnato in pochi giorni villaggi e fortezze, in parte con la violenza, in parte con l'inganno (secondo il costume dei Turchi).

Dopo pochi mesi, quando il suddetto Sangiaco ha ritenuto che le provincie del despota fossero tra le proprie, colta l'occasione, ha attaccato con violenza il tiranno e, dopo averlo ucciso, ha sottomesso i suoi domini all'impero turco[1].

Comunque quel sovversivo, ateo, traditore della patria e dei suoi fratelli, ha finito la sua vita con ignominia. Infatti tali sono le ricompense dei Turchi verso tutti coloro che possono prendere con l'inganno, le frodi e le insidie. Così hanno fatto anche con i leader dell'Ungheria, alcuni dei quali ora sono tenuti in prigionia dai Turchi, come Maila e Terech Balint, e (qualora non muoiano nei prossimi giorni) conducono una vita alquanto miserabile.

Per questa ragione, senza ombra di dubbio, o monarchi cristiani, dobbiamo evitare e con ogni sforzo possibile guardarci dalla ferocia di quel tiranno ed evitare che dopo aver esplorato le regioni, aggredisca con gli eserciti quelle in cui regna la discordia e quelle più deboli. (Bisogna evitare) non solo che

---

[1] Testo latino: << Deploratio cladis Christianorum. Immenso ac incredibili dolore affectus, Monarchae muictissimi, Rectoresque Reipublicae Christiane Augustissimi, pro fratribus nostris, eorum fortem durissimam dolendo, ac miserrimum vitam deplorando: quorum alii haeretica pravitate seducti, a gremio sacrosanctae Ecclesiae defecerunt: alii civili ensemactantur alii hostili cruento gladio trucidati, a feris devorantur: alii (proh dolor) Turcarum praeda facti, in perpetuam eorum servitutem abducti, crudelissime afflinguntur, qui ad vos lacrymabili voce suspirando clamitant: O nefanda ac execranda discordia, ac regnandi avida cupido quot iam animas ad cultum divinum consecratas, in obsequium Satanae tradidit? Quotq, potentissimorum Imperatoru Regum, Principatum, ac utriusque flatus ac conditionis fortissimorum Heroum imperia ac regna destruxit (?) Superbissimarum urbium moenia demolita est: sumptuosissima palatia, ac fortissima castra solo aequavit, eosq, ex eminentissimo flatu ac gradu deiectos, in perpetuum luctum ablegavit. Licet tamen non ad conscribenda Principum gesta, sed ad captivorum calamitates, ac tragedias delineandas manum appofuerium, unius tamen nostrae tempestatis potentissimi ac superbissimi huius abominandae discordiae comitis, videlicet Serviae Despoti, turpissimum exemplum nopossum silentio praeterire: qui pacto foedere cum Bosnensi Sagiaco, hoste sibi vicino, ac cum fortiora castra in cofinibus Turcarum, usq, ad Sauum fluvium (qui dividit ac separat Illiryam a Croatia) possideret, ac tunc omnes provinciatis inter Suum ac Drauum fluvios, ab impetu ac incursu Turcico defenderet ac tueretur, in manus hostis se dedit. Iste Despotis, aut is mavis, dominus Serviae, dum venire cum proceribus Sclavoniae in discordiam ac cot roversiam, facta amicitial cum dicto Sangiaco, ibi adiuncto Turcico exercitu suo militi, traiectoq; Savo fluvio ad vadum Chobacz dictum, Sclavonos proceres, partim discordes, partim etiam ad resistendum impotentes invasi tac profligavit: eorum provincias debellavit: ignea ac ferro devastavit: oppida ac castella, partim violeti manu, partim dolo ac infidiis (ut Turcarum est mos paucis diebus expugnavit. Post paucos tandem menses, cum dictus Sangiacus Despotis provincias inter suas esse conspexisset, nacts occasione, Despoten strenue invasit: quo tandem occiso, eius quoq; ditiones Turcico Imperio subegit>>.

attacchino i siciliani ed i calabresi ma anche, dopo aver distrutto i Galli, instillino il terrore ed il tremore in tutta la cristianità[2].

In verità, al fine di non sembrare troppo prolisso in quello che sto affermando, lasciando quanto deve essere corretto ed emendato dal più sapiente e consapevole dei monarchi della religione cristiana, torno alle miserie, alle afflizioni ed alle calamità - che devono essere deplorate- dei nostri fratelli cristiani, che vivono prigionieri sotto il terribile e crudele giogo dei Turchi. Alcuni di loro incatenati al collo per i luoghi impervi e scivolosi della Tracia e dell'Asia Minore, con i piedi nudi, tormentati dalla fame e dalla sete, vengono venduti proprio come gli animali selvatici. Afflitti dalla fatica del lungo viaggio o da altre calamità o disgrazie, alcuni di loro sono morti (come è accaduto alla maggior parte dei più nobili e a coloro che erano stati educati nell'ozio e nelle amenità). Costoro, dopo essere stati gettati senza essere seppelliti nella fossa più vicina, vengono dilaniati dagli animali selvatici.

Altri, come i giovani di entrambi i sessi, patiscono l'impura libidine dei venditori di schiavi e dei lanisti. Qui vengono udite le urla ed i lamenti degli adolescenti che vengono violati; né il sesso e nemmeno l'età li può difendere da una tale ignominia.

Altri, ossia coloro che sono ignari sia dell'agricoltura che dell'artigianato, reputati i meno vendibili, per lungo tempo vengono condotti per città e per campagne e, dopo essere stati venduti, costretti con i bastoni e con le frustate, vengono spinti ad imparare con una pratica gravosa sia le arti meccaniche che quelle rustiche, ossia l'agricoltura, la pastorizia sia degli armenti che degli ovini ed altre cose. Quelli che tra di loro risultano essere più robusti, vengono condotti alle triremi: dove privati delle vesti, con i ceppi ai piedi e nudi soffrono pene terribili. Non è possibile descrivere le loro miserie con le parole[3].

---

[2] Testo latino: << Ita enim ille seditiosus atheos, proditor patriae ac fratru suoru, ignominiose vitam finivit. Nam Turcae praemia eiusmodi sunt: quoscunque suis dolis, fraudibus ac insidiis capere potest. Ita plerisque ac Hungariae proceribus fecit: quorum nonnulli nunc in captivitate Turcica detenti, ut Maila tac terech Balint (nisi proximis his diebus sunt extincti) miserrimam traducunt vitam. Quamobrem evitanda nobis profecto, Monarchiae Christianissimi ac summopere cavenda huius tyranni saevitia: ac verendum, ne exploratis regionibus, incordes, viribusq, exhaustos aggrediatur: ac non tantum Siculos ac Calabros oppugnet, verum etiam Gallis sublatis, universae Christianitati terrorem incutiat, atque tremorem>>.

[3] È stato stimato che, al tempo di Solimano il Magnifico, vi fossero circa 30.000 schiavi di origine russa, tatara ed occidentale che servivano come schiavi nella flotta del Sultano. Costoro, quando non servono come rematori, vengono rinchiusi nel "bagno", una prigione inespugnabile da cui sembra fosse impossibile uscire. Cfr. E.

Infatti, se quelle genti avesse saputo a quali pene (sarebbero andari incontro), mille volte avrebbero preferito morire che patire tutto questo. Se in qualche luogo la vita si mescola alla morte, in modo che più si mantiene la vita e più si muore, questo accade in Turchia[4].

La schiavitù egiziana, l'esilio babilonese, la prigionia assira, la devastazione dell'impero romano non sono nulla rispetto a queste miserie, dove il grido di Geremia si sente ogni giorno, non nelle parole, ma nelle cose.

I disgraziati, che vivono quasi in quella fornace ardente di Hur dei Caldei, implorano il cielo con voti e lacrime, o Signore, sorgi e non respingerci in eterno. Costoro con tutta la speranza, dal momento che sentono di essere oppressi e privi di ogni speranza, da ogni direzione rivolgono gli occhi di nuovo dal cielo alla patria, la stessa che vedono in schiavitù. Tuttavia lontani dalla patria, desiderano condurre una vita di schiavitù in essa. I loro

---

Çelebi, *Seyahatname*, 417: <<La prigione è costruita in modo tale che nessuno ne può evadere. Se un uccello vi entrasse, non avrebbe più modo di volarsene via. Hanno persino pavimentato l'interno con blocchi di marmo talmente aderenti gli uni agli altri che è impossibile scavare un sotterraneo>>.

[4] Testo latino: <<Ego vero ne prolixior in hoc dicendi genere videar, vestro prudentissimo ac sapientissimo Religionis Christianae Principum iudicio corrigenda ac emendanda reliquens, ad deplorandas fratrum nostrorum, sed captivorum, ac sub Turcarum gravissimo, ac crudelissimo tributi iugo viventium Christianorum miserias, afflictiones ac calamitates, redeo: quorum alii catena collo vincti per aspera ac lubrica Thraciae atque minoris Asiae loca, nudis pedibus, in fame ac siti, tanquam bruta animalia venales distrahuntur: a cubi labore longi itineris, vel aliis calamitatibus ac angustiis afflicti, aliqui eorum exstincti fuerint (ut plerunque accidit nobilioribus, ac qui in otio ac delitiis sund educati) tales in proximam fossam abiecti ac inhumati, a bestiis dilaniatur. Alii, ut puta utriusque sexus iuventus, mangonum ac lanistarum impuram libidinem patitur: ubi auditur ingens ploratus ac vlulatus adulescentium vim patientium: quos miserrimos, nec sexen nis aetas, a tali soeditate defendere potest. Alii, videlicet rusticae atq; mechanice artis ignari, ac minus vendibiles literati, oppidatim ac plateatim longo tempore ducuntur ac cum venditi fuerint, fustibus ac loris compulsi, artes mechanicas ac rusticas, videlicet agriculturam, armentorum ac ovium pasturam, aliaq; gravissima exercitia discere coguntur. Et qui eorum sunt robustiores, hi ad triremes tradutuntur: ubi vestibus exuti, compedibus vincti, nudi, miserrime cruciatur: quorum miserias nulla vis humani ingenii verbis exprimere potest. Nam fi illa gens hanc calamitatem praescivillet, milies mori citius praeoptasset quam ista pati. Si usquam mors cum vita commixta est, imo si usquam vita diusuperest, ut diu moriaris, id in Turcia est. Nihil Aegyptiaca servitus, Babylonicu exilium, Assyriaca captivitas, Romanoru evastatio, ad has miserias, ubi quotidie audiuntur threni Ieremie, nec verbis, sed rebus conflant>>.

voti sono pronunciati non per la libertà ma per mutare le sedi della loro schiavitù.

Costoro, desiderando mutare in morte la loro esistenza, tentano la fuga. Alcuni fuggono, dopo aver lasciato le greggi nel deserto, altri dopo aver abbandonato i buoi nel campo da arare di modo che siano divorati dai lupi.

Alcuni, dopo aver ucciso il padrone e la sua famiglia per desiderio di vendetta, esposti ad un pericolo evidente, fuggono per i deserti ed i luoghi aspri, sostentando la loro vita assai miserabile e più di ogni altra cosa infelice, con i faggi, le erbe dei campi e con le radici amare condite con un poco di sale, nascondendosi durante la calura del giorno nelle caverne. Di notte lasciandosi guidare dalla stella polare si dirigono verso l'Ellesponto, oppure, se il luogo della fuga non è stato scelto, sulla cima degli alberi, in ragione delle belve feroci, legati ai rami con una corda rimangono svegli. Molti di loro muoiono di fame, o vengono dilaniati dalle bestie selvatiche o, prima che possano raggiungere il mare, vengono catturati dai pastori e ricondotti di nuovo in schiavitù.

Altri, in verità, quando riescono a giungere al mare dopo una grande fatica e dopo diverse peregrinazioni sia notturne che diurne, dopo aver legato insieme dei pezzi di legno, tentano di prendere il mare. [In questo caso], presi dalle imbarcazioni che passano vengono condotti alla presenza del Qadi, ossia del giudice, oppure muoiono, dopo essere stati sommersi dalla tempesta. Pochissimi ritornano in quei luoghi. Quanti vengono ricondotti ai loro proprietari ed ai parenti e vengono afflitti da atroci tormenti e supplizi, sono soliti rivolgere la loro voce miserevole ai monarchi, ai re, ai principi ed ai signori della repubblica cristiana[5].

---

[5] Testo latino: <<Miseri, qui quasi in fornace illa ardenti Hur Chaldaeorum vivut, votis ac gemitibus coelum petut, usquequo dormis Domine, exurge, ac ne repellas in finem: ubi cum omni spe se undique oppressos arque aggravatos sentiunt, rursus a coelo ad patriam oculos reiectant, quam ac ipsam in servitute vident: relegati tamen a patria, in patria servitutem agere cupiunt: vota illorum, non libertate, sed eandem servitutem, mutatis tantum sedibus concipiunt. Qui ut voto satisfaciant, vitam suam morte commutare cupientes, fugam ineunt: quorum alii relicto grege in deserto, alii bobus in agro ac aratro ad devorandum lupis, abeunt. Nonnulli mactatis, hero ac similia, quidam etiam succensis aedibus primum, sese vindicare volentes, magno ac manifesto periculo sese expositos, per deserta atque asperrima loca, glandibus, herbis agrestibus, ac earum radicibus amaris, sale modico conditis, eorum miserrimam, ac plusquam infoelicem vitam sustentando fugiunt, diurinis teporibus in antris latitantes: nocturnis autem polo arctico duce ad Hellesponticum mare cocurrunt, aut etima fi locus fugae no datur, in summitate arborum, propter ferocissimas feras, fune ramis alligati vigilant: quorum plerique, aut fame pereunt, aut ferarum dentibus dilacerantur, vel etiam antequam ad mare traiiciendum peveniunt, ab opilionibus capti rurusum in captivitatem traduntur. Alii vero, dum

Costoro desiderano che il santissimo e l'eccellentissimo Papa, padre della patria, pastore della chiesa ortodossa, ed i cardinali reverendissimi, i patriarchi, gli arcivescovi, i vescovi, gli abati ed i sacerdoti, i suoi aiutanti e sottoposti, rivolgano le forze della loro santità alla loro liberazione, e dopo aver radunato tutti i suoi figli, ricondotti all'unità ed alla concordia, li esorti contro un nemico comune da sconfiggere.

Costoro desiderano che il sommamente augusto ed il sommamente invincibile cesare del Sacro Romano Impero, e tutti i suoi principi, duchi ed eroi, dopo aver abbandonato i conflitti interni e dopo aver convocato i propri comandanti, gli elettori ed i nobili del suo Impero, muovano le armi per difendere e per migliorare la loro posizione contro un nemico vicino e già minaccioso. Costoro sanno di dover fare attenzione agli Spagnoli assai vigorosi nella battaglia, ai ferocissimi belgi, agli italici prestanti di corpo e di ingegno ed ai germani assai coraggiosi. Costoro sanno che il re dei romani è prontissimo, ed assai abituato al conflitto con i Turchi e con gli Illiri e sostenuto dai popoli subalpini. Costui desira che il cristianissimo sovrano della Gallia disponga le sue forze ed il suo agguerritissimo esercito per la difesa e la liberazione dei suoi fratelli.

Desiderano che si uniscano a questa santissima guerra, oltre ai fortissimi e potentissimi re e monarchi, anche tutti i sovrani ed i potenti del mondo cristiano, ossia della Polonia, della Norvegia, della Svezia, della Danimarca, della Gozia, della Dazia, dell'Anglia, della Scozia, della Lusitania, per combattere uniti con tutte le forze e gli eserciti contro questo nemico ed avversario perpetuo della fede santissima, della sacra corona e dell'impero, della libertà, dei genitori, delle mogli, dei figli e delle figlie, dei fratelli, degli amici e degli abitanti di tutta la cristianità, fino ad estirparlo completamente[6].

---

ad mare magno labore ac post longos, diurnos ac nocturnos errores perveniunt, colligatis lignis mare traiicere contendunt: aut a transeuntibus nautis capti, ad Chadiam, id est, iudicem deducuntur: aut tempestatet maris obruti intereunt, ac rarissimi ad has partes redeunt. Quorum pars ubi ad eorum heros ac propinquos traditur, dirissimis suppliciis atque tormentis dume affliguntur, ad vos Monarchas, Reges, Principes, ac Christianae republicae rectores miserabilem vocem convertere solent>>.

[6] Testo latino: <<Optant Sanctissimum, ac elementissimum Papam, pater patriae, Pastorem orthodoxae Ecclesiae, item Reverendissimos Cardinales, Patriarchas, Archiepiscopos, Episcopos, Abbates ac reliquos praelatos, eius coadiutores ac subditos: vires suae Sanctitatis ad liberationem eorum convertere: ac filiis suis coadunatis, in unitatem ac concordiam redactis, contra commune hostem opprimendum eos adhortari. Optant Augustissimum ac invictissimum sacri Imperii

Costoro desiderano che chi detiene il potere sia della spada temporale che di quella spirituale o l'autorità del comando, essendone degno, offra se stesso come servo della sua carica ed amministratore, che richiami attraverso il castigo alla norma ed alla regola giustamente posta ed al vivere in modo buono e beato coloro che vivono in modo dissoluto e come scellerati, in quanto l'ira divina verso i figli della perdizione non tarderà a giungere.

Costoro sperano anche che i giovani e gli anziani di entrambi i sessi e condizione, e coloro che sono devoti a Dio, sia religiosi che laici, i diletti genitori, i cari fratelli, gli onorati amici, i vicini ed i compagni si affliggano per le loro miserie e calamità con il volto umile, il cuore puro e sincero, la mente devota, la voce spenta e gli occhi pieni di lacrime. (Costoro sperano) che implorino il Signore di avere pietà del suo popolo, di distogliere la Sua ira e di non condannare costoro ad un permanente oltraggio, al tiranno infedele, al crudelissimo nemico della fede, della religione e della libertà cristiana. Dopo aver ispirato le menti dei monarchi, dei re e dei potenti dell'Impero cristiano, con il lume dello spirito santo, ridotti alla concordia ed all'unità, dopo aver concesso la vittoria contro quell'insaziabile ed assai vorace drago, i miserabili, i prigionieri e coloro che sono posti sotto il giogo del pesantissimo tributo degli infedeli, i cristiani liberati nella loro nazione, ricondotti in patria al culto di Cristo, servano Colui che solo è benedetto nei secoli, di modo che, quando ormai il nemico è stato sconfitto definitivamente e messo in fuga, il mondo cristiano possa godere il sollievo da tutte le continue sconfitte[7].

Roamni Caesarem, ac universos eius Principes, Duces ac Heroas, posthabito domestico bello, convocatis suois proceribus, electoribus ac primatibus sui Imperii, ad defendendum, ac ad augendoum statum suum, cotra vicinum ac iam imminentem sibi hostem vitricia arma movere. Sciunt illi parere Hispanos in bello accerrimos: Belgas ferocissimos: Italos corpore, ac ingenio praestantissimos: Germanos animo sissimos. Sciunt illi addictissimum Regem Romanorum, Turcarum bellis affluetissimum, Illyricis, ac subalpinis gentibus subnixum. Optat etiam Christianissimum Regem Galloru, Eulogii sui convenentia, suas opes, ac arma sua bellicosissima, ad defensionem ac liberatuonem fratru suorum apparare. Optant praetera fortissimos ac potentissimos Reges atque Monarchas, nec non universos Christianissimae reipubblicae recto res ac potentatus, Poloniae, Norvegiae, Svetiae, Danie, Gotiae, Datiae, Angliae, Scotiae, Lusitaniae, ad id sanctissimum bellum venire: ac contra huc immortalem hostem eorum sanctissimae fidei, Sacrae Coronae ac Imperii, libertatis, parentum uxorum, filiorum, ac filiarum, fratrum, amicorum, totiusq; Christianitatis incolarum, perpetuum mimicum ac adversarium omnibus opibnus ac viribus unanimes pugnare, ipsumq, e medio tollere>>.

[7] Testo latino: <<Optant potestatem quoq; tam spiritualis, quam etaim temporalis gladii, seu disciplinae autoritatem habentem, dignum quemq; sui officii villicum ac

---

administratorem sese praebere: sceleratos ac dissolute viventes, pro quibus ira divina in filios perditionis brevi est ventura, ixuta debitam ac institutam normam ac regulam, ad bene beateq, vivendum castigando revocare: quorum rationem Deo, ac vero patrifamilias Christo se daturos fatentus, ne amisso villicationis suae officio, in eadem paupertatem (ut iam plerisq; evenit) inopitati ac dormientes incidant. Optant etiam utriusq, sexus ac coditionis sense ac iuvenes, pios, ac Deo devotos Christicolas, religiosos ac seculars, dilectissimos parentes, charissimos fratres, colendissimos amicos, proximos atq: sodales humili vultu, puro ac syncero corde, devota mente, flebili voce, lacrymosis oculis, eoru miseriis ac calamitatibus condolere: plorare ad Dominum, si forsitan miserebitur populo suo, ac avertat iram suam ac non det eos in opprobrium sempiternu, hunc tyranno infideli ac crudelissimo hosti fidei, religionis, ac libertatis Christianae, sed inspiratis mentibus Christiani Imperii Monarcharum, Regum atq; Rectorum, lumine Spiritus sancti, usque ad concordiam ac unitatem reductis, contra hunc voracissimum ac insatiabilem draconem concessa victoria, miseri, captivi, ac saevissimo infidelium tributi iugo gravati, in patriam eorum Christiani liberati, in patriam ad Christi cultum reducti, illi soli serviant, qui est benedictus in secula. Ut tandem devictis ac profligatis hostibus, Christianus orbis a tot perpetuis cladibus respiret>>.

Capitolo V

Esortazione contro i Turchi

Spesso sono assai sorpreso perché, anche se tutto pare promettere la vittoria a noi cristiani, nel corso di tutti questi anni non l'abbiamo mai conseguita.

Abbiamo un Dio (Cristo), che in una sola notte ha raso al suolo l'accampamento di Sennacherib, che ha sommerso tra i flutti il Faraone, che ha annientato Oloferne per mano della giovinetta Giuditta e, per dirla breve, dal cui volontà tutte le vittorie dipendono.

I Turchi al contrario hanno Mehmet, che dissoluto nella vita, dopo la vita rimase nel sepolcro in modo perpetuo senza resurrezione. Tra i due vi è quindi solo una differenza nominale come quella tra il figlio di Dio vivente ed un uomo che invece è defunto ed era nato secondo la generazione umana.

Infatti, anche se siamo superiori a costoro per la forza del corpo e le doti dell'animo, cose che sembrano (essere) di grande protezione contro i nemici da sconfiggere, chi è più audace dell'ungherese? Chi è più imponente del tedesco? Chi è più alto del gallo? Chi più robusto dello spagnolo? Chi più sapiente dell'italiano? O più robusto del polacco? Per tacere delle altre nazioni, le cui doti dell'animo sono o migliori o certamente eguali.

Al contrario, se si considera l'indole dell'animo chi è più sicuro dalle ferite e dai pericoli dell'ungherese? Chi è più generoso del tedesco? Chi è più prudente dell'italiano? Chi è più ambizioso del gallo? Più furbo dello spagnolo? Ognuna di queste caratteristiche sembra poter condurre alla vittoria o almeno essere di aiuto. Spesso l'audacia vince anche in assenza delle altre forze, spesso la generosità d'animo, spesso la sapienza, spesso l'ambizione avida di onore, spesso la furbizia: tuttavia, misero me, nonostante tutto ciò, siamo privati della vittoria[1].

---

[1] Testo latino: << Exhortatio contra Turcas Saepe mecum admiratus sum, Monarche invictis. Cur, quum omnia videantur nobis Christianis polliceri victoria, nunquam tamen eam inter tot annos consequatur. Habemus Christum Deum, qui unica nocte castra Sennacherib delevit, qui Pharaonem submergit, qui foeminea manu Iudith puellae Holophernem exitinxit, ac, ut breviter dicam, a cuius numine voluntateq, omnes victorie pendent. Turcae contra Machometum habent, ac in vita flagitiosum, post vitam sepulcro sine resurrection perpetuo inhaerentem, ut tantum inter utrunque nominee intersit, quatum inter viuum viu Dei filium ac inter hominis, ac ab homine nati cadaver putridum: adeo ut in cladibus Christianorum, si natura utriusque numinis expendatur, mortui videantur vivos armis potentiaq, superare. Iam cum robore corporum, dotibusq -animi eos praecellamus, quae magna praesidia videntur ad hostes profligandos, ipsi ubique miserrime profligamur. Quid Hungaro

Eppure, se consideriamo l'apparato di guerra e le armi, vediamo che per molteplici ragioni siamo più forti dei Turchi. Le bombarde sono di nostra invenzione così come ogni genere di armature. Costoro invece si recano alla battaglia nudi o seminudi. Costoro posseggono l'arco e noi le slopete; noi abbiamo le saette e loro delle frecce che non hanno alcuna forza per penetrare la durezza delle armature. Inoltre, né bombarde o le macchina da guerra dei cristiani possono essere fermate nemmeno dalla roccia. Anche i musulmani possiedono dei bombardieri, ma sono più rari e meno efficienti. Ora domando, quali genti si recano insieme a loro nelle spedizioni militari? Sciti e Traci, nei quali non vi è né la sapienza italica, né la capacità spagnola, ma una certa barbarie e brutalità disumana, una somma ignoranza, stupidità ed imperizia. A costoro si aggiunge il greco perso nella pigrizia, l'asiatico corrotto dal lusso, l'egiziano privo di virilità non meno nell'animo che nel corpo e l'arabo dal temperamento instabile, minuto e pallido.

Chi potrebbe credere che questi soldati possano vincere i fierissimi galli, i ferocissimi belgi, i coraggiosissimi tedeschi, gli audacissimi ungari, l'ingegno degli italici o la solerzia degli spagnoli? Eppure ahimè siamo sconfitti, e siamo sconfitti da costoro che conducono in schiavitù. Gli schiavi in ragione della schiavitù conducono la guerra contro di noi che nati nella libertà, siamo stati abbandonati dai nostri antenati e dalle nostre antenate.

Se esaminiamo le leggi e le istituzioni di entrambe le nazioni, nemmeno in questo caso possiamo essere considerati inferiori. Che cosa è più divino del Vangelo? Che cosa è più strutturato del diritto canonico? E che cosa più sapiente o più equo del diritto civile? Invece costoro vivono secondo il Corano, secondo qualcosa di non meno stolto che vano. Questo libro circola tra i cristiani, affinché acquistiamo la conoscenza delle leggi straniere prontamente, e trascuriamo le nostre. In questo modo diveniamo turchi nell'animo prima che nell'idioma. Quale è quindi la causa per cui, pur possedendo tutte le prerogative dell'arte bellica, in guerra risultiamo sempre sconfitti? Perché, pur essendo insigniti dei vessilli della croce, una

---

audacius? Quid Germano vastius? Qui Gallo procerius? Hispano solidius? Quid Italo sapientius? Aut Polono robustius? Ut de caeteris nationibus taceam, quorum dotes animi aut meliores aut certe aequales. Rursum su indolem animi spectes, quid Hungaro vulnerum periculoruq; securius? Quid Germano generosius? Italo prudentius? Gallo ambitiosius? Hispano callidius? Quorum singula videntur posse, vel dare victoriam, vel adiuvare. Saepe vicit sine aliis viribus audacia, saepe generositas animi, saepe sapientia, saepe honoris illa avida ambitio, saepe calliditas: tamen, me miserum, inter tot victrices res, a victoria excidimus>>.

volta terribile non solo per le nazioni infedeli ma anche per gli spiriti infernali, ora si voltano indietro abbandonandosi alla fuga[2].

Lo dirò con poche parole e lo dirò secondo verità. Abbiamo alienato da noi il Dio sommo e vero, in modo tale che, quasi secondo le parole profetiche, non possiamo essere chiamati il popolo di Dio. Perché, infatti, se Cristo fosse con noi, saremo forse dilaniati da eresie e fazioni? Infatti oltre al nome, che cosa rimane a noi Cristiani? Nel nostro tempo, l'abitante delle campagne è impuro e fazioso, quello delle città è invece ingannevole ed avaro. I magistrati inseguono la loro retribuzione, prediligono gli emolumenti ed i favoritismi, la nobiltà il lusso e la pigrizia, la discordia e la superbia. I soldati, in verità, non desiderano nulla dalla guerra se non la retribuzione ed il bottino, incuranti di quali scettri cadano, non meno ostili verso i loro [compagni] che verso il nemico. I membri del clero, oltre alla pompa ecclesiastica, a mala pena hanno qualcosa della Chiesa: pubblicamente non dimostrano né la santità, la pietà o la debita erudizione.

Infatti, tutti sembrano cercare quelle cose che appartengono loro, non quelle di Cristo, ed in verità possiamo affermare dalla bocca del profeta: "Tutti si sono rifiutati. Similmente, sono divenuti inetti. Non vi è nessuno

---

[2] Testo latino: <<Iam si apparatum videas, armorumq; genera, multis rationibus Turcas praestantiores videmur. Nostra inventa sunt Bombardae, nostra tot genera panopliae armaturae: ipsi Periae nudi, aut seminudi ad bella prodeunt: illis areus, nobis fulmina: illis sagittae, quae per dura armorum nullam vim penetrandi habent, cum bombardis seu machnis Christianorum vix villa rupes obstiterit. Sunt equidem ac Musulmannis sui bombardarii, sed rariores ac indoctiores. Nunc quaeso, quas gentes secum in expeditionem trahat? Seythas ac Thraces: in quibus non sapientia Italica, aut industria Hispanica, sed inhumana quaedam feritas, barbaries, anima summa inscitia, indocta, stolida. Istis se addit Graecus ignavia perditus: Asiaticus, luxus corruptissimus: Aegyptius, non minus animo quam corpore eviratus: Arabs, excoctus, minutus ac exanguis. Quis a tali milite crederet Gallos bellicosissimos, Belgas ferocissimos, Germanos animosissimos, Hungaros audacissimos, Italorum ingenia, Hispanorum solertiam vinci posse? Attamen (proh dolor) vincimur: ac vincimur ab his, qui in servitutem ducunt, ac servi pro servitude bella gerunt contra nos: qui in liberate geniti, a proavis ac atavis nobis indelibata relicta sumus. Quod si instituta ac leges utriusque nationis inspicias, neque hac in parte inferiors sumus. Quid enim Evangelio divinius. Quid iure canonico regulatius? Aut quid iure civili sapientius, aut aequius? Cum illi ex Alcorano vivant, re non minus stulta quam vana: qui liber nunc inter Christianos versatur ac circunsertur, ut mature alienas leges discamus, qui brevi nostras amissuri videmur, ut antea animo qua dictione Turcae simus. Quid igitur in causa est, cur inter tot praerogativas bellandi, in bello sempre devincamur? Cur vex illa crucibus insignita, olim terribilia, non minus infidelibus nationibus, quam infernalibus spiritibus, nunc toties in fugam se avertant?>>.

che compia il bene, non ve né è nemmeno uno"[3]. Che cosa quindi c'è da meravigliarsi se Cristo non vuole essere amico di tali movimenti? Combattiamo quindi senza Dio e (quello che è più distruttivo) con Dio come avversario. Presso di noi portiamo le croci, ma lo stesso Crocifisso volgiamo a loro favore presso i nemici. Quindi ogni cosa perisce e siamo avviluppati da disastri infiniti. Quando un popolo combatte contro i Turchi, in verità un altro, o preso nei conflitti interni, o chiamati ed aggiunti in ausilio degli infedeli pagani, o degli scismatici o degli eretici, in modo che si combatta contro Cristo in modo più acerrimo. In verità, un altro popolo ancora si cura dei propri affari o si crogiola nell'ozio, indulgendo nella crapula ed in altri piaceri. Il soldato che viene condotto alla battaglia, combatte per il salario e non per Cristo: qualora lo stipendio venga a mancare, o diserta o fugge via.

A che cosa può quindi giovare la sapienza italica, la laboriosità spagnola, la forza germanica, la ferocia gallica o l'audacia degli ungari, quando il soldato non pensa né a Cristo e nemmeno alla gloria, ma si reca alla guerra come se si recasse ad una mensa comune, dove si servirà le sue cibarie?[4]

---

[3] Citazione tratta dalla Lettera di Paolo ai Romani 3:12: <<Tutti hanno traviato e si son pervertiti; non c'è chi compia il bene, non ce n'è neppure uno>>.

[4] Testo latino: << Dicam paucis, ac dicam vere. Deum habemus ac summum ac verum, sed a nobis alienatum, adeo ut prophetico vocabulo ferme, appellari possumus non populus Dei. Cure nim Christus nobiscum esset, qui a nobis per tot haereses, in tot partes dilaniatur? Nam praeter nomen, quid nobis Christianis charissimi est? Rusticus hoc tempore ac impurus ac factiosus: oppidanus, fallax, ac avarus: magistratus sequutur retributions, diligent munera ac prosopolepliam: nobilitas luxum ac ignaviam, discordiam atque superbiam: miles vero praeter stipendium ac praedam nihil ex bello quaerit, secures quo sceptra cadant, non minus infestus in suos quam in hostes. Ecclesiastica praeter pompam Ecclesiasticam, vix quicquam Ecclesiae habent: non sanctitatem, non pietatem, non eruditionem debitam profitetur. Nam sere omnes quaerere viderentur quae sua sunt, no quae Christi, ac vere prophetae ore dicere possumus, omnies declinaverunt: simul inutiles sancti sunt: non est qui faciat bonum, non est ad unum. Quid igitur mirum si talibus motibus Christus amicus esse nolit? Bellamus igitur sine Deo, et (quod calamitosius) adversario Deo. Apud nos circunferuntur cruces, sed ipse Crucifixus suo favore apud hostes versatur. Pereunt igitur omnia, ac infinities cladib" involuuntur: ac cum una gens contra Turcam pugnat, alia vero, vel in domesticis versatur bellis, advocatis ac adiunctis sibi in auxilium infidelibus Paganis, vel Scismaticis, vel Haereticis, ut acrius oppugnet Christum: alia vero vel private curat negotia, vel etiam in otio agit, crapulae ac alii voluptatis indulgens. Miles vero qui in aciem deducitur, nummo inferuit, non Christo: si defit stipendiu, statim vel desertor vel transfuga futurus>>.

Possediamo delle buone leggi, ma dei costumi pessimi; delle buone armi ma degli animi esecrabili. È lodevole se tra di loro acremente combattono. Se non combattono acremente contro il nemico non è disdicevole o certamente rimane impunito. Quando mai si è udito che un soldato sia stato punito o per essere fuggito o per aver abbandonato le armi? Una volta, invece, la pena capitale e decimazioni riguardavano non solo i singoli individui ma intere legioni.

Di conseguenza trasciniamo un numero esiguo corrotto nei costumi contro una miriade di nemici, caratterizzati da un'ottima disciplina. Infatti i Turchi lasciano a casa i propri vizi, invece il cristiano li porta con sé. Negli accampamenti dei Turchi non vi è nessun lusso ma solo le armi e quanto è necessario per il sostentamento. Invece, negli accampamenti dei Cristiani il lusso e tutto quello che è attinente ad esso sembra adeguato ad una moltitudine di prostitute piuttosto che di uomini. L'ungaro si abbandona al ladrocinio, lo spagnolo al saccheggio, il tedesco all'ubriachezza, il boemo al sonno, il polacco sbadiglia, l'italico si abbandona alla passione sessuale, il gallo canta, l'anglo è preda dell'ingordigia e lo scozzese alla dissipazione. Difficilmente si può trovare un soldato i cui costumi siano adeguati alla sua condizione.

Che cosa c'è da meravigliarsi se vincono coloro presso i quali si trova la sobrietà, la parsimonia, la vigilanza, la fedeltà e la somma obbedienza? Vinceranno forse coloro che si recano ad affrontare il nemico o chi, vangando in cerca di prede, o mentre si ubriaca, s'intrattiene con una prostituta o altri vizi abbominevoli ed esecrabili? Ma la colpa di tutto ciò è da attribuirsi ai superiori. Infatti, se costoro mantenessero nel timore quanti sono a loro sottoposti, il soldato cristiano non sarebbe mai inferiore a quello turco. D'altra parte, gli stessi principi, mentre si preparano alle guerre reciproche, forniscono la ragione per cui mai produciamo le medesime forze contro i turchi, mentre contendiamo per una o un'altra cittadella fortificata e, dopo molteplici ed acerrimi conflitti, esaurite le forze non facciamo nulla per l'impero e per il regno[5].

---

[5] Testo latino: <<Quid igitur prodest ibi Italica sapientia, aut industria Hispanica, aut robur Germanorum, aut ferocitas Gallica, vel audacia Hugarica, ubi miles nec Christum nec gloriam cogitat, sed ad bellum venit tamquam ad ganeum, ibi potationes suas exerciturus? Bonas leges habemus, sed pessimos mores: bona arma, sed pessimos animos. Laus est si inter se acriter dimicent: in hostem si no acriter pugnent, vel dedecus non est, vel certe impunitum est. Quando quis unquam audivit militem, vel ob fugam, vel ob abiecta arma mulctatum fuisse? Cum olim poena capitales ac decimationes non singulos, sed universas legions pervaserint. Trahimus igitur exiguum numerum, cumq; moribus corruptum, contra tot myriads hostium, optima disciplina utentium. Nam Turca vitia sua domi deponit, Christianus assumit:

Le lamentele però giungono troppo tardi. Abbiamo perduto l'Asia e l'Africa, la Grecia è scomparsa: l'Ungheria è così malata da trovarsi in punto di morte. Già dal nostro tempo l'Illiria è stata occupata, la Slavonia è stata recentemente assoggettata dall'Impero turco, l'Austria è indebolita. La forza della loro distruzione si trova già sul collo dei tedeschi ed incombe sulla schiena di tutto il mondo cristiano così tanto che nessuno sembra essere salvo da questo pericolo. Quanti d'ora in poi agiscono nell'interesse proprio invece di quello altrui, sono disposti a lottare per i propri confini, a meno che non siano pronti a diventare schiavi invece di principi, servi invece di uomini liberi, o a dimorare in perpetuo nelle carceri o ad essere uccisi di modo che il popolo venga privato di un capo e di un condottiero.

Ora se i potentissimi monarchi ed i leader del mondo cristiano vengono riportati (come speriamo) alla concordia, e chi raccoglie le proprie forze per questo conflitto santissimo, universale e generale, chi dubiterà che noi, rapidamente disciplinati e fortificati come i soldati turchi o forse anche superiori, saremo vittoriosi di una vittoria lunga a venire?

Infatti facilmente l'impero romano potrà armare 50,000 cavalieri e 100,000 fanti. La stessa cifra o persino una superiore si può sperare [possa essere messa insieme] dalla Gallia e dalla Spagna, Le rimanenti Ungheria ed Illiria, con le altre province dei monarchi cristiani, facilmente possono mettere insieme 60,000 cavalieri[6].

---

in castris Turcarum nullae delitiae arma tantunmodo ac necessarius victus in castris vero Christianorum luxus, ac omnis luxuriate commeatus, adest gravior turba meretricum quam virorum. Latrocinatur Hungarus, praedatur Hispanus, potat Germanus, stertit Bohemus, oscitat Polonus, libidinatur Italus, Gallus cantat, Anglus lurcatur, Scotus helluatur: milite qui moribus miles sit, vix ullu reperias. Quid igitur mirum, si vincant illi apud quos sobrietas, parsimonia, vigilantia, fidelitas, ac summa obedientia? Vincatur illi, qui ad hostibus vel vagi ad praedas, vel inter pocula, aut apud meretricem aliasue abominandas ac execrandas nequitias inveniantur? Sed haec culpa est superiorum: nam hi, si subditos suos in timore tenerent, miles Christianus nunquam inferior fieret Turcico. Altera ex parte, principes ipsi, dum mutuis bellis ses conficiut, causam praestant, ut nunquam pares vires contra Turcas afferamus, dum pro uno ac altero oppidulo digladiamur, ac post acerrimas preliorum conflictationes: post exhaustas opes nihilo Imperio ac regno auctiores efficimur>>.

[6] Testo latino: <<Heu quantum terrae potuit, pelagiq parari Hoc, quem civiles hauferunt sangui ne dextra! Sed ferae sunt querimoniae. Amisimus Asiam atq: Africam extincta est Graecia: aegrota est usque ad mortem Hungaria. Occupata est iam nostro tempore Illyria, subiecte est nuperrime Turcico Imperio Sclavonia, debilitata est Austria: vis pestis huis iam Germanorum cervicibus, atque universe Christianitatis dorso incumbit: adeo ut nemo ab hoc periculo tutus esse videatur, qui posthac non alienam, sed sua rem agent, pro suis limitibus velint nolint

La somma della milizia cristiana

160,000 cavalieri, 200,000 fanti. In aggiunta i Veneti ed i Lusitani mettono insieme i loro arsenali navali, Inglesi, Scozzesi, Danesi, Daci, Goti, Polacchi ed altri, i re, i principi, i duchi, i leader ed i comandanti del mondo cristiano riforniscono l'esercito, specialmente a tale cristianissimo cesare che detiene il governo delle cose, non più a lungo il Turco resisterà al cristiano, quanto Dario ad Alessandro, Serse a Temistocle, Antioco a Giuda Maccabeo. Tuttavia quando la vittoria sarà in nostro potere, con queste forze per la seconda volta dal fiume Danubio si discenderà verso Costantinopoli e, dopo aver placato Dio ed aver corretto i costumi, si sarà pronti a sconfiggere i nemici della fede, a recuperare sia la Grecia che la Tracia, dove fino ad oggi la maggior parte degli uomini adora Cristo. Costoro con avidissimo desiderio invocano gli eserciti cristiani e, a qualsivoglia occasione, attaccheranno i loro padroni e tiranni, da cui vengono miseramente vessati, cose che sole conferiscono la vittoria o la possono accelerare.

Solamente se le potentissime monarchie finiranno di combattere delle guerre interne, vedrete sollevarsi tutti alle armi insieme a voi. Nessuna età, nessun sesso e nessun tipo di uomini lasceranno i vostri eserciti. Ognuno dei Turchi in patria avrebbe un assassino tra i propri servi, un traditore negli accampamenti, ed un disertore nella battaglia.

Nel complesso i cristiani sono molto sprezzanti delle armi. [I Turchi] cercano di spaventare i nemici con un grido, come se fossero degli uccelli. Però, qualora il nemico non fugga in seguito a quell'attacco, loro stessi fuggono perché non hanno nulla oltre agli scudi ed agli elmetti, e la maggior parte di loro sono nudi[7] [privi di armatura].

---

decertaturi nisi velint pro principibus servi fieri, ac pro libersi mancipia, aut in perpetuis carceribus detineri, seu potius mactari, ut plebei capite ac duce careant. Nunc si potentissimi Christiani orbis Monarchae ac rectores ad concordiam (ut speramus) reducantur, ac quisq, suas opes ad hoc sanctissimum, atque oecumenicum seu generale bellum iuxta vires contulerit, quis dubitabit nos, vel numero exercitatissimi, ac robustissimi militis Turcae aequales, vel etiam superiores fore, in victoria vero longe lateq: execellentiores futuros? Nam Romanorum Imperium facile armabit quinquaginta militia equitum, ac centum mille peditum: idem, vela liquando plus ex Gallia ac Hispania sperandum. Reliquie Hugarie ac Illyrie, cum caeteris Romanorum Regis Provinciis, facile sexaginta millia equitum producent>>.

[7] Testo latino: <<Summa Christiani Militiae Centum saxaginta milia equitum. Ducenta millia peditum. Praeterea ubi Veneti ac Lufitani navales suas copias conferant, Angli, Scoti, Dani, Daci, Gothi, Poloni, caeteriq, Reges, Principes, Duces ac Christiani orbis proceres ac rectores militem subministrent, praesertim tali

E quando questi perpetui nemici della fede cristiana saranno scacciati con la spada e spinti nei luoghi nascosti della Bitinia (come le loro stesse profezie affermano), o convertiti alla fede cristiana condotti nel seno della Santa Chiesa Cattolica, chi dubiterà che in un futuro prossimo l'Imperatore cristiano sarà insigne non meno per l'impero di Costantinopoli che per quello di Roma? Che il re dei romani non recupererà l'Ungheria e la Tracia? Che il re di Francia non aggiungerà ai suoi domini l'Asia minore? Che gli inglesi, gli scozzesi ed i lusitani non conquisteranno l'Egitto? Che gli spagnoli non conquisteranno l'intera Africa? Che gli italiani non ridurranno sotto il loro controllo tutte le rive del mediterraneo? Allo stesso modo, che i polacchi, i danesi, i daci, i norvegesi, gli svedesi ed i goti, insieme a coloro che abitano nelle isole scandinave, non domineranno le nazioni ed i popoli

----

Christianissimo Caesare rerum gubernacula tenente, non diutius obsistet Turca Christiano, quam Darius Alexandro, Xerxes Themistocli, Antiochus Iudae Machabaeo. Ubi autem victoria potiti fuerimus, hisque viribus secundo flumine Danubio, Constantinopolim versus descendatur, placato numine, correctis etiam moribus, in proclivi erit vincere hostes fidei, recuperare Graeciamac Thraciam, ubi adhuc maior pars hominum Christum colit: qui avidissimis votis expetunt Christiana arma, ad quamlibet occasionem defecturi, ac suos dominos ac tyrannos, a quibus miserrime vexatur, oppugnaturi, quae res sola victoriam dare, vel maturare potest. Utinam Monarchiae potentissimi domestica bella vos illic finerent penetrare: videretis omnia vobiscum contra eos ad arma cooriri. Nulla aetas, nulla sexus, nullus ordo hominum vestra arma relinqueret. Domi quisque Turcarum in suis servis percussorem haberet, in castras proditorem, in pugna desertorem. Omnino Christiani qui illic sunt, contemptissime de armis. Turcarum sentiunt, ut quos ad velitarem tantum pugnam idoneos cognoscunt. Hostes velut aves clamore quodam perterrent: si non eo terroris impetu fuga sit, ipsi fugiunt praeter clypeos ac galeas nihil habent, plerique nudi sunt>>.

più ricchi? E che il Sommo Pontefice della Santa Romana Chiesa[8] non sarà nominato capo di tutte le genti?[9]

---

[8] La relazione tra impero bizantino e santa sede relativamente al tentativo di fermare l'avanzata degli eserciti turchi risale al tempo dell'imperatore Alessio I (1081-1118) che, all'indomani della vittoria selgiuchide a Manzikert (1071), si rivolse all'Occidente ed al pontefice affinché si affrettassero i preparativi per la crociata. I crimini verso la popolazione civile di cui si macchiarono i crociati, accrebbero i sentimenti di alienazione della popolazione verso Bisanzio. Nel corso della quarta crociata poi venne fondato l'impero latino di Oriente sotto la guida di Baldovino di Fiandra che venne eletto imperatore nel 1204. Questa anomala realtà politica ebbe vita breve: nel 1261 infatti Michele VIII Paleologo riconquistò Costantinopoli e scacciò dal trono Baldovino di Fiandra. Nello stesso tempo, Michele VIII consapevole del bisogno dell'appoggio papale tentò un riavvicinamento con il pontefice Gregorio X (1271-1276). In occasione del II concilio di Lione, convocato nel 1274 da papa Gregorio, venne siglato l'accordo che sanciva il termine dei contrasti e delle dispute di natura teologica tra la chiesa orientale e quella occidentale. La morte di Gregorio X e l'elezione al soglio pontificio di papa Martino IV (1281) rese di fatto l'accordo lettera morta. Michele VIII allora si alleò con Pietro III di Aragona. Lo stato governato dalla dinastia dei Paleologi rimase formalmente in vita per altri due secoli, anche se era ormai circondato da piccoli stati governati da vassalli francesi che servivano alternativamente gli interessi di Venezia o di Genova. Intanto la pressione turca e bulgara alle frontiere continuava ad intensificarsi notevolmente. L'invasione dei mongoli e successivamente dei tartari ritardò l'emergere della minaccia turca ai confini di quel che rimaneva dell'Impero bizantino. Nel 1369, Giovanni V si rivolse in cerca di aiuto al papa Urbano V. A quel tempo i pontefici risiedevano ancora ad Avignone e l'appello del sovrano rimase inascoltato. Gli storici hanno spesso sottolineato la scarsa importanza assegnata al pericolo turco e la miopia politica dimostrata dall'indifferenza con la quale accolsero i diversi appelli rivolti dai sovrani bizantini. L'ascesa al trono di Manuele II Paleologo (1391-1425) non cambiò quasi nulla della risposta politica dei poteri occidentali sia laici che religiosi. La Francia e l'Inghilterra erano nel pieno della guerra dei cento anni e la chiesa cattolica era preda dello scisma. A Manuele II successe Giovanni VIII (1390-1448), il quale tentò di nuovo di coinvolgere la santa sede nella persona di papa Eugenio IV (1431-1447) per arginare l'incombente minaccia turca, ormai alle porte di Costantinopoli. Il pontefice rispose favorevolmente all'invito del sovrano e, sotto l'egida del suo successore Niccolò V, si riunirono a Firenze gli esponenti di spicco della chiesa cattolica, il patriarca di Costantinopoli, gli alti dignitari ecclesiastici bizantini e lo stesso Giovanni VIII Paleologo. Anche questa volta però l'unificazione aveva solo dei tratti di natura politica ma coinvolgeva in modo minimo sia le tesi teologiche che il diverso approccio pastorale e spirituale delle due chiese. La riappacificazione ebbe un carattere eminentemente nominale e non apportò importanti modifiche nella prassi ecclesiale e nell'impianto teologico. Costantinopoli cadde sotto la pressione degli eserciti dei turchi ottomani nel maggio

Io stesso ho imparato nel corso della mia esperienza durata tredici anni che se il turco è più forte verso chi fugge, se qualcuno lo attacca è il più incline a fuggire. Dal momento quindi che il turco per natura è incline alla fuga, deve essere attaccato: l'empio infatti non fugge se qualcuno non lo insegue. Che Dio sorga e che i suoi nemici si disperdano e fuggano, quando vi si trovano davanti, quanti lo odiano. Che si disperda così come fa il fumo. Come si scioglie la cera davanti al fuoco, allo stesso modo davanti a Dio si allontanino i peccatori, e dalla Sua santa chiesa, affinché sia un solo gregge ed un solo pastore. Che tutto ciò ci venga concesso dal Padre, dal Figlio e dallo Spirito Santo, Amen[10].

Il pellegrino al lettore cristiano[11]

Eccellentissimo lettore, decisi che le mie descrizioni e riflessioni, dopo essere state sistemate in una forma migliore, dovessero essere non solo

---

del 1453. Pochi anni dopo, nel 1462, Enea Silvio Piccolomini, salito al soglio pontificio con il nome di Pio II, cercò di mobilitare le forze navali cristiane nel porto di Ancora in funzione antiturca. Pochi risposero al suo appello e così si spense l'ultima speranza di riconquistare quelle terre una volta appartenute all'impero bizantino.

[9] Testo latino: <<Et ubi isti Christianae fidei perpetui hostes e medio nostri tollerentur, ac ad latebras Bithyniae propulsi, nostro gladio (ut eorum fatentur praefagia) vel ad fidem Christi conversi, in gremium Sacrosancate Ecclesiae Catholicae reducerentur, quis dubitaret, quin brevi fit futurum, ut Christianus Imperator, non minus Constantinopolitano quam Romano Imperio insignis fit futurus? Rex Romanorum, Hungariam ac Thracia recuperaturus? Rex Franciae Asiam minorem suois ditionibus additurus? Angli Scoti ac Luisitani, Aegypto potituri? Hispani tota Africa? Itali omnia littora, quaecunque habet mare Mediterraneum, in sua potestate habituri. Item etiam Poloni, Dani, Daci, Novergi, Sueci, Gothi quoque ac islandi Septentrionalis plagae, ditissimarum regionum ac nationum populo dominaturi? Praeterea Romanae Sacrosactae Eccelsiae summus Pontifex totius orbis gentium pastor maximus sit nominaturus?>>.

[10] Testo latino: << Ita sentiunt non solum captivi, ac sub tributo Turcarum viventes Christiani: verum etiam omnes Turcarum militis ac rei bellicae experientiam ac cognitionem habentes. Idem ego tredecim annorum cursu experientia didici, in fugientem scilicet Turcam fortissimum, adversus invadentem fugacissimum esse. Turca igitur cum natura sit fugitivus, oppugnandus est: impius enim nemine persequente fugit. Exurgat Deus, ac dissipentur inimici eius ac fugiant, qui oderunt eum, a facie eius. Sicut deficit fumus, deficiat: sicut fluit cera a facie ignis, sic permeant peccatores a facie Dei, ac ab Ecclesia sua sancta, ut fiat unum ovile, ac unus Pastor. Quod concedat nobis trinus ac unus, Pater, Filius, ac Spiritus Sanctus. Amen>>.

[11] Titolo latino: << Peregrinus Christiano Lectori>>.

accresciute e più ricche di argomenti, ma che venissero espresse in modo più chiaro ed intellegibile nello stile della lingua latina affinché meglio le comprendessi. Però le necessità o piuttosto, come si dice, i scarsi mezzi del pellegrino, gli hanno impedito di portare a termine questo compito, dal momento che non ha potuto ottenere nell'ostello degli stranieri un posto per dedicarsi alla scrittura. Dalle stanze dei principi verrebbe fatto uscire lo stesso Omero, qualora non sia vestito con abiti eleganti e morbidi e ben agghindato. Debbo però confessarti che, in questa tempesta, i mortali sono molto più interessati che vengano dipinte e colorate pietre e pareti (di cui non hanno assolutamente bisogno) che a Dio, ad agire nell'interesse del paese e a prestare aiuto ai bisognosi, ai poveri ed agli stranieri[12].

Quindi, o lettore cristiano, ti prego di portare prima obbedienza a Dio, che ti ha creato e redento, e poi di essere desideroso di portare soccorso al tuo prossimo, tempio del Cristo vivente e dimora dello Spirito Santo. [Ti domando] di amare inoltre non solo la patria (alla quale teniamo per diritto divino rispetto a tutto quello che ci appartiene individualmente), ma di prediligere con tutte le forze coloro che la amano e la edificano[13].

Quindi, se avete tratto qualche diletto da questa nostra opera, reputo che il beneficio debba essere attribuito non al vostro devotissimo protetto, ma a quello dei reverentissimi cardinali Giovanni Domenico Epifanio, Giovanni Pietro Caraffa, Pietro Paciecci, Bernardino Mafei, Ottone di Waldburg, Guido Ascanio e Pietro Britannico, che hanno provveduto al suo sostentamento. Ed anche al reverendo arcivescovo di Colonia ed elettore del Sacro Romano Impero che per mezzo del suo ministro, il preposto Pietro

---

[12] Testo latino: << Statueram profecto mecum, praestantissime Lector, ut elucubratiunulae meae, uteunque in meliorem formam redactae, hac vice non tantum argumentis augmentatae ac locupletatae, verum etiam niridiori Latii sermonis stylo or natae in tuam utilitatem in lucem prodirent: sed egestas, aut potius curta (ut aiunt) peregrini supellex, impedivit eum hunc subire laborem, qui neque in xenodocheiou locum philosophandi obtinere potuit: ex andricheion ac principum aulis nisi mollibus vestitus, vel potius bene numatus, ibit etiam Homerus foras. Ut autem id tibi ingenue fatear, hac tempestate mortales, in lapides parietesque; colorandos ac pingendos (eum hi nihil horum indigeant) potius quam in Divos, aut patriae utilitatem, vel proximos egenos pauperes ac peregrinos subleauandos, molto studiosiores esse>>.

[13] Testo latino: <<Tu igitur, non ita Christiane Lector, obsecro facito, sed Deo Opt. Max. creatori ac redemptori tuo, primum obtemperato, tandem in proximum subleuandum magis studiosus esto, qui est templum viuum Christi, ac Spiritus sancti habitaculum. Praeterea non tantum parentem patriam (cui iure divino plus, quam privatis rebus tenemur) amato, sed etiam eius aedificatores amatoresque, totis viribus diligito>>.

di Duisburg, ha mostrato una grande liberalità verso i pellegrini[14]. [Il merito va assegnato anche] all'arcivescovo di Uppsala Olao Magno, e ad Adamo Konarski, preposto di Posnania e segretario di Sua Maestà di Polonia. Inoltre, [il ringraziamento va a] Gioacchino Latorff canonico di Magdeburgo e di Pietro Paolo che mi hanno aiutato nella correzione dello scritto.

E se ritieni che questo pellegrino abbia oltrepassato i limiti dell'eloquenza e dell'eleganza del discorso latino, correggilo e sappi che costui ha trascorso la maggior parte del suo tempo e della sua vita tra i contadini turchi dedicandosi ai lavori agricoli, e non ha dedicato quindi molto tempo allo studio delle belle arti[15].

[14] Testo latino: << Deinde si quid delectationis ex hoc nostro diuturno labore perceperis, non Peregrini clientis tui studiossissimi, sed Reverendissimorum D. Ioanis Dominici Epif. Tranen. Iannis Petri Caraffa, Petri Paciecci, Bernardini Mafei, Ottonis de Valtpurg. Petri Britani Mutinen. Guidonis Ascanii Cardinalium, beneficio ascribendum puta, qui illi victus necessaria adminiostrarunt. Praeterea ac R. Princ. Ac D. Adolphi Archiep. Colonien, ac sacri Imperii Rom. Electoris, qui per ministrum suum D. Petrum Duisberch Praepositum Maguntinen. Sese erga Peregrinum liberalem exhibuit. R. D. Olahi Magni Gothi etiam Archiepiscopi Upsalenis V. D. Adami Conarski Praepositi Posnaniensis S. R. Maiest. Poloniae Secret. D. Ioachimi a Latorff: Canonici Magdelburgensis: necnon Petri Pauli de brevibus, qui eum in emenda papyro iuuarunt>>.

[15] Testo latino: <<Ibi autem Peregrinum, Latini sermonis elegantiae, ac eloquentiae limites transivisse conipexeris, pro tua summa prudentia ac humanitate corriges, sciasque; Peregrinum, maiorem partem temporis atque aetatis in exercitio rustico Turcicae gentis, non in studiis bonarum artium detrivisse. Vale. Finis Libelli>>.

Bibliografia

Agoston G., "Ottoman Warfare in Europe 1453-1826." *European Warfare 1453-1815*, ed. J. Black, London 1999.

Agoston G., "The Ottoman Empire and Europe", in Hamish Scott H. (ed), *The Oxford Handbook of Early Modern European History*, 1350-1750, 2 vols, 612–37, Oxford, 2015.

Agoston, G., "Muslim Cultural Enclaves in Hungary under Ottoman Rule." *Acta Orientalia Academiae Scientiarum Hungaricae*, vol. 45, no. 2/3, 1991, 181–204.

Agoston, G. "The Image of the Ottomans in Hungarian Historiography." *Acta Orientalia Academiae Scientiarum Hungaricae*, vol. 61, no. 1/2, 2008, 15–26.

Anievas A., Nişancioğlu K., "The Ottoman–Habsburg Rivalry over the Long Sixteenth Century." *How the West Came to Rule: The Geopolitical Origins of Capitalism*, London 2015, 91–120.

Arnakis G. G., "The Greek Church of Constantinople and the Ottoman Empire." *The Journal of Modern History* 24, no. 3 (1952).

Arnold T. W., *Il califfato: un'introduzione storica*, (trad. a cura di S. Lei). Roma 2018.

Atiya, A.S., *The crusade in the later middle ages*, London 1938.

Bak, J.M. <<The Hungary of Matthias Corvinus: A State in "Central Europe" on the Threshold of Modernity in Bohemia.>> *Zeitschrift für Geschichte und Kultur der böhmischen* Länder 31.2, (1990), 339-349.

Barkey K., "Islam and Toleration: studying the Ottoman Imperial Model." *International Journal of Politics, Culture and Society*, Springer Science 19 (May 2007).

Biagioni M., "L'Europa cristiana nell'angoscia: la caduta di Costantinopoli e l'avanzata degli Ottomani verso occidente", www.unipi.it

Boccolini, "In mare et in terra": la Lega Santa del 1648 e la diplomazia pontificia, *Perspectives on Culture*, 3 (30), 179-196.

Bonfigli C., *Niccoló V, papa della rinascenza*, Roma 1983.

Bottari S, Campagna G., "Riflessi della battaglia di Lepanto sulla cultura figurativa e letteraria del tardo Cinquecento: alcune considerazioni", in *Proposte e ricerche. Economia e società nella storia dell'Italia centrale*, anno XLIV, n. 86 (2021), 141-151.

Brandi K., *Carlo v*, Torino, 1961.

Braude B, Lewis B. eds., *Christians and Jews in the Ottoman Empire: The Functioning of a Plural Society*. New York, 1982.

Bryan, C., *The Will to Survive: A History of Hungary*, El Paso 2011.

Carile A., "Une prophétie inédite en néogrel et en vénitien sur la chute de l'empire ottoman", *Byzantinische Forschungen* 17 (1881), 31-45.

Cemal K., *Between Two Worlds: The Construction of the Ottoman State*, Berkeley 1995.

Constantini, V. "Destini di Guerra. L'inventario Ottomano dei Prigionieri di Nicosia (Settembre 1570)". *Studi Veneziani*, 46, 2003, 229–241.

Crane H., "The Ottoman Sultan's Mosques: Icons of Imperial Legitimacy." *The Ottoman City and its Parts: Urban Structure and Social Order*, ed. I. A. Bierman I. A., El-Haj R., Preziosi D. New York, 1991.

De Mexía P., *Historia imperial y caesarea, en la qual en summa se contiene las vidas y hechos de todos los caesares imperadores de Roma desde Julio Caesar hasta el emperador Carlos Quinto*, Anversa, 1561.

DeVries, K., "The Lack of a Western European Military Response to the Ottoman Invasions of Eastern Europe from Nicopolis (1396) to Mohacs (1526)" in *Journal of Military History*, 63, (1999), 539-560.

Dursteler E. R., "Bad Bread and the Outrageous Drunkenness of the Turks: Food and Identity in the Accounts of Early Modern European Travelers to the Ottoman Empire", *Journal of World History*, Vol. 25, No. 2/3 (June/September 2014), 203-228.

Elliot M., "Dress Codes in the Ottoman Empire: The Case of the Franks," *Ottoman Costumes: From Textile to Identity*, Faruqi S., Neumann C. K. Istanbul 2004.

Engel, P., "János Hunyadi and the peace of Szeged (1444), in *Acta Orientalia Academiae Scientiarum Hungaricae* 47.3, Budapest (1994), 241-257.

Faroqhi S., *Subjects of the Sultan: Culture and Daily Life in the Ottoman Empire.* London 2000.

Faroqhi, S., *The Ottoman Empire and the World Around It.* London 2004.

Finkel C., *Osman's Dream: The Story of the Ottoman Empire, 1300-1923.* New York 2006.

Finkel, C., *The Administration of Warfare: the Ottoman Military Campaigns in Hungary. 1593-1608*, Vienna 1988.

Fodor, P. "Ottoman Policy Towards Hungary, 1520-1541." *Acta Orientalia Academiae Scientiarum Hungaricae*, vol. 45, no. 2/3, 1991, 271–345.

Fodor P., Geza D., eds., *Ottomans, Hungarians, and Habsburgs in Central Europe: The Military Confines in the Era of Ottoman Conquest.* Leiden 2000.

Fodor P., Geza D., eds, *Ransom Slavery along the Ottoman Borders.* Leiden, 2007.

Gatto L., *Gli imperi del Medioevo.* Roma, 2016.

Georgius de Hungaria, *Les Turcs.* Translated by Schnapp J. Toulouse, 2003.

Godfrey, G., *The Janissaries.* London 1994.

Goffman D., *The Ottoman Empire and Early Modern Europe.* Cambridge 2002.

Gonzalez J. L., *The Story of Christianity: The Reformation to the Present Day*, New York 1985.

Goodblatt M. S., *Jewish Life in Turkey in the Sixteenth Century as reflected in the Legal Writings of Samuel de Medina.* New York, 1952.

Guilmartin, J. F. "Ideology and Conflict: The Wars of the Ottoman Empire, 1453-1606." *The Journal of Interdisciplinary History*, vol. 18, no. 4, 1988, 721–47.

Gülay Y., "Becoming a Devshirme: The Training of Conscripted Children in the Ottoman Empire." *Children in Slavery Through the Ages*, ed. by Gwyn Campbell, ed. Miers S., Miller J. C.. Ohio, 2009, 119-134.

Gyula K. N., "The first centuries of the Ottoman military organization" in *Acta Orientalia Academiae Scientiarum Hungaricae* 31.2, (1977), 147-183.

Halit M. B., "Istanbul." *The Ottomans*, ed. Wheatcroft A. London, 1993.

Hasluck F. W., *Christianity and Islam under the Sultans*. Oxford, 1929.

Hegyi K., "The Ottoman Military Force in Hungary", in Geza D., Pal F. (eds.), *Hungarian-Ottoman Military and Diplomatic Relations in the Age of Suleyman the Magnificent*. Budapest, 1994.

Hodgson M. G. S., *The venture of Islam: conscience and history in a world civilization*, Chicago 1977.

Housley, N. *Crusading and the Ottoman threat, 1453-1505*. Oxford 2012.

Housley, N., "Christendom's Bulwark: Croatian Identity and the Response to the Ottoman Advance, Fifteenth to Sixteenth Centuries," in *Transactions of the Royal Historical Society* 24, (2014), 149-164.

Housley, N., *The Crusade in the Fifteenth Century: Converging and competing cultures*, London 2016.

Housley, N., "Aeneas Silvius Piccolomini, Nicholas of Cusa, and the Crusade: Conciliar, Imperial, and Papal Authority," in *Church History* 86.3 (2017), 643-667.

Inalcik H., *The Ottoman Empire; the Classical age, 1300-1600*. New York, 1973.

Inalcık H., Donald Quataert D., eds., *An Economic and Social History of the Ottoman Empire*. Cambridge, 1994.

Inalcık H., "Ottoman Galata 1453-1553." *Essays in Ottoman History*. Istanbul 1998.

Jačov M., *L'Europa tra conquiste ottomane e leghe sante*. Città del Vaticano 2001.

Jefferson, J., *The holy wars of King Wladyslaw and Sultan Murad: the Ottoman-Christian conflict from 1438-1444*. Leiden 2012.

Kafadar C., *Between Two Worlds: The Construction of the Ottoman State*. Berkeley and Los Angeles, 1995.

Kennedy H., *The Byzantine and Early Islamic Near East*. Aldershot 2006.

Kunt M., *The Sultan's Servants: the Transformation of the Ottoman provincial government 1550-1560*. New York, 1983.

Langer, W. L., Blake R. P., "The Rise of the Ottoman Turks and Its Historical Background." *The American Historical Review*, vol. 37, no. 3, 1932, 468–505.

Lei S., *Le comunità religiose non-musulmane nel mondo islamico*, Roma 2018.

Lowell C.. *The Byzantine Legacy in Eastern Europe. Boulder; New York: East European Monographs*. Columbia University Press, 1988.

Lowry H., *The Nature of the Early Ottoman State*, New York 2003.

Lowry W. H., *Studies in Defterology: Ottoman Society in the Fifteenth and Sixteenth Centuries*. Istanbul, 1992.

MacGillivray, D., *The Last Centuries of Byzantium, 1261-1453*, Cambridge 1993.

Mango C., *Byzantium: the Empire of the New Rome*. London 1980.

Mansel P., *Constantinople: City of the World's Desire, 1453-1924*, New York 1995.

Mantran R., *La vita quotidiana a Costantinopoli ai tempi di Solimano il Magnifico*, Milano 2018.

Masters B., "The Sultan's Entrepreneurs: The Avrupa tuccaris and the Hayriye tuccaris in Syria." *International Journal of Middle East Studies*, 24 (4), 1992, 579-597.

Mazower M. *The Balkans: A Short History*. New York, 2000.

Merluzzi M., "Modello imperiale romano e Monarchia Universale: legittimazione e rappresentazione del potere nel discorso politico della Monarchia Spagnola", in Sabatini G., Pittia S., Dubouloz (ed.) *L'imperium Romanum en perspective. Les savoirs d'empire dans la République romaine et leur héritage dans l'Europe médiévale et modern*, Besançon, 2014, 411-432.

Meyer, S.K., *The Papacy and the Levant, 1204-1571*, Vol. III, Philadelphia 1976.

Minkov A., *Conversion to Islam in the Balkans*. Leiden, 2004.

Mumcu S., "Solimano il Legislatore ed il suo Impero dal 1550 fino alla sua morte (1566)." *Africana*, 2016, 141-150.

Necipoğlu G., *Architecture, Ceremonial, and Power: The Topkapı Palace in the Fifteenth and Sixteenth Centuries*. New York, 1991.

Necipoğlu G., "Süleyman the Magnificent and the Representation of Power in the Context of Ottoman-Hapsburg-Papal Rivalry." *The Art Bulletin*, Vol. 71, No. 3 (Sep., 1989), 401-427.

Nestor-Iskander, *The Tale of Constantinople (Of its origin and capture by the Turks in the year 1453)*. Translated by Walter Hanak W., Philippides M. New Rochelle, 1998.

Paradise N., "In the Lion's Den: Orthodox Christians under Ottoman Rule, 1400-1550" (2006). *All Volumes (2001-2008)*. 67.

http://digitalcommons.unf.edu/ojii_volumes/67.

Pellegrini M., *Guerra santa contro i Turchi. La crociata impossibile di Carlo V*, Bologna, 2015.

Peirce L. P., *The Imperial Harem: Women and Sovereignty in the Ottoman Empire*. New York, 1993.

Petrovics, I., "John Hunyadi, Defender of the Southern Borders of the Medieval Kingdom of Hungary," in *Banatica* (Resita) 20, (2010), 63-75.

Pfeiffer A., "The Battle of Christians and Ottomans in the Southwest of Bačka from the Battle of Mohács to the Peace of Zsitvatorok." *Istraživanja, Journal of Historical Researches*, 28 (2017).

Rady, M., *Nobility, Land and Service in Medieval Hungary*, Budapest 2000.

Raynaldo O. (a cura di), *Annales Ecclesiastici: Ab Anno quo desinit Card. Caes. Baronius MCXCVIII. usque ad Annum MDXXXIV. Continuati ...*, apud Ioannem Wilhelmum Friessem juniorem, Coloniae Agrippinae, 1694.

Ricci G., *Ossessione turca in una retrovia cristiana dell'Europa moderna*, Bologna 2002.

Rigo A., *Oracula Leonis. Tre manoscritti greco-veneziani degli oracoli attribuiti a Leone il Saggio* (Baroc. 170, Marc. Gr. VII.22, Marc. Gr. VII.3), Padova 1988, rispettivamente alle pp. 57, tav. n. 32, e 58, tav. n. 34.

Rogers M. J., Ward M. R., *Suleyman the Magnificent*. London, 1988.

Rosi, M. "Alcuni Documenti Relativi alla Liberazione dei Principali Prigionieri Turchi Presi a Lepanto". *Archivio della Società Romana di Storia Patria*, 21 (1898), 141-220.

Rosetti, R., "Stephen the Great of Moldavia and the Turkish Invasion (1457-1504)", in *The Slavonic Review* 6.16, (1927), 86-103.

Runciman S., *The Great Church in Captivity: a Study of the Patriarchate of Constantinople from the eve of the Turkish Conquest to the Greek War of Independence*. London, 1968.

Sabatos C., "The Ottoman Captivity Narrative as a Transnational Genre in Central European Literature." *Archiv Orientální* 83, 2015, 233-254.

Sahillioğlu H., "Slaves in the social and economic life of Bursa in the late 15th and early 16th centuries", *Studies on Ottoman economic and social history*, ed. Sahillioğlu H. Istanbul, 1999.

Sandberg, B. "Going Off to the War in Hungary: French Nobles and Crusading Culture in the Sixteenth Century." *The Hungarian Historical Review*, vol. 4, no. 2, 2015, 346–83.

Schiltberger, J. *The Bondage and Travels of Johann Schiltberger, A Native of Bavaria, in Europe, Asia and Africa, 1396-1427*. Translated by J. Buchan Telfer. London, 1879.

Seng, Y. J. "Fugitives and Factotums: Slaves in Early Sixteenth Century Istanbul." *Journal of the Economic and Social History of the Orient*, 39/2 (1996), 136-16.

Siska K., "Slavery in the Ottoman Empire," *Journal on European History of Law*, vol. 7, n. 2, 2016, 71-79.

Sobers-Khan N., *Slaves Without Shackles: Forced Labour and Manumission in the Galata Court Registers 1560-1572*. Berlin, 2014.

Stojkovski B., "Ottoman Conquest of Hungary through the Lens of the Byzantine Short Chronicles", in Farkas Z., Horváth L., Mészáros T. (ed.), *Byzanz und Das Abenland V., Studia Byzantino-occidentalia*, Budapest, 2018.

Sugar, P. F., *A history of Hungary*. Minneapolis 1994.

Suraiya, F., *Subjects of the Sultan; Culture and Daily Life in the Ottoman Empire*, London 2005.

Tabak, F. *The Waning of the Mediterranean, 1550-1870: A Geohistorical Approach.* Baltimore, 2008.

Tafiłowski, P., "Anti-Turkish Correspondence between Matthias Corvinus and Pope Sixtus IV: A Contribution to the History of Propaganda in the International Relations in the Late Middle Ages" in *Rocznik orientalistyczny* 2, (2013).

Tardy L., *Beyond the Ottoman Empire: 14th-16th Century Hungarian Diplomacy in the East*, Szeged, 1978.

Tyermann C., *The invention of the Crusades*, London 1998.

Uyar M., Erickson E.J., *A Military History of the Ottomans: From Osman to Atatürk*, Santa Barbara 2009.

Vespignani G., "L'Europa dalla caduta di Costantinopoli (1453) alla battaglia di Lepanto (1571) – Note storiografiche recenti", *Erytheia* 33 (2012) 105-115.

Von Cotta-Schönberg, M. (edited and translated by), *Collected Orations of Enea Silvio Piccolomini/Pope Pius II.* Vol. 1, Copenaghen 2018.

Vryonis S., "Seljuk Gulams and Ottoman Devshirmes", *Der Islam* 41 (1965), 245-247.

Vryonis S., *The Decline of Medieval Hellenism in Asia Minor and the process of Islamization from the eleventh through the fifteenth century.* University of California Press 1986.

Whelan, M., *Sigismund of Luxemburg and the Imperial Response to the Ottoman Turkish Threat, c. 1410-1437*, London 2014.

Yaşa, F. "Desperation, Hopelessness, and Suicide: An Initial Consideration of Self-Murder by Slaves in Seventeenth-Century Crimean Society." *Turkish Historical Review*, 9(2) 2018, 198– 211.

Zilfi M., *Women and Slavery in the Late Ottoman Empire: The Design of Difference.* New York, 2010.

www.ingramcontent.com/pod-product-compliance
Lightning Source LLC
Chambersburg PA
CBHW031402150726
47989CB00002B/510